# 大学生创业基础

主　编　林海春　杨哲旗　申珊珊
副主编　周蓼蓼　徐淼淼　高富春

中国财经出版传媒集团
经济科学出版社
Economic Science Press

**图书在版编目（CIP）数据**

大学生创业基础／林海春，杨哲旗，申珊珊主编
. --北京：经济科学出版社，2023. 6
ISBN 978 -7 -5218 -4830 -4

Ⅰ. ①大…　Ⅱ. ①林…②杨…③申…　Ⅲ. ①大学生
-创业-教材　Ⅳ. ①G647. 38

中国国家版本馆 CIP 数据核字（2023）第 107231 号

责任编辑：白留杰　杨晓莹
责任校对：王肖楠
责任印制：张佳裕

**大学生创业基础**
主　编　林海春　杨哲旗　申珊珊
副主编　周蓼蓼　徐淼淼　高富春
经济科学出版社出版、发行　新华书店经销
社址：北京市海淀区阜成路甲 28 号　邮编：100142
教材分社电话：010 -88191309　发行部电话：010 -88191522
网址：www. esp. com. cn
电子邮箱：bailiujie518@ 126. com
天猫网店：经济科学出版社旗舰店
网址：http：//jjkxcbs. tmall. com
北京密兴印刷有限公司印装
787×1092　16 开　14. 5 印张　290000 字
2023 年 7 月第 1 版　2023 年 7 月第 1 次印刷
ISBN 978 -7 -5218 -4830 -4　定价：56. 00 元

# 编写说明

“大学生创业基础”课程的教学内容以教授创业知识为基础，以锻炼创业能力为关键，以培养创业精神为核心。本书以培养大学生创新创业精神为主旨，共八个单元，每个单元设置了明确的学习目标；通过活动导入展开学习任务；精选了经典的或身边的创业案例，提出问题，引发学生的思考与讨论；通过拓展活动，引导学生走向创业实践。本书有助于引导大学生树立科学的创业观；促进大学生主动参与创业学习；帮助大学生掌握基本的创业技能，积极投身创业实践，提升自身的综合素质和能力。创新创业基本知识，包括创业的基本概念、基本原理、基本方法和相关理论，涉及创业者、创业团队、创业机会、创业资源、创业计划、新企业开办与管理等。重点培养学生识别创业机会、防范创业风险、适时采取行动的创业能力和善于思考、敏于发现、敢为人先的创新意识，挑战自我、承受挫折、坚持不懈的意志品质，遵纪守法、诚实守信、善于合作的职业操守，以及创造价值、服务国家、服务人民的社会责任感。

“大学生创业基础”课程与教学改革要解决的重点问题，一是改革教学方法和教学评价方式，着重解决学生学习的积极性和主动性、学生实践的有效性等问题；二是打造教学资源，加强在线课程的建设，编写配套教材，制作配套案例教材，形成线上线下结合的内容体系，较好地反映出“大学创业基础”课程的内容积累和实践探索，更好地打造创新创业教育的基础课程。这也是我们编写《大学生创业基础》教材的初衷。

本教材由林海春、杨哲旗、申珊珊根据教学大纲制订编写方案，并担任主编；周蓼蓼、徐淼淼、高富春担任副主编；具体分工如下：单元一由林海春、周全执笔；单元二由申珊珊执笔；单元三由周蓼蓼执笔；单元四由高富春执笔；单元五由杨哲旗执笔；单元六由徐淼淼执笔；单元七由林婷婷执笔；单元八由宋志超、潘海芳执笔。林海春、王佳妮、于宏礼对全书进行统稿。

大学生创业教育正受到前所未有的关注，在写作过程中参考了大量国内外同行和创业者、企业家的著作、文章、案例，对互联网中的资料以及学界的研究成果进行了借鉴与引用，在此向原作者表示诚挚的感谢。尽管编写人员在教材编写的探索过程中付出了巨大努力，但是由于水平和能力所限，教材中难免存在诸多缺陷和不足，希望专家和读者批评指正，以便再版修订时予以完善。

编　者

2023年5月

# 目 录

# 单元一　为什么需要创业精神

## ☞ 单元概述

纵深推进大众创业万众创新是深入实施创新驱动发展战略的重要支撑，大学生是大众创业万众创新的生力军。近年来，越来越多的大学生投身创新创业实践，提升大学生创新创业能力和精神至关重要。首先要理解创新创业的基本概念和内涵，其次是如何提升创新能力和增强创业精神。

## ☞ 学习目标

**知识目标：**

（1）了解创意、创新与创业的概念；

（2）理解创意、创新与创业之间的关系；

（3）理解创业与职业生涯规划的关系。

**技能目标：**

（1）识别我国的创业环境；

（2）培养大学生的创业精神。

**素养目标：**

（1）增强大学生的创新能力和创业精神；

（2）提高大学生对创新创业的认知，使其树立正确的就业观念。

## 主题一　创意、创新、创业

创意、创新、创业之间的关系到底是什么？创意是灵感的具体表述，例如让机器听懂人的话就是一个创意；具体地实现技术，如语音识别技术、自然语音处理技术是创新；而创立企业从事语音智能技术的研发和商业模式开发则是创业。

## 一、创意、创新、创业的概念

### （一）创意的含义

创意是打破常规的哲学，是破旧立新的创造与毁灭的循环，是思维碰撞、智慧对接，是具有新颖性和创造性的想法，是不同于寻常的解决方法。《现代汉语词典》的解释是指“有创造性的想法、构思等”。

创意是一种突破、产品、营销、管理、体制、机制等方面主张的突破。创意是逻辑思维、形象思维、逆向思维、发散思维、系统思维、模糊思维和直觉、灵感等多种认知方式综合运用的结果。要重视直觉和灵感，许多创意都来源于直觉和灵感。

### （二）创新的含义

创新是指以现有的思维模式提出有别于常规或常人思路的见解为导向，利用现有的知识和物质，在特定的环境中，本着理想化需要或为满足社会需求，而改进或创造新的事物（包括产品、方法、元素、路径、环境等），并能获得一定有益效果的行为。

“创新”在《辞海》中解释为“创者，始造之也”“新，初次出现，新鲜”。“创新”即做出前所未有的新鲜事情，改旧更新之意。“创新”在英文中为“innovation”，其意思是发明（invent）、创造（create）或者是革新（innovate）行为，中英文含义相近。

熊彼特认为，发明只停留在发现阶段，而创新与应用相联系。彼得·德鲁克认为，创新是赋予资源以新的创造财富能力的行为。任何使现有资源的财富创造潜力发生改变的行为，都可以称为创新。还有的学者认为，创新是形成创造性思想并将其转换为有用的产品、服务或作业方法的过程，即富有创新能力的组织能够不断地将创造性思想转变为某种有用的结果。

### （三）创业的含义

创业有广义与狭义之分，广义的创业是指所有具有开拓性和创新性特征的、能够增进经济价值或社会价值的活动；狭义的创业是指创办企业，指能够创造劳动岗位、增加社会财富的活动。

《辞海》中“创业”的定义为：“创业，创立基业”。“创业”即指自主地开拓和创造业绩与成就，与“守成”相对应。关于“业”字，《现代汉语成语辞典》解释有：学业、业务、工作、专业、就业、转业、事业、财产、家业等。由此看来，“业”字的内涵极为丰富。

根据杰夫里·提蒙斯（Jeffrey A. Timmons）所著的创业教育领域的经典教科书《创业创造》（*New Venture Creation*）中“创业”的定义，创业是一种思考、推理和行为方式，它为机会所驱动，需要在方法上全盘考虑并拥有协调的领导能力。创业必须要贡献出时间、付出努力，承担相应的财务的、精神的和社会的风险，并获得金钱的回报、个人的满足和独立自主。可见，创业是一种劳动方式，是一种需要创业者组织和运用技术、服务作业的思考、判断、推理的行为。创业就是发现和捕获机会并由此创造出价值的过程。我们这里所说的创业，通常是指以新的企业为载体，以正当地获得更多利益为目标的活动——创建企业的活动。有时也指开创个人政治、学术等事业的创业。

从性质上看，可以是学业、专业、业务，也可以是家业、产业，甚至是工作、事业；从类别上看，有各行各业、各种职务和岗位，有所谓的“三百六十行”。从范围上看，有个人的小业、家业，有社会的产业，企业、国家和社会的各项事业。从过程上看，“业”有初创阶段、发展阶段、成就阶段和保持阶段等。因此，“创业”的内涵极为丰富，有性质不同、类别不同、范围不同、过程阶段不同等方面的区别和差异。

## 二、创意、创新、创业的关系

### （一）创意与创业的关系

创意是一种思想、概念或想法。创意来源于：趋势的把握；没有解决的问题；闲置的资源。创意与点子不同，区别在于创意具有创业指向，创业的人会很快甚至同时就会把创意发展为可以在市场上进行检验的商业概念。

有价值潜力的创意一般会具有以下基本特征：一是独特、新颖，难于模仿；二是客观、真实，可以操作；三是具备对用户的价值与对创业者的价值。创业机会源于创意，但创业机会必须能够真正为企业带来价值。创业机会并不等于创意，有一个好的创意也并不意味着就一定有市场机会。有了创意之后，创业者仍需进行市场研究，对市场机会进行辨别和筛选，只有对好创意进行正确的认识，才能成功。

### （二）创新与创业的内在联系

经济学创新理论研究认为，人们之所以要进行创新，是出于经济原因，即强烈的利润动机和潜在的利润前景的驱使，利益推动创新，创新刺激投资。创新是产业结构调整的原动力，也是成功创业特别是科技型创业的基础。

从创新的时效性看，企业创新特别是在科技成果推向市场的过程中，一般都是从产品创新、技术创新开始的。因为一种新的市场需求总是表现为产品需求，因而在创新初期，企业的创新活动主要是产品创新。一旦产品被市场接受，随之而来的企业将把注意力集中在过程创新上，其目的是降低生产成本，改进生产工艺，提高生产率。当产品创新和过程创新进行到一定程度时，企业的创新注意力会逐渐移到市场营销创新上，目的是提高产品的市场占有率；在这些创新重点的不同时序上，还伴随着必要的管理创新和组织创新。可见，利用科技成果进行创业是一个不断创新的过程。

机会型创业是衡量一个国家创业活跃程度和创业水平的重要指标，机会型创业对产业升级、扩大就业、拓展市场、增加税收等具有重要意义。无疑，人数众多的受过高等教育具有较高综合素质的大学生应是机会型创业的主力军。大学生在就业与创业的选择中，可以充分发挥自身优势，利用资源和环境条件，捕捉、识别、筛选并抓住市场机会，作为事业的选择，从事创业活动。特别是大学生可凭借自身的知识优势，依靠自己拥有的技术成果如专利技术、保密技术或新的服务，依托学校资源，选择最佳的创业时期和创业地点，适时创办科技型企业。其实，科技型企业创办一开始就表现为技术创新，由创新的时序规律也不难看出，成功的创业还必然包括经营创新和管理创新，不创新就会被淘汰，创新是新产品、新行业层出不穷的根本原因。从科技型企业创办可以看出，创新是创业的基础和前提条件。

### （三）创新与创业的区别

语言学定义可以帮助我们理解两者的区别。《辞源》中“创”的主要含义就是“破坏”，同时也有“开始”和“创立”之意。按照《现代汉语词典》的解释，创新是指抛开旧的、创造新的，也可简要概括为破旧立新的过程。创新是“新的生产函数的建立”，即“企业家实行对生产要素的新的组合”。创业，在《辞海》中的定义是“创立基业”。因此就可以被译为“事业心、开拓精神教育”或是“企业家精神教育”。

创新创业教育包含“创新”与“创业”两个点。创新教育就是以培养人们创新精神和创新能力为基本价值取向的教育，它是有别于传统教育的一种新型教育模式。而创业教育是一个动态的过程，它的核心价值观就是事业心与开拓技能的培养，就是一个人开创性形成的教育。把两者结合起来，我们可以这样理解，大学生作为社会向前发展的原动力，必须与知识经济时代发展要求相适应，具有较强的创新创业能力。创新创业教育是基于创新教育基础上所进行的创业教育。

## 主题二　创新能力与创业精神

创新能力、创业精神是当代大学生必备的基本素养。创业教育，既培养自主创业者，又培养岗位创业者，培养大学生在结合所修专业的基础上具有用“创业的心态、创新的思维”对待未来工作的能力。创业教育并不是让每个学生开公司、办企业，更多的是培养学生在工作岗位上创建事业的能力和精神，即在岗位工作的同时，能利用自身专业技能知识以及所掌握的资源进行岗位创新创业活动。

## 一、创新能力与创业精神的含义

### （一）创新能力的含义

创新能力是人才的核心能力。创新能力是为了达到某一目标，综合运用所掌握的知识，通过分析解决问题，获得新颖、独创的，具有社会价值的精神和物质财富的能力。创新能力是个体的一种创造力，它从来就不是孤立地存在于个体的心理活动中，而是与每个人都具有的人格特征紧密相连的。古今中外科学发展史的实践证明，优秀的人格特征是创造力充分发挥的必备心理品质。一般来说，对科技发展和人类进步有突出贡献的科学家都具有优秀的人格特征，其中坚定的事业心、强烈的责任感，勇于探索、敢于创新的精神尤为重要。

创新能力是个体运用一切已知信息，包括已有的知识和经验等，产生某种独特、新颖、有社会或个人价值的产品的能力。它包括创新意识、创新思维和创新技能三部分，核心是创新思维。创新能力表现为两个相互关联的部分，一部分是对已有知识的获取、重组和运用；另一部分是对新思想、新技术、新产品的研究与发明。创新能力应具备的知识结构包括基础知识、专业知识、工具性知识或方法论知识以及综合性知识四类。

### （二）创业精神的含义

创业精神是指在创业者的主观世界中，那些具有开创性的思想、观念、个性、意志、作风和品质等。这个概念最早出现于18世纪，其含义一直在不断演化。很多人仅把它等同于创办个人工商企业。但大多数经济学家认为，创业精神的含义要广泛得多。

创业精神的定义是某个人或者某个群体通过有组织的努力，以创新的和独特的方式追求机会、创造价值和谋求增长，是着重于一种创新活动的行为过程，主要含义为创新，也就是创业者通过创新的手段，将资源更有效地利用，为市场创造出新的价值。

从心理学的角度分析创业精神，可概括为以下几方面。如果个体表现出创新、承担风险和主动进取的行为，那么他就具有创业精神；创业精神是为了开发机会而集中独特系列资源创造新价值的过程，创业精神是通过创新创造新价值；创业精神也是创业家在个性方面所具有的独特特征，如机会捕捉能力、高成就动机、内在控制源等。

创业精神一般可区分为个体的创业精神及组织的创业精神。个体的创业精神指的是以个人力量，在个人愿景引导下，从事创新活动，并进而创造一个新企业；而组织的创业精神则指在已存在的一个组织内部，以群体力量追求共同愿景，从事组织创新活动，进而创造组织的新面貌。创业精神包括两方面的含义：第一方面是精神层面，代表一种“以创新为基础的做事与思考方式”；第二方面是实质层面，代表一种“发掘机会，组织资源建立新公司，进而提供市场新的价值”。

### （三）创业精神培养

1. 培育创业人格，形成健康向上的创业精神。美国斯坦福大学教授推孟在30年中追踪研究了800人的成长过程。结果发现，他们中成就最大的20%与成就最小的20%最明显的差异就是个性方面的不同。高成就者具有谨慎、自信、不屈不挠、进取心、坚持性、不自卑等心理特征。这说明个性特征对个体的创业来说是非常重要的，尤其是“独立性”“坚持性”“敢为性”“克制性”等。

2. 坚持知识、能力、素质的辩证统一。知识是能力和素质的载体，包括科学文化知识、专业基础与专业知识、相邻学科知识。可以通过开设相关的创业课程来增加学生的创业知识。能力是在掌握了一定知识基础上经过培养和实践锻炼而成的，丰富的知识可以促进能力的增强，增强的能力可以促进知识的获取，能力主要包括获取知识的能力、运用知识的能力、创新能力。素质是指人在先天生理基础上，受后天环境教育影响，通过个体自身的认识和社会实践，养成的比较稳定的身心发展的基本品质，高的素质可以使知识和能力更好地发挥作用，促进知识和能力进一步扩展和增强。

3. 通过实践强化创业精神。利用课余时间参加一定的社会实践活动，增强对社会的了解并进而加强对社会的适应能力。如开展创业比赛活动、与企业联合开展学生的实习活动等。

## 二、创业与职业生涯规划

### （一）创新创业教育与创新型国家建设

我国城镇化、信息化、国际化进程不断加快，社会经济的发展正从粗放型向集约型发展方式转变，从资源依赖、投资拉动向科技依托、创新驱动转变，从“工业经济”“制造经济”向“服务经济”“智力经济”转变，从“人力资源优势”向“人才资源优势”转变，逐步走上依靠科技进步、提高劳动者素质和重视科学管理的道路。我国经济社会转型升级需要大批勇于创新、善于将科技成果转化为社会生产力的创新创业人才。提高自主创新能力，建设创新型国家的关键因素是知识，战略性资源是人才：转变经济发展方式，优化产业结构，必须依靠科学技术进步，必须依靠创新创业人才培养。在日益激烈的国际竞争中，谁拥有掌握先进科学技术的人才，谁就能赢得发展先机，赢得发展主动权。

建设创新型国家，关键在人才，尤其是创新型科技人才。培养造就创新型科技人才，要全面贯彻尊重劳动、尊重知识、尊重人才、尊重创造的方针，以建设创新型国家的需求作为基准，遵循创新型科技人才成长规律，用事业凝聚人才，用创造性实践造就人才，用机制激励人才，用法治保障人才，不断发展壮大科技人才队伍，努力形成“江山代有才人出”的生动局面。

根据社会大生产和现代化管理要求，创新人才包括知识创新、技术创新、产品创新、管理创新和制度创新人才等。现代社会，无论哪种类型的创新人才，都是增强我国创新能力的战略性资源。创新人才核心要素是创新精神和创新能力。创新精神，即要有创新品质和创新意识，包括对自然、对社会、对科学的兴趣和好奇心、事业心和责任感；自强不息、力求奋进的进取精神；严谨求实的科学作风；团结奋进的合作意识。创新能力，主要是指发现新问题、分析问题，提出新方法、建立新理论，求实探索、发明新技术的能力等。

### （二）创业精神与个人生涯发展

创业精神并不是与生俱来的，而在于后天的学习、思考和实践。创业精神一旦形成，就会对人的一生产生重要的影响。这种影响不仅体现在创业者创业准备和创业活动的始终，还体现在日常的工作、学习和生活中。从某种意义上说，创业精神不但决定个人生涯发展的态度，而且决定个人生涯发展的高度和速度。

1. 创业精神决定个人生涯发展的态度。作为一个社会人，其生涯发展必然要受到各种社会因素的影响。但是，不同的人由于其生涯发展的态度不同，所以在面临各种各样的发展机遇时，其选择也不相同。而创业精神作为一种思想观念、个性心理特征和行为模式的综合体，必然会对其生涯发展态度具有重要影响。例如，创业精神中思想观念的开放性、开创性，容易让人接受新思想、新事物，形成开放的态度，敢于开风气之先，从而想他人未曾想，做他人不敢做，成为事业上的领跑者。又如，创业精神中的创新精神、拼搏精神、进取精神、合作精神等，能使人树立积极的生活态度，在顺境中居安思危、不懈奋进，在逆境中不消沉萎靡，排除万难、励精图治，重新找到生涯发展的方向。有道是“态度决定一切”，在相同的个人天赋和社会环境下，有创业精神的人有着比其他人更加积极的人生态度，所以更有可能发现机会、把握机会，就更有可能看到别人不能看到的风景。

2. 创业精神决定个人生涯发展的高度。创业精神是一个人核心素质的集中体现，它不仅决定了一个人在机遇面前的选择，而且决定了一个人的生涯目标和事业追求。具有创业精神的人，无论是创办自己的企业，还是在各种各样的企事业单位就业，都会志存高远、目光远大、心胸宽广。这样的人不但在事业上会取得更大的成绩，在个人品德和修为上，也会达到更高的境界。

随着国家经济、政治、文化、社会、生态“五位一体”的深入改革，社会结构将发生重大调整，各行各业将在变革中重新达到利益均衡，这既为个人的发展提供了更多的机会，也为其带来了更大的挑战。在这种背景下，大学生如果能够有意识地培养自己的创业精神，让个人理想与社会发展的趋势和节奏相吻合，就有可能使自己的事业发展，达到无法想象的高度。

3. 创业精神决定个人生涯发展的速度。创业精神是一种主动精神和创造精神，这种精神能让人积极主动、优质、高效地做好自己承担的每一份工作，从而在平凡的岗位上做出不平凡的成就。实践证明，具有创业精神的人，不管在什么岗位，不管从事什么职业，其强烈的成就动机，其追求增长、追求效率的欲望，都将转化为内心强劲的追求事业成功的动力。在这种动力驱使下，人们会将眼前的工作作为未来事业发展的起点，把握好生命中的每一个机会，做好自己从事的每一项工作。创业精神也是一种求真务实的精神。这种精神的本质，就是实事求是、讲求实效，就是实干苦干、反对浮夸、反对空谈。在人类社会的发展史上，许多企业家正是凭借这种精神，创造了一个个财富神话；许多科学家、思想家、政治家、教育家和劳动模范，也正是凭借这种精神，从一个普通学子成长为举世瞩目的业界精英。富于创业精神的人，敢于靠自己的实践探索，“摸着石头过河”，能接受更多的挑战，完成更多的任务，取得更大的业绩，因而会取得更快的发展。

## ▶ 项目训练

### 活动一　分析创业案例

阅读案例，回答以下问题。

浙江工贸职业技术学院 2018 级鞋类设计与工艺专业学生黄超宇，由于对定制球鞋的热爱，在 2019 年 1 月就和兴趣相同的同学成立了球鞋定制工作室，新文创球鞋定制是以正品球鞋为蓝本，融入国潮文化，对球鞋进行创意设计、重新喷绘或换皮，重构球鞋。目前工作室的主营业务如下：一是选择不同主题进行设计开发再小批量定制发售，这是工作室的主要业务；二是根据客户的要求进行个性化的定制；三是球鞋及周边产品的销售；四是球鞋定制培训教学。项目负责人黄超宇 2020 年 3 月休学两年专门从事球鞋定制创业，目前团队在成都拥有面积 130 平方米的实体工作室，从 2019 年 1 月至今工作室累计销售额已破 1 000 万元。从工作室创立至今团队参与 10 多个国际知名展会，已合作实体店 13 家，服务过各式各样的客户，与潮流圈知名设计师以及博主收获友谊，实现粉丝及客户从无到 10 余万的突破，有了自己的工作室以及粉丝群。工作室已与成都宝马、重庆万象城、四川文旅局旗下文创云集、四川文创新场景委员会、青岛墨尔文高中、EASE 时尚杂志、Supreme 情报网、英国球鞋资讯等多个品牌达成长期战略合作。

（1）此项目的创新点在哪里？

______________________________________________

______________________________________________

______________________________________________

（2）你受到了哪些启示？

______________________________________________

______________________________________________

______________________________________________

（3）由此产生的创造性设想。

______________________________________________

______________________________________________

______________________________________________

## 活动二　搜索创业的典型案例

在网络和图书中搜集大学生创业典型案例，分别记录下案例的名称，与该案例对大学生创业的借鉴意义。

案例名称：______________________________________

借鉴意义：

______________________________________________

______________________________________________

______________________________________________

______________________________________________

______________________________________________

______________________________________________

______________________________________________

______________________________________________

______________________________________________

______________________________________________

______________________________________________

笔记区

# 单元二　需要具备哪些创业能力

## ☞ 单元概述

人是创业成功的第一要素，而创业者发挥核心作用。创业活动是由创业者主导和组织的商业冒险活动。要成功创业，创业者不仅需要富有开创新事业的激情和冒险精神、面对挫折和失败的勇气和坚韧，以及各种优良的品质素养，还需要具备处理创业活动中各种挑战和问题的能力。

## ☞ 学习目标

**知识目标：**

（1）了解创业者应该具备的素质；

（2）了解创业者的核心能力要求；

（3）掌握创新思维和创新方法的提升方法。

**技能目标：**

（1）能够合理评估自己的素质和能力，是否适合创业；

（2）能够运用所学方法培养创新思维；

（3）能够运用所学方法提升创新技能。

**素养目标：**

（1）通过了解创业者的素质和能力要求，激发学生积极向上的奋斗精神；

（2）通过学习创新思维和创新方法的提升，培养学生的创新精神。

## 主题一　创业者关键的素质和能力

创业需要你去做一件你喜欢、擅长而且能够坚韧不拔长期去做的事情。

——李彦宏

你是否想过创业，却不知道自己适不适合？你是否想过那些成功的创业者，他们是否具有某些共同的特质？你认为具有什么样特质的人，才可能成功创业，并成长为一名企业家?

## 一、创业者的基本素质

不是每个有创业意愿的大学生都能够创业成功，因为想创业不一定能创业，能创业不一定能成功创业。成功创业不是最终目标，成为一名合格的企业家才是创业者的最终追求。

创业过程可归纳为一个创业金字塔。

在创业过程中，不同创业阶段需要具备的基本素质也有所不同。

### （一）想创业阶段的素质

1. 独立自主的品质。高度自我依赖，有主见，且偏向于独立完成自己的工作任务，实现预期目标。

2. 具有掌控命运的意识。不把自己看作环境的受害者，而是自己掌控自己的命运。习惯将消极的环境看作机会而不是威胁。

3. 有明确的目标导向。设定个人目标，专注于目标的实现，一段时间只做一件事，确保成长以完成目标。

### （二）能创业阶段的素质

1. 要有创新精神。不被传统或习惯的思维方式左右，从多个角度看问题。

2. 要有冒险精神。对事物有好奇心，喜欢新事物，乐于体验和尝试。

3. 具有纯正的创业动机。真心想创办企业，对“我为什么要创办企业”“我未来企业发展的目标是什么”等问题有明确答案。在评估创业过程中可能出现的困难和失败后，仍能坚定自己的创业信念。

4. 要身体健康。创业过程需要投入大量时间和精力，没有健康就没有一切。

5. 要商业意识清晰。对商业机会敏感，具备基本的企业运营和管理知识、技能与经验等。

### （三）成功创业阶段的素质

1. 对创业环境的良好判断力，包括对政治环境、经济环境、人文环境、制度环境等变化趋势的判断。

2. 拥有较多创业资源。充分考虑自身的家庭状况，能通过各种路径获得充足有效的资源，包括资金、房屋、原材料、设备和人员等。

3. 善于人际管理。有良好的沟通能力、人脉经营和管理能力。

4. 具有风险控制能力。对风险有预见性，并能找到方法减轻或规避风险。

### （四）企业家创业阶段的素质

1. 有诚信。做事守信誉，积累良好的口碑。

2. 具备学习与洞察力。善于学习新知识，有发现因果关系的能力，富有全局观、远见和洞察力。

3. 具备自制力。应对环境变化的自制力，不放弃、坚韧不拔。

4. 团队协作与协调能力。发现、善用和整合团队成员优势，解决团队成员冲突与矛盾。

5. 行动力。在各方面条件具备或成熟的情况下，敢于按正确的方向前进。

## 二、创业者的素质类型与评估

大学生创业者要能够承担起创业的重任，除了具备上述基本素质外，面对各种具体的创业项目，还需要具备包括思想素质、心理素质和知识素质等在内的综合素质。大学生对自身是否具备创业的素质进行评估时，通常可以按照这些素质类型加以判断。

### （一）思想素质

具体体现在以下几个方面。

1. 事业心。即热爱自己的学业、学生工作以及社会活动，积极去学习和工作；充分了解自身各方面的能力，制定合适的目标并努力完成；注重自我价值和人生理想的实现。

2. 职业道德。了解学校规章制度并严格遵守；遵循创业职业道德；寻求创业契机的时候以国家、社会利益为重。

3. 人格魅力。善于控制和支配自己的情绪，乐观开朗，真诚热情；严格要求自我，进取、自谦；有强烈的正义感和责任心，有创新意识。

4. 文化素养。积极参加学校开设的文化类课程；明白文化背景对企业生存和企业竞争的意义，善于研究企业案例。

5. 勤奋敬业。为自己的目标努力奋斗；恪守自己的职责，注重团队的利益。自谦；有强烈的正义感和责任心，有创新意识。

### （二）心理素质

心理素质可以从创业意识和品质两个方面来体现。

1. 创业意识方面，具体包括以下几点：

一是创业动机。对自己想开创的事业有充分的认识和分析，有热情和激情，能够不畏惧挫折、自我激励并激励他人。

二是创新意识。能够探究事物发展的内在联系，利用各种信息激发自己的灵感，并将之转变成新颖的创意；勤于思考，发掘创新；善于分析行业缺陷和行业发展趋势，努力培养自己在开发新产品、引进新技术或新方法、实现新颖的发展战略等方面的素质。

三是竞争意识。敢于竞争，有勇气，有魄力；善于竞争，善于发现竞争对手的缺陷并指导自己的竞争策略；能够审时度势，综合运用各种竞争策略，提高竞争效益和成果。

四是冒险意识。有风险意识，能理智分析、准确评估风险报酬和驾驭风险。

五是忧患意识。关注国家命运；要认识到特定行业发展状况的缺陷和创业的艰辛。

六是团队协作意识。与同事和谐相处、谦虚谨慎，善于与人合作；有感染力，善于协调人际关系。

2. 品质方面，具体包括以下几点：

第一，自信。清楚自我的优缺点，发挥优势，规避劣势。

第二，果敢。勇敢果断，不过分犹豫；有魄力、敢担当、乐观，越挫越勇。

第三，坚韧。遇到困难不退缩，能迎难而上，敢于挑战权威，挑战强者，应变能力强。

第四，自信。独立自主。有自己的思维方式和获取信息的方式；好胜进取，不断提高自己的能力；思考全面，能够明确自己的计划并主动执行。

第五，责任心。对工作兢兢业业，不推脱自己的责任。

### （三）大学生创业者的素质评估

可以结合自身情况，利用 SWOT 分析，按自身的优势、劣势、面临的机会和威胁四个因素写下来，每个因素都罗列出主要的几条。

1. 大学生自身的素质优势。经过大学的综合训练，大学生一般都具有较高的文化素养；由于身处知识和智力都相对密集的群体，具有较强的创新意识；由于年龄和生活环境的特点，大学生还有一些优点——对事物有领悟力，接受新鲜事物快，自主学习能力强，有冒险意识，独立自主、果敢、自信等。

2. 大学生创业的素质劣势。大多数大学生由于缺乏社会历练，人格魅力较低；事业心不足，心理承受能力较差，遇到挫折易于放弃，缺乏经验和创业资金。除此之外，有些大学生眼高手低，好高骛远，喜欢纸上谈兵；有的大学生创业设想大而无当，对市场预测过于乐观；有的急于求成，缺乏市场意识。

3. 大学生创业的机会。政策环境良好，各级、各地政府均有政策明确鼓励大学生创业，工商、税务、卫生等部门对应届大学生创业实施了多项优惠政策；宏观经济由高速发展转入高质量发展，为创业提供了大量机会；社会整体价值观对创业越来越认同；科学技术迭代迅速，带来众多的创新创业点。

4. 大学生创业面临的威胁。当前人才市场的竞争日益激烈，劳动力供大于求；我国市场机制不完善，国家宏观调控也存在无法触及的地方，这对于刚走出校门还没有太多社会经验的大学生来说，存在很大的创业威胁。同时，个人身体健康、家庭因素、融资困难等，也都是制约大学生创业的不利因素。

以T学生为例：

T学生的优势——家人经商，自小在父母身边耳濡目染，对创业有浓厚兴趣；经过几年勤工俭学也积累了一些实际经验；当过学生干部，组织领导能力得到了锻炼；有几个朋友，但没有形成创业团队；产品独一无二，有市场竞争力。

T学生的劣势——个人性格内向，与人打交道较困难；没有资金支持，还指望毕业后还清教育贷款；没有团队，可能要单打独斗；社会经验严重不足；准备创业的产品成本高，要委托加工。

T学生的机会——大学生创业基金成立，自己的科技项目可以申报，有导师的强力推荐；国内市场目前发生变化，形成有利于自己的巨大需求；一些企业正与我方洽谈，个别有签约前景；政府循环经济鼓励政策出台，更是利好消息。

T学生的威胁——市场竞争不规范，假冒伪劣商品盛行，自己的真东西卖不出去；目前市区店铺租金越来越高，利润率越来越低；消费风潮变动很快，自己可能赶不上流行趋势。

## 三、创业者所需的关键能力

创业者的能力是指创业者解决创业及创业企业成长过程中遇到的各种复杂问题的本领，是创业者基本素质的外在表现。它也是创业者整体素质体系中的核心要素，从实践的角度看，表现为创业者把知识和经验有机结合起来并运用于创业管理的过程。它具体包括开拓创新、善于学习、组织管理、机会识别、整合资源、风险决策等方面的能力。

### （一）开拓创新能力

开拓创新能力是成功创业者最重要的能力之一。开拓创新是创业的灵魂和赢得竞争优势的关键。一个优秀的创业者必须勇于开拓、敢于创新。创业者必须具备创新能力，这是由经营管理活动的竞争性所决定的。而提高竞争力的关键在于发挥创业者的创新能力。只有不断地用新的思想、新的产品、新的技术、新的制度和新的工作方法来替代原来的做法，才能使企业在竞争中立于不败之地。

创业者不能仅仅躺在床上空想自己该如何创业，而是要把自己的想法果断而迅速地付诸行动。可以想象，即使你有很好的创业点子，如果你不肯行动的话，那么创业机会也会与你擦肩而过。

### （二）学习能力

当前，知识更新速度快，因此学习的本质是学习方法和自学能力的培养。未来教育的特征之一就是终身教育，学习将伴随着人的一生。

创业型人才的学习能力主要体现在以下三个方面：一是更新自己原有专业知识的能力；二是学习新知识的能力；三是综合各门学科知识的能力。所以，对大学生能力要求的重要一点就是自学能力。自学能力是能力结构中的高级阶段，获得学习能力，将终身受益。

### （三）组织管理能力

在市场经济条件下，市场充满了竞争和风险，创业者要使自己的创业实践活动获得成功，必须重视经营管理。经营管理能力是创业者在管理上的体现。管理活动贯穿组织运行过程的每一个环节，不仅是组织正常运行的前提，也是组织生存与发展的基本条件。创业者必须在创业实践活动中始终都保持着常态的管理意识。管理主要是针对机会的捕捉和利用加以管理，有许多发明家，虽然擅长创新，也有创业的宏愿，但由于管理意识的薄弱，以致错失良机，实现不了将创新成果向创业成果的转化，并且他们也没有意识到，只有通过常态的管理机制，才能更多更好地捕捉到种种发明创造。

创业者具有把各项生产要素有机组合起来，形成系统整体合力的杰出才能。创业者就是研究、开发、生产、销售等各个环节的协调者、组织者和领导者。为使创业者的组织才能发挥到最高水准，创业者必须具备敏锐的判断力，坚韧的毅力，以及高超的管理艺术，尤其应具备以下两方面的能力：一方面，他必须对自己经营的事业了如指掌，有预测生产和消费趋势的能力；另一方面，他必须善于选择合作伙伴，有组织或领导他人、驾驭局势变化的能力。

### （四）人际协调能力

良好的人际关系是创业者成功的重要因素，要想创业成功，大学生要培养自己的人际协调能力。任何人都离不开与他人之间的交往。因此，大学生在校期间有意识地培养与他人的协作能力，是获得他人和社会支持的重要前提条件，对大学生创业者创业成功具有重要的作用。

创业者必须善于建立本行业的广泛社会网络。密集的行业网络沟通有助于创业者从广泛的社会网络中获取高回报的创业信息，促使创业者在巨型网络提供的信息精华中，吸取经验教训、培养创业精神，既能勇于冒险，又能坦然地接受失败。“网络”素质较高的创业者，由于掌握了极其丰富的发明、生产、销售等诸多信息，真正做到了知己知彼，因而其决策之成功，回报之高额，为一般创业者所望尘莫及。

### （五）机会识别能力

创业机会普遍存在于社会中，但也十分容易消失。在稍纵即逝的“机会”面前，创业者是否能敏捷捕捉、明智决断，将直接影响到企业的前途和命运。只有具备这种“机会敏感综合征”——以一种痴狂的态度去等待、感悟、决断机会的人，才能够不失时机地进行创业，成为合格的创业者。

### （六）风险决策能力

创业者的决策能力集中体现在创业者的战略决策能力上，即创业者在对新创企业外部经营环境和内部经营能力进行周密细致的调查和准确而有预见性分析的基础上，确定企业发展目标、选择经营方针和制定经营战略的能力。虽然创业者有时候也进行一些战术性决策，但更多的精力是用于战略决策。

创业与就业不同，它是一种高风险高收益的投资行为，创业成功后的巨额财富是对创业者所承担高风险的回报。那种想不承担风险就能收获财富的创业行为基本上是不存在的。对于创业者来说，想致富就必须敢于冒险。

## 四、创业者素质和能力的提升路径

大学生创业实践成功的关键是以创业素质和创业能力作为支撑。事实上，很多人并不具备创业所必需的素质和能力，但可以通过学习和实践得到培养提高，克服自身的弱点，将其转变为优势。

### （一）在学习知识和技能中提升创业素质和能力

通过专业知识的学习，选修企业经营、企业管理等相关课程，培养自己的创业意识，学习创业技能。走上工作岗位后还应该了解企业的管理和销售等知识，注意培养自己的创业素质和能力。

### （二）在实践锻炼中培养创业素质和能力

事物是多种多样、变化无常的，客观情况也是复杂多变的，创业者必须重视实践活动，积极参加校内各种活动和校外社会实践，并在实践中积累经验，培养自己分析判断、决策、交流、组织和指挥等创业素质和能力。大学生在校期间可以参加创业大赛或在学校孵化基地创业，可以低成本地积累实践经验，降低创业风险，提高未来创业成功率。

### （三）在学习工作习惯中提升创业素养和能力

在具体的学习工作中养成良好的严于律己的习惯，磨炼意志，积极参加体育活动，培养健康的体魄和坚韧的意志品质。

# 主题二　培养创新思维

创新是企业的灵魂，是企业持续发展的保证！

——海尔集团

意识影响人的行为，创新思维在一定程度上能够帮助创业者发挥出创新的潜在的巨大生产力。创业者的成功都离不开创新思维的支持。对于正在创业或准备进行创新创业的奋斗者而言，积极建立创新思维是具有重要意义的。

## 一、创新思维的概念

创新思维是以新颖独特的方式对已有信息进行加工、改造、重组和迁移，从而获得有效创意的思维活动和方法。从这个概念中可以看出，创新思维是一个相对的概念，是相对于常规思维而言的。在创新过程中，当应用常规方法和途径无法解决新遇到的问题，或应用常规方法解决问题成本过高时，往往需要新的思维指导人们寻找解决问题的新方法和新途径。这种新的思维必然要有别于常规的思维，以一种新的、独特的方式处理（加工、改造、重组和迁移）信息，或重新定义问题，从而引导人们获得有效的创意并解决问题。创新思维往往需要打破常规思维形成的思维定式，属于思维的高级形式，是人类探索事物本质，获得新知识、新能力的有效手段。

典型的创新思维活动主要包括分析和综合、比较和概括、抽象和具体、迁移、判断和推理、想象等，人们总是通过这些思维活动获得对客观事物更全面、更本质的认识。

### （一）分析和综合

思维的过程总是从对事物的分析开始的。所谓分析，就是通过思想上把客观事物分解为若干部分，分析各个部分的特征和作用；所谓综合，是在思想上把事物的各个部分、不同特征、不同作用联系起来。通过分析和综合，可以显露客观事物的本质，并通过语言或文字把它们表达出来。人类的语言、文字也正是在思维分析、综合中逐步形成的。

（二）比较和概括

在分析和综合的基础上，通过对事物各个部分外观、特性、特征等的比较，把诸多事物中的一般和特殊区分开来，并以此为基础，确定它们的异同和之间的联系，这就称之为概括。在创造过程中，经常采用科学概括，即通过对事物比较，总结出某一事物和某一系列事物本质方面的特性。例如宇宙、自然界、动物、植物、矿物、有机物、无机物的分类、就是按其本质特征加以概括分类的。

（三）抽象和具体

比较和概括是抽象的前提，通过概括，事物中的本质和非本质的东西已被区分，舍弃非本质的特征、保留本质的特征，这就称之为抽象。与抽象的过程相反，具体是指从一般抽象的事物中找出特殊事物，它能使人们对一般事物中的个别得到更加深刻的了解。抽象和具体是在创新思考中频繁使用的思维。

（四）迁移

迁移是思维过程中的特有现象，是人的思维发生空间的转移。人们对一些问题的解决经过迁移往往可以推动另一些问题的解决，如掌握了数学的基本原理，有助于了解众多普通科学技术规律；掌握了创新的基本原理，有助于了解人工制造产物的演变规律。

（五）判断和推理

人们对某个事物肯定或否定的概念，往往都是通过一定的判断和推理过程形成的。判断分为直接判断和间接判断。直接判断属于感知形式，无须深刻的思维活动，通过直觉或动作就可以表达出来，如两个人比较身高，直接就可以判断出来。间接判断是针对一些复杂事物，由于因果、时间、空间条件等方面的影响，必须通过科学的推理才能实现的判断，其中因果关系推理特别重要。判断事物的过程首先把外在的影响分离出去，通过一系列的分析、综合和归纳，找出隐蔽的内在因素，从而对客观事物做出准确的判断和推理。

（六）想象

想象是人们在原有感性认识的基础上，在头脑中对各种表象进行改造、重组、设想、猜想而形成新表象的思维过程。知识是有限的，但想象是无限的。正是有了想象，人们才能不断地创造出世界上前所未有的新事物。人们已经逐步认识到，世界上的一切没有做不到的，只怕想不到。想象分为再造性想象和创造性想象两类。人有修改头脑记忆中表象的能力，根据已有的表述和情境的描述（如图样、说明书等）在头脑中形成事物的形象称再造性想象。不依靠已有的描述，独立地、创造性地产生事物的新形象称创造性想象。把想象视为超现实的观念并不正确，想象总是在人类改造世界的同时产生的，是对现实表象的优化和提升。

## 二、思维定式的突破

### （一）思维定式的概念

心理学家认为，思维是人对客观事物概括的，间接的反映。从字画上理解题的含义，思就是思考，维就是方向，思维可以理解为沿着一定方向进行思考。人的大脑思维有一个特点，就是一旦沿着一定的方向、按照一定的次序思考，久而久之，就会形成一种惯性。也就是说，这次解决了一个问题，但如果下次遇到类似的问题或表面看起来相似的问题，还是会不由自主地沿着上次思考的方向或次序去思考，这种情况，就被称作“思维惯性”。就像物理学里的惯性一样，思维惯性也很顽固，不容易克服。

如果对于自己长期从事的事情或日常生活中经常发生的事物产生了思维惯性，多次以这种惯性思维来对待客观事物，就形成了非常固定的思维模式，即“思维定式”。

思维定式存在积极的一面，表现为思维活动的稳定性、模式化、一致性和趋同性。在环境不变的条件下，思维定式使人能够应用已掌握的方法迅速解决问题或形成良好的秩序。如“红灯停、绿灯行”是全世界普遍遵循的交通规则，通过长时间的训练，人们逐渐形成了一种惯性心理，即一看到红色就会自然地产生“停止”的行为反应。这类思维定式对于规范个体的行为，形成良好的秩序是非常必要的。而思维定式消极的一面表现为思维活动的惰性、僵化、求同性、封闭性和单向性。在情境发生变化时，它会妨碍人采用新的方法。思维定式往往成为我们认识、判断事物的思维障碍。思维定式的力量是很强的，而且难以察觉，在解决问题时，潜意识中的抑制力促使人们沿着“思维惯性的方向”去做事。将人的思维方式局限在已知的、常规的解决方案上、从而阻碍了新方案的产生。因此，从创新的观点看，思维定式是有害的。

### （二）思维定式的突破

以固定的模式分析和处理信息是大脑运作的自然状态，这种运作在处理日常事务时给人们带来更多便利。为此，我们并不需要时时打破思维定式，只有在我们尝试了主要的常规思维不能解决当前问题时，才会想到要突破思维定式。

1. 利用突破性思维，突破思维定式。突破性思维的过程可以用“先展开、后整合”来形容。“先展开”即首先将解决问题要达成的目的展开，不断地思考“解决这一问题的目的是什么”“这一目的背后的目的是什么”……不断进行这种深入的挖掘，直到找出远超过现有问题直接目的背后的目的为止。“后整合”即从展开的最深、最大目的开始收敛，逐步确定出在现实情境下首先能够达到的目标。这种思维模式既避免了“就问题论问题”的单因素思维的局限性，使问题的解决与整体的、长远的目标联系在一起，又不是只停留在远大的、但目前还一时难以达到的理想中，而是回到现实，一步一个脚印地向理想趋近。同时，这一过程将发散思维与聚合思维结合起来加以运用，取众家之长。

突破性思维提供了打破思维定式的七个原则。

（1）独特性原则。人们在解决问题过程中倾向于使用过去曾经成功的方法。过去的成功经验是一笔宝贵的财富，往往能使人迅速解决新碰到的问题。但进入信息社会后，事物的复杂性和变化性表现得越来越突出，那种在稳态社会中运用有效的方法开始频频失效。独特性原则表明，任何问题都有其独特性。具体而言就是，问题与问题之间虽有相似之处，但并不是简单地重复，而是向更高、更深、更复杂的方向演变。因此，任何解决问题的方法都不是放之四海而皆准的，在寻求问题解决方案时，不能过分依赖过去的经验，而是要把其当成一个新问题、一个没有遇到过的问题来对待，这样就不会犯想当然的错误。

实施独特性原则的关键是在解决问题时要确定其所在的时间和空间，以及问题的主角是谁，谁是受影响最大者，问题产生于什么地方和什么时间。同时，在思考解决方案时要考虑到，该方案随着时间和地点的变迁，其影响会有什么改变。在具体实施过程中，要根据如下规则来进行：①面对问题时，不回想过去遇到过的类似问题，而是直接针对该问题来认识其特殊性；②深入思考解决问题的目的；③将问题重新定位、归类；④提出解决问题方案时，首先要描绘“应有状态”的图像，反复自问什么状态是“应有状态”；⑤努力改变成为问题前提的假设。

（2）展开目的原则。该原则就是对目的进行深入思考。最初的目的只是起因，如果仅仅看到起因就会步入短视的泥坑中，甚至所用的解决方案会导致日后更为严重的后果。只有展开目的背后的目的，才有利于人们开阔思路，从整体上思考问题。在实施展开原则时需要注意以下几点：①从组织当前最切身的需求出发；②将组织最直接、最独特的目的作为出发点；③目的的表达要简洁；④尽力展开，各个目的必须高于其先前目的的水平；⑤建立选择着眼点的准则；⑥不同的目的对应着不同的方法。

（3）追求“应有状态”的原则。寻找解决问题的方案是为了达到为事物设定的“应有状态”。对应不同层级、不同时间框架下的目的，一个事物的“应有状态”是不一样的，所以“应有状态”是一个系列，是一种不断发展的过程。由于问题的“应有状态”与解决问题的目的有密切关系，所以“应有状态”始终聚焦于问题的主要方面，而不在枝节问题上打转。它不是几个人聚在一起讨论有哪些可能的意外并找到防止其发生的对策，也不是防止那些可能性很小的意外发生，而是集中注意力于应有的状态，追求更好的目标。

“应有状态”的建立一方面是冷静的理性思维的结果，另一方面它也是创造性与人生价值相结合的产物，它鼓励人们展开想象的翅膀，去捕捉心灵深处能够让自己激动不已的梦想世界，它承认人有追求完美的权利，并为此激发出巨大创造力，预言未来最好的方式是创造未来。

实施“应有状态”原则的基本步骤：①给将要开发的理想解决方案设定时间框架；②在寻求解决方案过程中允许从零开始：③鼓励提出问题和设想，在此要坚持不加判断原则，以便从这一问题和设想中引出理想的解决方案：④依据设计理想体系的指导方针建立规则性概念；⑤避免做妨碍长远规划的事情；⑥确认今天的变革方案是将来继续改进提高的必要准备；⑦克服人抵制变革的本性，启发其接受变革、甚至期待变革的进取之心；⑧不仅仅是赶上，而是超过对手，进而超越竞争；⑨确保思维不受现有知识的束缚。

（4）系统性原则。系统思维主要表现为能以整体的、动态的眼光分析与洞察事物之间的互动关系，以及这种互动所导致的发展变化趋势与特征。系统思维在处理动态性复杂系统时最为有效。当你遭遇下面现象时，就意味着所面对的正是动态性复杂系统，只有用系统思维才能抓住问题的本质：①相同的行动在短期和长期有非常不同的结果；②同样的行动在系统的一部分引起的效果与其在另一部分引起的效果大相径庭；③看似明显正确的对策却产生了不合理的后果。

运用系统思维时需关注以下的基本原则：整体不可分割；今天的问题往往来自昨天的解决方案；过度推动导致相反效果；短效与长效往往不一致；欲速则不达；因与果在时空上并不紧密相连，鱼与熊掌可以兼得。

（5）收集必要信息原则。该原则是指当遇到问题时，要将注意力集中在对有关上述各种原则信息的收集上。在当前“信息爆炸”的时代，被过多信息包围对寻求问题解决方案并不是好事。不加区分地收集信息，不但是人力、物力与财力的浪费，而且思维容易被其所限制，不利于创造性地解决问题。

在实施收集必要信息原则时，要始终围绕下面几点展开：在认识问题时，是否被面面俱到的“完美主义”所束缚？为何种目的收集信息？是否将时间浪费在收集所有事实上？是否只收集解决问题所必需的信息？

（6）参与介入原则。该原则强调，在解决问题过程中、不要几个上层人物闭门造车，而是要尽可能多人参与进来。这样做的目的是发挥大部分人的智慧和积极性，使形成的方案更加全面、有效。同时，人们在参与的过程中能更好地理解方案，从而在方案确定后更好地执行它。

研究表明，人们对自己参与制定的东西，会更自觉、更主动地实行。参与让参与者更容易形成共同的目标意识、达成良性的沟通，并激发其创造力，使团体协作变得更容易、更有效。

（7）继续变革原则。世界处在无止境的发展过程中，原来的新事物会变成旧事物，原来的成功方案也会变得不再有效。因此，在实施解决方案时，就要想到其时效性，并准备好变革和改良方案的计划，在为现有目标行动之时，就要策划将来目标及其实施方案。具体而言，人创造的所有价值迟早都会失去其意义，甚至走向其初衷的反面；其次，现有的方案仅仅是实现“应有状态”的一个步骤、一个环节，随后还应有一个接一个、更深入、更完美的“应有状态”及其实现方案。

这一原则告诉人们在解决问题过程中要考虑以下问题：何时、怎样改变现有的解决问题方案，使之能够更多地实现“应有状态”的目标？是否有计划地进行变革来改变现有的解决问题方案？现有的解决问题方案中包含着使自身变革的因素吗？为了更远大的目标和理想，何时及怎样开发新的更有效的解决问题方案？

2. 转换思维视角，突破思维定式。思维定式抑制着我们的思考，使我们的创造力难以得到进一步的提高。要想提高创造力，就应该突破思维定式，而突破思维定式的关键就是转换思维视角。

对同一事物以不同的切入点进行思考，其结果是大相径庭的。就像我们切苹果一样，我们以通常的角度竖着切下去看到的只是几粒籽，而横着切下来我们将看到一个可爱的五角星。

视角包括看事物或思考问题的角度、层面、路线或立场。我们应该尽量多地增加头脑中的思维视角，学会从多种角度观察同一个问题。换个位置，换个角度，换个思路，也许我们回顾是一番新的天地。转换视角就是把当前或即将到来的事情放在一个更大的参照系中进行思考。更换视角就是更换参照系统，进行换位思考。

（1）改变万事顺着想的思路。从古到今，大多数人对问题的思考都是按照常情、常理、常规去想的，或者按照事物发生的时间、空间顺序去想。这就是所谓的万事顺着想。万事顺着想容易找到切入点，解决问题的效率比较高，大家都是这么想的，彼此之间的交流就比较方便。但是在互相竞争的情况下，很难出奇制胜。更重要的是，客观事物本身并不是那么简单，而是很复杂的、千变万化的，顺着想不可能完全揭示事物内部的矛盾，发现客观规律。

①变“顺着想”为“倒着想”。在顺着想不能很好地解决问题时，倒着想是一种新的选择。

②从事物的对立面出发去想。遇到问题时可以直接跳到事物中矛盾一方的对立面

去想。因为对立的双方既对立又统一，改变这一方不行，改变另一方有可能有助于问题的解决。

③思考者改变自己的位置。改变思考者自己的位置，从其他角度看问题，这就是换位思考或易位思考。如果你是思考社会问题，可以把自己换到你考察的对象的位置上；如果你研究的是科学技术问题，可以更换观察的位置，从前后、左右、上下等各个方向去分析问题。大发明家爱迪生在研究了 8 000 多种不适合做灯丝的材料后，有人问他："你已经失败了 8 000 多次，还继续研究有什么用?"爱迪生说："我从来都没有失败过，相反，我发现了 8 000 多种不适合做灯丝的材料。"换一个角度思考，问题就截然不同了。

（2）转换问题获得新视角。虽然我们遇到的问题是多种多样的，但彼此之间有相通的地方。对于难以解决的问题，与其死盯住不敢，不如把问题转换一下，如把几何问题转换为代数问题。

①把复杂问题转化为简单问题。一些人的思考方式是凡事总爱往复杂的地方想，认为解决问题的方式越复杂越好，以至于钻进牛角尖里出不来。事实上，学会把问题简单化才是一种大智慧。有句话说，聪明人可以把复杂的问题越搞越简单；不聪明的人可以把简单的问题越搞越复杂。曹冲称象的故事中，曹冲之所以能够把称大象这么一个复杂的困难问题变得简便易行，关键是他把"称大象"这一复杂问题交成了"称石头"这一简单问题。

②把自己生疏的问题转换成熟悉的问题。对于从未接触过的生疏问题，可能一时无法下手，找不到切入点，但不要望而却步，试着把它转换成自己熟悉的问题，可能就会有新的视角，也许还会有出色的成果诞生。

③把不能办到的事情转化为可以办到的事情。世间有些事情是能够办到的，有些是难以办到的，有些根本就是不能办到的。但是，不能办到的就不能转换成能够办到的吗？如果能够，我们就多了一种新的观察和解决问题的视角。

（3）把直接变为间接。在解决比较复杂、比较困难的问题时，直接解决往往遇到极大的阻力，这时就需要扩展视角，或进一步来考虑，或采取迂回路线，或先来设置一个相对简单的问题作为铺垫，为最终实现原来的目标创造条件。

①先退后进。这在军事上是很重要的一种策略。在解决其他方面的问题时，如果遇到了困难，退一步，等待时机，就可能使情况朝着有利的方向转化。这时再前进，问题的解决可能就要容易得多。退绝不是逃避，而是积极地转移，是以最小的代价取得最大收获的手段。

②迂回前进。迂回前进是指我们解决问题遇到难以逾越的障碍时，用直接的方法得不到解决，就必须相应地采取迂回的方法，设法避开障碍，取得成功。

创意思考有时带有一定的模糊性，一下子就能将事物看穿的情况并不多见。这就要求我们一方面要保持解决问题的决心和耐心；另一方面要在必要时采取另辟蹊径，甚至以退为进的方式，使难题迎刃而解。如爬坡时，Z 字形走法就是典型的迂回前进。

③先做铺垫，创造条件。在面对一个不易解决的问题时，有时要先设置一个新的问题作为铺垫，为解决问题创造条件。这也是采取变直接为间接的新视角。

## 三、掌握创新思维方法

创新思维使人能突破思维定式思考问题，从新的思路去寻找解决问题的方法。常用的创新思维有逆向思维、求异思维、类比思维、综合思维、发散思维等。

### （一）逆向思维

逆向思维是指有突破常规考虑问题的固定思维模式。采用与一般习惯相反的方向进行思考、分析的思维方式。通俗地讲，就是倒过来想问题。

我们都学过“司马光砸缸”的故事。小孩落水会淹死。要救出落入水缸的小孩，常规方法是把人救出水面，把一个小孩拉出水缸，对大人来说不成问题。但对还是少年的司马光来说并不是一件容易的事，弄不好自己还可能被对方拉下水。司马光考虑的不是常人想的“人离水能活”这一条方法，而是反过来的“水离人，人也能活”这种思维方法，结果砸破水缸救出小孩，这就是一种逆向思维。

逆向思维可分为功能反转、结构反转、因果反转、状态反转等几种。

从已有事物的相反功能去设想和寻求解决问题的新途径，获得新的创造发明的思维方式，即为功能反转。德国一工厂生产的一种纸因严重化水无法使用，按常规只能打浆返工。有个工程师考虑到化水原因是吸水性太强，能否专门用这种纸来吸水呢？经过“功能反转”制成了专用吸水纸，并申请了国家专利，增加了工厂收益。在日常生活中有这么多用具的“缺点”往往是大家主攻的目标，但在不同使用场合，这些缺点有可能就成为“优点”。想方设法扩大缺点，使之逆用，实现反转。

从已有事物的相反结构形式去设想和寻求解决问题的新途径的创造性思维方式属结构反转。如一般的门锁锁舌有斜口，这样关门比较方便，但却容易通过塞入硬片等方法把门撬开，防盗功能差。有人把门框上锁孔内侧焊个斜片，将锁舌改成方形，这样从结构上与原锁反转，关门照样方便，但此外往里撬门，由于锁舌是方形的就不易被撬开了，从而使防盗性能大大增强。

从已有事物的因果关系，反过来由“果”去发现断的“因”（现象，规律），寻找解决问题的方法就是因果反转。例如磁生电（发电机）—电生磁（电磁铁），声转电（话筒）—电转声（听筒）。

从已有事物的另一属性，反转过来，发现或创造一种新的产品或技术的方法称状态反转。例如，圆珠笔的漏油是日常生活中一直难以解决的难题，人们认为是由于钢珠的磨损造成的，因而许多科学家、工程师、发明家都在考虑强化钢珠硬度、耐磨性上花费极大精力。但处于当时条件下，材料上难以突破。难道除了提高钢珠硬度、耐磨性外就别无他法了吗？日本一位发明家想了一条与常人不同的思路——钢珠磨损后笔要漏油，但如果钢珠磨损后笔管中已没有油可漏了，这个问题不就解决了吗？他买来大量圆珠笔，反复试用，统计出常用圆珠笔写了多少字、用了多少次后开始漏油的规律，采用在管中定量灌油的方式解决了圆珠笔的漏油问题。不从常人强化钢珠硬度的方向思考，而是从油上动脑筋，使难题得以解决。

总之，当思考的问题用常规方法得不到解决时，应考虑转换思考角度，用缺点逆用等思维方式来重新思考，这是人们在创新时常用的方法。

### （二）求异思维

善于“标新立异”是发明家的共同之处，这就需要我们有一种求异思维。在常人习以为常的工具、用具、方法中标新立异，创造新品。求异思维的关键在于不受任何框架、任何模式的约束，能够突破、跳出传统观念和习惯势力的禁锢，从新的角度认识问题，以新的思路、新的方法创造人类前所未有的更好、更美的东西。日常所说的“出奇制胜”，就是求异思维，使“圆变方，纵变横，平面变立体，飞机入水，船上天”，例如手机制造。屏幕越来越大、功能越来越强，成本越来越高，有厂家推出功能减少、使用方便、价格低廉的手机，就是求异思维的结果。

求异思维的主要规律和方法是对比联想，对比联想常常与客观事物之间的对比、语言学中的反义词有关系，正如上面所说的方与圆、纵与横、平面与立体、红与蓝、黑与白、天与地、大与小、长与短、宽与窄、厚与薄、高与矮、多与少、导体与非导体、金属与非金属、正与负、强与弱、多与少、加与减、乘与除、交流与直流、手与脚，以及名词、动词、形容词等都是对比联想的素材，开启求异思维的思路。

### （三）类比思维

类比思维是一种逻辑思维方式，人们通过类比已有事物开启创造未知事物的创新思路。它把已有的事和物与一些表面看来与之毫不相干的事和物联系起来，寻找创新的目标和解决的方法。

常见的方式有形式类比、功能类比和幻想类比等多种类型。

形式类比包括形象特征、结构特征和运动特征等几个方面的类比，不论哪个形式都依赖于创造目标与某一装置或客体在某些方面的相似关系。如鸟的飞行运动制成了飞机，飞机高速飞行时机翼产生强烈振动，有人根据蜻蜓羽翅的减振结构设计了飞机的减振装置。

功能类比是根据人们的某种愿望或需要类比某种自然物或人工物的功能，提出创造具有近似功能的新装置的方法，这种方法特别在仿生学研究上有广泛应用，例如鳄鱼夹、各种机械手等。

根据幻想中的某种形象、某种作用、运动装置进行发明创造的思维，是幻想类比思维。例如《海底两万里》的作者幻想了一种能长时间在海底活动的潜艇，经过几十年的努力后制成现代潜艇即是这种幻想的实施。当然，一项成功的发明也可以是以上多种类比的综合，如各种机器人的出现绝非一种单纯的创造性思维所能实现的。

有类比更需要联想，不论是寻找创造目标，还是寻找解决方法都离不开联想的作用。要用好类比思维，应该提高联想能力，特别是掌握相似联想，是用好这一思维的重要条件。

### （四）综合思维

学习物理时我们知道，不同方向的力能够产生合力。在发明创造中，同样可以把几个不同的主意融合起来，取其长处、相互补充，组合起来，用以解决一个难题或者完成一件作品，这就是综合思维，又称集中思维。

综合思维可以综合多种方法。对原理、设计、结构进行合理改进、互补、综合，达到理想目标。近年来，普遍使用的“头脑风暴法”和常说的“三个臭皮匠，抵个诸葛亮”等就是这种思维的具体应用。

综合思维可在下列两种情况下使用，第一种情况是几个设想并无矛盾，分别可用在作品的不同部位，只需简单组合即可。第二种情况是几个设想集中在同一部位，相互之间各有长短，这时你就必须下一番功夫把它们各自具有的长处结合而消除弊端，就好像是几个分力使它们作用在同一直线上，你必须把它们合理安排，使它们能最大限度地达到你所想得到的效果。

### （五）发散思维

围绕一个问题，突破常规思维的束缚，沿不同方向去思考、探索、寻求解决这一问题的各种可能性，由一点到多点的思维形式就叫作发散思维，又称扩散思维、多向思维、辐射思维。通常人们考虑问题，总是由提出问题的起点到解决问题的终点，喜欢按一条思路进行，走不通就打住，问题被搁置。也许，换一个思路从多个不同角度去考虑就很容易能够解决问题，思维扩散的范围越广，产生的设想越多，解决问题的可能性就越大。面对一个新方法、新技术、新规律、新产品、新现象，对一个训练有素的创新者，他会考虑能否有其他更多的用途，制作更多类型的作品，设计新的装置，开创一个个新的技术种类，一项项新的系列化产品，一片片新的应用领域。

发散思维的常用操作方式有：材料发散，就是用某种材料为基点，设想它的多种用途，并对材料的各种专用特性进行研究、改进，达到要求的目标，如纸，可写字、包装、制作玩具、引火等；功能扩散，以某种事物的功能为扩散中心，设想这种功能的其他用途，如灯，可发热、发光、取暖、烘烤、印相、发信号等；形态扩散，以某种事物形态（颜色、形状、声音、气味等）为扩散中心设想出能被利用的各种可能性，如钉子，可钉木板（把两种材料连接，挂物体）、钉墙面（水泥钉）、钉塑料（热固化材料，补洞等用）、钉鞋（防滑）、做钉耙（工具）等。

发散思维与综合思维不同，综合思维由多点集中到一点；而发散思维是由一点扩散到多点。应用发散思维，首先应寻找合适的发散源，掌握发散源的科学原理、技术基础。寻找新的应用领域去创造、去发明、去制造社会所需要的新产品。

## 四、拓展创新思维的路径

### （一）精神准备：三点心理暗示

在开始创新思维训练和实践之前，做一定的心理暗示，有助于梳理对创新这项任务的认知程度，营造积极的创新氛围，平和焦虑的情绪，增强信心，避免偏执、成见的消极作用。一般来讲，心理暗示有三点：第一，要意识到现状一定不是完美的，是有缺陷的，由此形成创新的紧迫感、必要性；第二，要确信创新一定是可以实现的，要相信“车到山前必有路”，由此增强找到新思路、新方法、新工具、新路径的信心；第三，提醒自己，混搭是创新的必经之路，应明确实现创新的方向、保障方法和路径。在很多创新思维的应用场景中，随机词是收获创新思维的常见手法。

创新思维需要四种能力：想象力，只有插上想象的翅膀，才能够建立概念之间的广泛联系，将原本“风马牛不相及”的事物联结在一起，产生颠覆性的创意；魄力，创新意味着对传统的改变和否定，即使有了很好的创意，也会遇到习惯势力的强大阻碍，需要有强大的内心支撑才能够执行下去；耐力，创新是一条持续而漫长的道路，在探索的过程中会遭遇各种各样的挫折，没有耐力会很容易让人丧失信心，进而放弃组织表达能力，灵感在迸发出来之后，还不成熟，还不能被人所普遍接受，所以需要良好的组织表达能力，去说服周围的人，为创新争取更多的机会。

### （二）方法准备：六顶思维帽

“六顶思维帽”是爱德华·德·博诺博士（Dr. Edward de Bono）提出的一种革命性的创新思维方法，博诺因此被誉为20世纪人类思考方式革命性变革的缔造者，是创造性思维领域和思维训练领域举世公认的权威，被尊为“创新思维之父”。

六顶帽子各代表一种特定类型的思考方式。在任何会议上，六顶思维帽都有助于使人们脱离思维的俗套而对事物产生新的看法。六顶思维帽强调的是“能够成为什么”，而非“本身是什么”，是寻求一条向前发展的路，而不是争论谁对谁错。六顶思维帽将使得我们指导自己的思考如同指挥一个乐队一般，我们可以唤起自己想要的。表 2-1 介绍了六顶思维帽的颜色与功能。

表 2-1　　六顶思维帽的颜色与功能

| 帽子 | 颜色及其功能 | 作用 |
|---|---|---|
| 白色思维帽 | 白色代表中性和客观。白色思维帽思考的是客观的事实和数据 | 信息和数据 |
| 红色思维帽 | 红色代表情绪、直觉和感情。红色思维帽提供的是感性的看法 | 情绪和感觉 |
| 黑色思维帽 | 黑色代表冷静和严肃。黑色思维帽意味着小心和谨慎。它指出了任一观点的风险所在 | 洞察力 |
| 黄色思维帽 | 黄色代表阳光和价值。黄色思维帽是乐观、充满希望的积极思考 | 乐观地思考 |
| 绿色思维帽 | 绿色是草地和蔬菜的颜色，代表丰富、肥沃和生机。绿色思维帽指向的是创造性和新观点 | 创造力 |
| 蓝色思维帽 | 蓝色是冷色，也是高高在上的天空的颜色。蓝色思维帽是对思考过程中其他思考帽的控制和组织 | 管理 |

六顶思维帽的最大价值就在于它非常便于思考。为避免思考受到干扰，六顶思维帽方法只允许思考者在同一时间内做一件事情。思考者要学会将逻辑与情感、创造与信息等区分开来。六顶思维帽的方法注重人的行为，而不分析行为背后的思想动机。它指明所有行动的规则，而你只需要遵从这些规则。

“六顶思维帽”突破了传统的逻辑思维单一模式，将思考的不同方面分开进行，取代了一次解决所有问题的做法。“六顶思维帽”已被美、日、英、澳等 50 多个国家在教育领域内设为教学课程，同时也被许多著名商业组织作为创造力的通用工具。

### （三）工具准备：思维导图

思维导图一词最早由英国流行心理学作家和电视名人托尼·布赞（Buzan）在其主持的英国广播公司电视连续剧“开动大脑”中提出并普及。在该节目和相关图书系列中，布赞使用一个色彩鲜艳、光芒四射的树状结构来图示关键词。

思维导图是用于可视化信息的图表工具，一般采用分层次的方式显示各个片段之间的关系。它通常是围绕一个概念创建的，在空白页的中心绘制一个词或图像，随后按照关系添加相关的词语或图像等内容。主要想法直接与中心概念相联系，其他想法从这些概念中分离出来。思维导图是有效的思维模式，有助于学习思考记忆等工作的开展，有助于发散思维的记录与表征。有研究表明，思维导图可以比常规笔记记录提高学习/研究效率高达 15%。

布赞为创建思维导图提出了以下指导原则：

从中心开始，使用至少 3 种颜色的主题图像。

在整个思维导图中使用图像、符号、代码和尺寸。

选择关键词并打印。

每个单词/图像都是清楚明确的，并且置于自己的线上。

线应该从中央图像开始连接。线条从中心向外辐射变得更细。

使线条与它们所支持的单词/图像的长度相同。

在思维导图中使用多种颜色，用于视觉刺激以及编码或分组。

开发你自己的思维导图个人风格。在你的思维导图中使用重点和显示关联。

通过使用径向层次结构或轮廓来包容分支，从而保持思维导图清晰。

思维导图的绘制可以利用纸笔通过手工完成，也可以借助专门的软件工具来完成。这些软件提供多种方式来让人脑袋里面混乱的、琐碎的想法连贯起来，帮助整理思路，最终形成条理清晰、逻辑性强的成熟思维模式。常用的软件工具有 MindMaster，Mindmanager，Xmind，FreeMind、百度脑图等。

# 主题三　掌握创新方法

*对于创新来说，方法就是新的世界，最重要的不是知识，而是思路。*

——郎加明《创新的奥秘》

创新思维是创新能力的核心基础，但仅仅通过培养创新思维能力，并不能有效地将其转化为创新能力。必须使用一些创新方法把创新思维与创新经验、成果结合起来，整体地提高创新能力和创新成功的概率。

## 一、群体激智法

### （一）头脑风暴法

一项创新，大多先有一个创意。创意越多，创新的方法也越多，成功的可能也越大。俗话说“三个臭皮匠，抵个诸葛亮。”头脑风暴法就是让一组人员运用开会的方式，通过相互启发，相互激励，相互补充，在短时间内极大地“引爆”个人的创造力，引起连锁反应（共振效应），从而产生尽可能多的创意。头脑风暴法，适用范围广，易于普及。

头脑风暴法的宗旨是以一定的会议形式给与会者创造一种能积极思考、启发联想、大胆创新的良好环境，充分激发个人的才智，为解决问题提供大量的新颖设想。掌握本法所规定的原则与实施程序是获得成功的保证。

1. 实施原则。

（1）自由畅想原则。要求与会者解放思想，不受任何已知条件、熟知的常识和已知真理、规律的束缚，善于从多种角度或反面去考虑问题。要坚持开放性的独立思考，畅所欲言，敢于提出大胆的甚至是荒诞无稽的看法。

（2）延迟评价原则。在讨论问题的过程中，过早地进行评价、下结论，就等于把许多新观念拒之门外，这是极有害的。首先，开始形成的新观念是不完全的、脆弱的，要留给它足够的时间使之逐步完善。其次，一种观念还可引出另外的设想来，不让“母亲”存在，其子孙也不复存在了。美国的心理学家和教育学家梅多和帕内斯在做了实验调查之后说，“推迟判断在集体解决问题时可多产生90%的设想。”延迟评价包括自谦性的表白、否定性的评论以及肯定性的赞语。

（3）以量求质原则。通常，最初的设想不大可能最佳。有人曾以实验表明，一批设想后半部分的价值要比前半部分高78%。

（4）综合改善原则。“综合就是创造，”奥斯本曾经指出，“最有意思的组合大概是设想的组合。”会议鼓励与会者借题发挥，对别人的设想补充完善成新的设想。会后对所有设想还要做综合改善的工作。

此外，头脑风暴法还有限时限人的界定。

2. 组织形式。

（1）主持人。主持人对头脑风暴法的成功有很大的作用。对主持人的要求是：①以平等态度参加会议，友好地对待每一个与会者，促使会议形成融洽气氛。②及时制止违反会议原则的现象，创造一种自由畅想的局面。充分诱导与会者积极思考，提出大胆的、独特的设想。③目标统一，讨论要围绕中心话题，发言集中，不许私下谈话。④对与会者提出的每一个设想，主持人都要记录员记下，并放到醒目位置。鼓励与会者互相激励，由别人的启发而产生新思想，引起“链式反应”。⑤对问题必须有明确深刻的理解，以便在会议中能作启示诱导。对此，主持人在会议前应与问题的提出者一起作详细的分析研究。

（2）参加人。

①会议人数5~10人为宜。②人员的专业构成要合理。应保证大多数与会者都是对议题熟悉的人，但并非局限于同一专业，也要有少数外行，以便突破专业思考的约束。③同一次激励会，参加者应尽可能注意等级的同一性，即知识水准、职务、资历级别等大致相近。④尽量选择一些对问题有实践经验的人，这对提高会议的效果有益。在运用此法时，常选拔几名在提出设想方面才能出彩的人，以他们为最后会议的核心，将视情况配备其他人员，则效果更好。

（3）记录员。

①配备1~2名记录员，通常记录员不是正式的会议参加人。②对会议提出的所有

方案、设想，不管是奇特还是平庸，均一视同仁，认真记录。③当有几个人同时提出多种新设想时，可请主持人作必要的归纳后记下。

3. 实施步骤。

（1）准备阶段。包括产生问题、组建小组，通知与会者会议的内容、时间、地点。

在会议举行之前两三天，会议主持人在发出邀请通知的时候，宜同时附上一张备忘录，上面注明会议的主题和涉及的具体内容，并列出几个希望与会者进行畅想的例子。

如，会议主题为“新颖电扇的构思”，则可作如下提示：①从外观上考虑，赋予奇特、典雅或豪华的新设计；②从方便上考虑，使装拆、收藏、维修等简便，能遥控或自动控制；③从物美价廉上考虑，如节电、采用新材料，工艺上的改进；④从增加辅助功能上考虑，能否更富装饰性，兼有照明功能，能产生香味等；⑤从保健角度考虑，模拟自然风，使风的方向、速度均可自动变化，让人体感觉更舒适。

（2）热身活动。目的是让与会者尽快进入“角色”，尽量减少会议中僵局冷场的时间。热身活动内容多种多样。如，互相介绍，讲幽默故事。或出一道简单的练习题目，如“请说出茶杯的其他用途”“要是机器人有了人类的智能，那世界将会怎样”等。热身活动也可以是体力的，只要能使与会者很快地忘掉自己的工作和私事，形成热烈、轻松的气氛就行。

（3）明确问题。通过与会者对问题的分析陈述，使与会者全面了解问题，拓宽解题思路。

①介绍问题。由主持人向与会者简明扼要地介绍所要解决的问题，之后可让与会者简单讨论一下，以取得对问题一致正确的理解。

介绍问题时，主持人必须掌握简明扼要的原则，只提供与问题有关的必要信息，切忌将背景材料介绍得太多，尤其不能把自己的初步设想全盘托出。因为这样不仅无助于启发他人的思维，反易形成条条框框，束缚其思路。对于外行来说，所需的只是对问题实质深入浅出的通俗解释。

②重新叙述问题。这是指用不同的方式来表述问题，目的是加深对问题实质的理解，使问题的重要方面不致被遗漏。同时，启发多种解题思路，为提出设想作准备。在此要鼓励与会者从多方面、多角度去审视问题，然后对每一方面都用“怎样……”语句来表述。例如，题目是如何增加某商场的营业额，则可重新叙述如下：

怎样降低成本？怎样扩大货源？怎样战胜竞争者？怎样做广告？宣传怎样？完善售后服务怎样？……

所有这些新的提问方式，都要由记录员记下，顺序编号，置于醒目的地方，让与会者随时从中启发思维，全面考虑。

执行此步骤时注意两点：一是不要急于提出具体的设想；二是鼓励与会者尽可能

多地对问题提出重新叙述形式。

③选择最高启发性的重新叙述形式。重新叙述问题之后，通常就可以围绕其进行畅谈，但有时为了使会议效果良好，能优先考虑问题最重要的方面，需对重新叙述的问题作分析选择，选择可以由主持人或问题提出者选定，也可由与会者全体敲定。

④自由畅谈。按照会议原则，针对上述确定的问题进行畅谈。

⑤加工整理。会上提出的设想大多是未经仔细解说和认真思考的，加工整理后才有实用价值。加工整理中还有两个问题。

一是增加设想。在畅谈会的第二天，由主持人或秘书以电话或面谈方式收集与会人员在会后产生的新设想。这是不可忽视的一步，因为通过会后的休息，思路往往会有新的转换或发展，又能提出一些有价值的设想。曾有一会议提出了百余条设想，第二天又增补了 20 余条，其中 4 条设想比头一天会议上的所有设想都更有实用价值。

二是评价和发展。评价设想和发展设想是相互联系的两个方面，既要作筛选判断，又要做综合改善。为了便于评价，最好先拟定一些评价指标，如这一设想是否可行、结构是否简单、工艺能否实施、做法是否合理、费用是否节省等。具体拟定哪些指标，要视问题性质及解决问题方案的要求而定。

参与评选发展设想的人员，可以是设想的提出者，最好是对问题本身有责任的人。人数应该是奇数，经验证明以 5 人为好。这一工作多委托专家或问题提出人处理。或召开第二次会议，由设想提出人自己来做集体评议。其好处是可省去对设想作说明的麻烦，这种做法称为“二次会议法”。

以上是运用头脑风暴法的一般步骤。具体实施时可依不同的情况而有所变化。如有人在畅谈阶段采用“间断式”方法，即 3 分钟提设想，然后用 5 分钟作考虑，如此反复循环，不断提出设想和进行思维。

4. 适用范围与实例。奥斯本的头脑风暴法问世后，发展形成了多种类型的头脑风暴法。如默写式头脑风暴法（635 法）、卡片式头脑风暴法（CBS 法与 NBS 法）等。

目前在世界范围内，头脑风暴法是应用最广泛、最普及的创造方法。这一方法能够在社会、经济、管理、教育、新闻、科技、军事、生活等很多方面提供有效服务。诚如奥斯本所说，“只要遵循头脑风暴的规则，此法几乎可以解决各方面的问题。”另外经常参加头脑风暴的人，对自身的创造能力培养也有好处，使之想象力丰富，思维敏捷，善于创新。

### （二）635 法

头脑风暴法始于美国，其特点也符合美国人开放、个性外向、思维灵活的民族习惯。当这个方式传入德国后，有人根据日耳曼民族长于思考的性格特点，通过改造，产生了适合本国国情的一种激性方式，创造了用书面阐述来激励特力的创造方法——

默写式头脑风暴法，又用“635”法。

每次会议由6人参加，每人用书面提出3个设想，要在5分钟内完成，这就是“635”法的来由。

开“635”法会议时，主持人宣布议题，解释参加人提出的疑问后，发给每人几张空白卡片（最好稍大一点），每张卡片标上相隔距离较大的1、2、3号码，在第1个5分钟内，每人按议题在3个号码后面分别填上3个设想，然后把卡片传给右邻。在下一个5分钟里，每人从传递到自己手中的别人所填的3个设想中受到启发，再继续填写3个设想，或者补充、完善、丰富、发展别人的设想，反正不能让卡片从自己手中空轮过去。这样多次传递，半小时传了6次，每人的原始卡片轮递一周后，共可产生108个设想。卡片填满则用手中的备用卡片续之。

“635”法可以避免许多人争相发言而使设想遗漏的弊病，对于有些不善言谈、怯于诤言的与会者来说，默写也不失为一种好办法。再者，由于有卡片上的设想，不需设记录员，也省去整理记录、归纳分类之举，因为卡片上的设想是分好类的书面材料了。

### （三）综摄法

美国麻省理工学院的威廉·戈顿教授在长期研究和实验的基础上，于1952年提出了一种独特的创造方法——综摄法，或称提喻法、分合法、集思法。

综摄法这个词来自希腊文。原意是指把表面上互不相关的各种不同事物结合在一起。综摄法通过已知的东西为媒介，将毫无关联、不同的知识要素结合起来，以打开“未知世界的门扉”，激起人们的创造欲，使潜在的创造力发挥出来，产生众多的创造性设想。

综摄法是一种理论化程度高、技巧性强、效果显著的创造方法。通常此法以小组讨论会的形式进行，但也可以个人使用。

综摄法有两个基本原则：

1. 异质同化。所谓新发明新创造应该是现在所没有的事物，人们对它是不了解的。然而，人们熟悉现有的各种事物。为此，在创造发明新事物时，可以借助现有的知识来进行分析研究，启发出新的设想来。此乃“变陌生为熟悉”。

2. 同质异化。对现有的各种事物，运用新的知识或从新的角度来观察、分析和处理，启迪出新的创造性设想来。此乃“变熟悉为陌生”的方法，它要求人们突破现有框架的约束，以挑剔的目光去寻找可以改进创造的地方。

在实际的创新活动中，常常将同质异化与异质同化两原则交替使用，而且并非限于新产品的研制开发，也可应用于管理。

## 二、稽核问题表法

### （一）稽核问题表法

当思考某一问题时，为了不漏掉要点，便于逐项检查核对而做成的表，就是稽核表。例如出外旅行时，事先准备一个携带物品明细表，临出发时进行一番检查核对，就是如此。

稽核问题表法是一种典型的有序型思维技巧，即根据需要解决的问题或研究对象列出有关问题，然后逐个检核，以探求解决问题的新观念，实现创造性解决问题的目的。稽核问题表法有许多种，比较有名的稽核问题表法是奥斯本的稽核问题表法、5W1H 法、和田十二法。

奥斯本的稽核问题表法。奥斯本是美国创造学的创始人，他在《实用想象》一书中指出，为了激发人们的思维活力，提高其创造性思维能力，可预先设计一个稽核问题表，将一系列具有共性和普遍性的问题，罗列为有序的某种模式或模型。然后，按照这种有序的稽核表进行思维，可望获得高效率或富有创造性的思维成果。

奥斯本列出 75 个问题，分成 9 组，以便供人们有序地进行思维。具体如下：

（1）有无新用途？是否有新的使用方式？可否改变现有使用方式？如我国古代四大发明从原始的单一用途到现在各个领域的广泛使用。

（2）有无类似的东西？利用类比能否产生新观念？过去有无类似问题？可否模仿？能否超过？如飞机、飞船的发明就是受到鸟类翅膀的启发。

（3）可否增加些什么？可否附加些什么？（时间、尺寸、强度、性能、成分、扩大、放大）如从收音机到录音机，再到收录机。

（4）能否缩小、减轻、分割、去除、浓缩、省略等？如从挂钟到座钟，到怀表，到手表，再到戒指表。

（5）能否改动款式、类型、功能、顺序、布局、颜色、声响、气味、外形等。如灯泡从原来的单一样式到现在的不同形状、不同颜色。

（6）能否扩大用途、延长寿命、增加强度、用途、价值、夸张、附加部件，节省材料等？

（7）能否代用、代替其他的材料、工艺、技术、方案、规则等？如用电池、马达代替发条使玩具汽车使用时间延长。

（8）能否颠倒、改变正负、上下、左右、方向等？如早期的飞机螺旋桨安装在飞机头部，现代飞机将喷气发动机装在尾部，而直升机则把螺旋桨安装在飞机顶部。

（9）能否重新组合、混合、统一、配套等？如为适应老年人远视和阅读需要而设计的双焦距镜片，就是把两种不同眼镜组合为一体。

在实际工作、生活和学习中，我们可以依照上述稽核问题表列出的有序问题类型，进行卓有成效的思维活动，并获得创造性成果。

### （二）5W1H 法

此法由美国陆军首创，通过连续提 6 个问题，构成设想方案的制约条件，设法满足这些条件，便可获得创新方案。目前，5W1H 法已广泛应用于改进工作、改善管理、技术开发、价值分析等方面。实施程序如下：

1. 对某种现行的方法或现有的产品，从 6 个角度作检查提问，即：

（1）为什么（why）；（2）做什么（what）；（3）何人（who）；（4）何时（when）；（5）何地（where）；（6）如何（how）。

2. 将发现的疑点、难点列出。

3. 讨论分析，寻找改进措施。如果现行的方法或产品经此检查基本满意，则认为该方法或产品可取；若其中某些点的答复有问题，则就在这些方面加以改进；要是某方面有独到的优点，则应借此扩大产品的效用。

5W1H 法视问题的性质不同，设问检查的内容也不同。例如：

（1）为什么（why）：为什么发光？为什么要做成这个形状？为什么不用机械代替人力？为什么产品制造的环节这么多？为什么要这么做？

（2）做什么（what）：条件是什么？目的是什么？重点是什么？功能是什么？规范是什么？要素是什么？

（3）谁（who）：谁来办合适？谁能做？谁不宜加入？谁是顾客？谁支持？谁来决策？忽略了谁？

（4）何时（when）：何时完成？何时安装？何时销售？何时产量最高？何时最切时宜？需要几天为合适？

（5）何地（where）：何地最适宜种植？何处做才最经济？从何处去买？卖到什么地方？安装在哪里最恰当？何地有资源？

（6）怎样（how）：怎样做最省力？怎样做最快？怎样效率最高？怎样改进？怎样避免失败？怎样求发展？怎样扩大销路？怎样改善外观？怎样方便使用？

对于最后一问 how，有时可扩展为 2 个问题，怎样（how to）与多少（how much），此即 5W2H 法。

（7）多少（how much）：功能如何？效果如何？利弊如何？安全性如何？销售额如何？成本多少？

### （三）和田十二法

和田十二法，又叫“和田创新法则”。是我国学者许立言、张福奎在奥斯本稽核问题表基础上，借用其基本原理，加以创造而提出的一种思维技法。它既是对奥斯本稽核问题表法的一种继承，又是一种大胆的创新。例如，其中的“联一联”“定一定”等，就是一种新发展。同时，这些技法更通俗易懂，简便易行，便于推广。具体方法如下：

1. 加一加。能否通过把一件物品加大一点、加长一点、加重一点、功能多一点等，使物品在形态上、功能上、尺寸上有所变化，更有利于使用。如把普通伞加大一点成为沙滩伞、街上设摊用的晴雨伞，把橡皮和铅笔加一加成为橡皮头铅笔。

2. 减一减。把原物减小一点，减轻一点，能否使其形态、价值，功能、成本等明显优化。如电子管—晶体管—集成电路，使电子设备体积、材耗、能耗明显减少，性能更稳定可靠，使用更方便；近视眼镜减去镜框变成隐形眼镜，对近视眼患者更为方便；为减轻重量，以塑代钢；音乐带中减去歌声只剩下伴奏成为卡拉 OK 带，增加游戏者的参与功能等。

3. 扩一扩。把原物体放宽一点，扩大一点，使它功能产生明显的变化。如放大镜、显微镜、大屏幕电视、投影电视、围棋和象棋比赛用的演示挂盘等。

4. 缩一缩。把现有产品体积缩小一些，成为小型、微型，给使用者带来方便。

如现有锅炉内部分布有许多水管，水管用以增加水的吸热面从而提高热效率。有同学根据这个原理设计制造了“火管式水壶”，在水壶内装一螺装管，一段在壶底开口焊接，一段焊在壶顶部，形成一种缩小了的火管式锅炉。

5. 改一改。改进物品原来的形状、性能、结构，使其产生新的形态、功能、特性，使产品更简单、轻便、省力、多功能、高效率、有特色……例如雨伞由普通伞改为折叠伞、自动伞；白炽灯改用彩色玻璃、乳白玻璃；电话机由拨盘改按键、脉冲改音频、有线改无线等。

6. 变一变。通过改变原产品的形状、尺寸、颜色、音响等，使人产生一种新的感觉。例如，服装的面料，颜色、图案、款式的变化，十分受人们欢迎；铅笔杆由圆形变六角形、三角形、扁形等。

7. 并一并。把一个物体与另一个物体并起来。它的特点是把多种规律和多种功能合并。瑞士有名的多功能军用小刀就是把刀、剪、钳、锻、开瓶器等合并起来，成为大受欢迎的世界著名产品。

8. 学一学。通过学习、模仿别的产品、物体的形状、结构、色彩、性能、规格、功能、动作等来实现新的创作。例如美国科学家研究、模仿蜘蛛的动作制造了 8 条腿的自动机器人，在火山口复杂的地形环境中能行走自如。中成药剂量大、服用不方便一直是困扰医疗界的大课题，有人就学习西医，把中药的有效成分高度浓缩制成类似西药的片剂、丸剂，体积减小，容易携带，服用方便。

9. 代一代。材料、方法、工具、商品……能否用其他产品代用。例如以塑代钢、以纸代木、以半导体代电子管等，代字上大有文章可做。

10. 搬一搬。能否把某事物或其中某一部件的制作工艺、原理、方法搬动一下，产生一种新物品，这也是发明者常用的技法。当然，模仿或局部性模仿也是“搬一搬”的应用实例。例如把电视机拉杆天线搬到圆珠笔上去，制成的“教鞭圆珠笔”深受广大教师喜欢。

11. 反一反。试把某事物的形态、性质、功能、结构反一反，或者把上与下、里与外，前与后、横与竖、方与圆、左与右、导电与绝缘、热与冷等矛盾的两个方面倒一倒，产生新的产品、新的功能、新的用途。例如电转化为磁可做成电动机；而反过来，由磁转化为电则制成发电机。

12. 定一定。在解决某一问题、改进某一物品时，能否先有一个约定的标准，大家都能接受的规定，能使工作效率更高、更方便、更准确，这就是“定”。例如，以前温度测定只能用人的感觉判定，既不方便，又难有一个准确的标准。瑞典科学家摄尔休斯想出了在水的冰点与沸点间划分 100 等份，把每一等份定为 1 度的方法统一了温度的测量。

## 三、列举法

列举是人们思维活动的表现形式之一。通过列举事物各方面的属性，可掌握一定数量的信息，更有助于产生新的概念，改善思维方式。列举法的主要优势是：第一，有助于克服感知不敏锐的障碍，把思维从僵化、麻木的状态下解放出来；第二，列举法促使人们全面感知事物，防止遗漏；第三，有利于克服感情障碍；第四，是改进老产品开发，新产品非常实用的方法。

### （一）特性列举法

1. 基本原理。特性列举法是美国布拉斯大学教授 R. 克劳福特发明的一种创造方法。克劳福特认为每个事物都是从另外的事物中产生发展而来的。一般的创造都是旧物改造的结果，所改造的主要方面是事物的特性。此法就是通过对需要革新改进的对象做观察分析，尽量列举该事物各种不同的特征或属性，然后确定应加以改善的方向及如何实施。

一般说来，要解决的问题越小、越简单，特性列举法就容易获得成功。例如，要革新一辆汽车，若从整体着手，往往一时难以得出新的设想，因为它涉及面广，很难一下子把握住。为此可对组成汽车的主要系统进行分解，然后针对各个局部加以改进。

特性列举法适用于革新或发明具体事物，特别适合于轻工业产品的改革。此法也可适用于行政管理、机构体制及工作方法的改进。特性列举法既可个人使用，亦可集体使用。

2. 实施步骤。

（1）将对象的特性或属性全部写出来，如把一架机器分解成一个个零件，每个零件功能如何、特性怎样、与整体的关系如何，都列举出来，列成表。如果对象繁杂，则应先将对象分解后，选一个目标较为明确的发明或改进课题，课题宜小不宜大。

（2）从三个方面进行特性列举，如名词特性——整体、部分、材料、制造方法；形容词特性——颜色、形状、感觉、性质、状态；动词特性——功能、作用。

（3）在各项目下试用可替代的各种属性加以置换，引出具有独创性的方案。进行这一步的关键是要尽量详尽地分析每一特性，提出问题，找出缺陷，再试着从材料、结构功能等方面加以改进。

（4）提出方案并对方案进行评价讨论，使产品能符合人们的需要和目的。

### （二）缺点列举法

1. 基本原理。任意产品或商品，都不可能是十全十美的，它们或多或少有这样或那样的缺点。然而，由于人有惰性，对于习惯了的事物，人们往往不容易，甚至不愿意去发现它的缺点。相反，如果对产品“吹毛求疵”，有意去找毛病，然后用新的技术加以改革，就会创造出许多新的产品来。

缺点列举法是抓住事物的缺点进行分解，以确定创新目的的创造方法。此法与特性列举法相比，有其独到之处。特性列举法列出的特性很多，逐个分析需要花很多时间。缺点列举法的特点是直接从社会需要的功能、审美、经济等角度出发，研究对象的缺陷，提出改进方案，简便易行。此法主要是围绕着原事物的缺陷加以改进，一般不改变原事物的本质与总体，属于被动型的方法，它一方面可用于老产品的改造，也可用在对不成熟的新设想、新产品做完善工作，另一方面也可用于企业管理方面等。

2. 实施步骤。使用缺点列举法，并无十分严格的步骤，一般可按如下程序进行：

（1）尽量列举一事物的缺点，需要时可事先广泛调查、研究、征集意见；

（2）将缺点加以归类整理；

（3）针对所列缺点逐条分析，研究其改进方案或能否缺点逆用、化弊为利；如对现有的雨衣作缺点列举：①胶布雨衣夏天闷热不透风；②塑料雨衣冬季变硬变脆容易坏；③穿雨衣骑自行车上下车不方便；④风雨大时，脸部淋雨使人睁不开眼，影响安全；⑤雨衣下摆贴身，雨水顺此易弄湿裤腿与鞋；⑥胶布色彩太单调，无装饰感等。

针对这些缺点可提出许多改进方案。如采用新材料使塑料雨衣不脆不硬；在雨帽上加一副防雨眼镜或眼罩；增加色彩，分别设计男、女、老、少不同式样的雨衣；以防弄湿裤腿及穿着方便的雨衣等。

3. 实施方式。

（1）会议法。召开一次缺点列举会，会议由 5 ~ 10 人参加，会前由主管部门针对某项事物，选择一个需要改进的主题，让与会者围绕此主题尽量列举各种缺点，越多越好。另请一人将提出的缺点记录在一卡片上编号，之后从中挑选出主要缺点，并针对这些缺点制定出切实可行的革新方案。一次会议的时间约 1 ~ 2 小时，会议的主题宜小不宜大。

（2）用户调查法。企业改进新产品时使用缺点列举法可以与征求用户意见结合起来，通过销售、售后服务、意见卡等渠道广泛征集意见。用户提出的意见有时是产品设计人员所不易想到的。

（3）对照比较法。将同类新产品集中在一起，从比较中找缺点，甚至对名牌新产品吹毛求疵，找到可以改进之处。用这种方法开发新产品起点高、步子大。

### （三）希望点列举法

1. 基本原理。希望点列举法是通过提出种种希望，经过归纳，确定发明目标的创造方法。

希望点列举法是从发明者的意愿提出各种新设想，它可以不受原有物品的束缚，所以是一种积极主动的创造方法。例如，有人提出，希望发明一种“定时安眠药”，在疲劳时可以让你安稳地休息片刻，然后定时醒来，继续工作，而且经常服用无副作用。这种设想是现有产品所不具备的，所以它常用于新产品的开发上。

2. 实施方法。与缺点列举法类似，希望点列举法的实施形式灵活多样，常用的有：

（1）书面搜集法。按事先拟定的目标，设计一种卡片，发动用户和本单位的职工，请他们提供各种想法。

（2）会议法。召开 5 ~ 10 人的小型会议约 1 ~ 2 小时，由主持人就革新目标或产品开发征集意见，激励与会者开动脑筋，互相启发，畅所欲言。

（3）访问谈话法。派人直接走访用户或商店等，倾听各类希望性的建议与设想。

由以上方法收集到的各种意见和希望，再进行分析研究，制订可行方案。具体程序为：第一，对现有的某个事物提出希望。希望一般来源于两个方面，或是事物本身存在不足，希望改进；或是人们的需求变更，有新的要求。第二，评价所产生的希望，找出可行的设想。第三，对可行性希望作具体研究，以制订方案，实施创造。

## 四、组合创造法

组合创造法就是指用一定的技术原理、功能、目的，将两个或两个以上的技术、物质、方法、产品，进行合理的组合，形成新产品，也可把原产品分割，重新排列组合成新产品或将多个单一产品组合成一个新产品的方法。

组合创造法是最通用的创造技法之一，它可以是最简单的铅笔和橡皮的组合，可以是高科技的电脑和机床的组合；还可以是自然科学中的发明技法，也可以是文学艺术上的创作技巧。

组合创造法是一种“原理利用型”创造发明，也就是说它是以现成的成熟技术为基础的。因此，选题范围广，技术基点低，技术开发快。

### （一）主体附加法

1. 基本原理。主体附加法是指以某一特定的对象为主体，通过置换或插入其他技术或增加新的附件创新的方法。此法常适于对产品作不断完善、改进时使用。

2. 实施步骤。

（1）有目的地选定一个主体；（2）运用缺点列举法，全面分析主体的缺点；（3）运用希望点列举法，对主体提出种种希望；（4）考虑能否在不变或略变主体的前提下，通过增加附属物以克服或弥补主体的缺陷；（5）考虑能否通过增加附属物，实现对主体寄托的希望；（6）考虑能否利用或借助主体的某种功能，附加一种别的东西使其发挥作用。

3. 注意事项。运用主体附加法往往可使主体获得多种附加功能而成为多功能用品，然而作为多功能物品的设计应该全面考虑、权衡利弊，否则会事与愿违、费力不讨好。

### （二）二元坐标法

1. 基本原理。平面直角坐标系由两条数轴正交组成，横轴和纵轴的任一对实数都可以确定平面上的一个点。如果在坐标轴上标上不同的事物，那么由横轴与纵轴交叉确定的点就是两个事物的组合点，这样即可借助坐标系把所列的客观事物相互联系起来了。然后对每组联系作创造性想象，从中产生前所未有的新形象、新设想。最后经可行性分析，确定成熟的技术创造课题。

作为二元坐标法的坐标元素所造的事物，可以是具体的人造产品，如衣服、床、灯具、机枪、蛋糕、汽车之类；也可以是非人造物品，如风、雨、云、泉水、老虎、太空等；还可以是一些概念术语，如锥形、旋转、变色、中心、闪光等。对此，通过“拉郎配”式的组合联想，可以突破习惯观念，克服惰性意识，促使标新立异。

二元坐标法形式简洁而不单调，运用时不受任何限制，适宜于个人或集体的创造活动。应予以注意的是，此法仅适用于技术创造活动的选题阶段，可行的课题一经确定，就完成了使命。至于课题的下一步做法，则需另行研究探讨了。

2. 实施步骤。利用二元坐标法选择创新课题的程序如下：

（1）列出联想元素。列举联想元素可以随心所欲，无任何条件，但联想元素最好取名词、形容词、动词等。例如玻璃、扇、气、梯、滑行、日历、清凉、照明、瓶、手摇、管、车、纸、流动、座、三角、笔筒、杯，共18个联想元素。

（2）用联想线沟通各个元素绘制联想图。

（3）进行联想和判断。对于每一交叉点的元素作正反两个方面的联想与判断。例如，“车”和“手摇”构成“手摇车”和“车手摇”的联想，“车手摇”是无意义的联想，“手摇车”是已有的发明。“梯”和“座”也是如此，“梯座”是有疑问的联想，“座梯”是有创造意义的联想。鉴于每个人的职业、经验和知识的差别，尤其是创新意识的强弱和预见能力的高低，对同一个联想点会做出迥异的分析和判断，这是创造性活动中的正常现象，并不奇怪。

（4）从联想图中摘出有意义的联想。本例中有：照明日历（带日历的台灯或夜光日历）、日历扇、清凉扇、透明玻璃（能自行发光或受激发光的玻璃），纸笔筒（纸质彩印笔筒）、三角笔筒、管扇、日历管、照明车、梯车、玻璃座、座梯、清凉纸、照明纸（能发光的纸）、纸瓶（纸质瓶）、照明笔筒（带笔筒的台灯）、三角日历、玻璃笔筒、手摇车等。

（5）对有意义的联想进行可行性分析。可行性分析须从以下五个方面考虑：①有无类似的事物，若有，看它们之间有何不同（从原理、结构、性能、制造工艺、材料、用途、能源、价格、寿命、经济效益等方面对比）；②发明革新或合理化建议在成功和被采纳后，对社会的价值和进步意义；③完成发明和革新需要涉及哪些方面的知识和技术，有哪些技术关键（主要思考原理、结构和工艺）；④对于产品的发明和革新，当地实现的生产条件和技术水平是否适用；⑤确定近期的和长期的研究课题。

在有意义的联想中，可以有大发明联想，如照明玻璃也可为实用新型联想（小发明）和外观设计联想（如玻璃笔筒和日历扇）。这里仅对带日历的台灯做扼要的可行性分析。带日历的台灯构造简单，具有台灯和台历的双重功能。台历设计在台灯上，集两物于一体，减少桌案摆设的物体，利于清理桌案和室内美化。夜晚，打开台灯照亮日历，给人以清晰的时间感，催人加快生活节奏，还可提醒有待处理的事情不至于忘掉。经此可行性分析，联想进一步深化，创新的对象逐渐明确。对不可行的发明和革新要果断摒弃，对可行而自己无力承担的课题要忍痛割爱。

3. 集体创新时二元坐标法的实施步骤。

（1）参加人员10人左右为宜，大家围坐成一圈，桌上备好统一的纸张。活动过程由指定的主持人负责。

（2）各自列举联想元素，编制联想图，分析判断和摘取有意义的联想点。

（3）依次互换联想图，用自己的认识和观点分析别人的联想图。将别人认为无意义或有疑问，而自己认为有意义的联想点直接摘取出来，但不要在别人的联想图上标记号。之后，依次轮换，直到循环一圈。

（4）各自独立对有意义的联想点进行可行性分析，列出可行的联想点。此时环境应安静，不要喧哗。

（5）主持人收集所有的可行联想方案。

（6）由主持人逐项公布可行性联想，请原分析者（不一定是联想图编制者）向大家说明分析理由，集体开展评议。

### （三）焦点法

1. 基本原理。焦点法与二元坐标法都是强制联想法。区别在于焦点法是有一预定事物为中心（焦点），依次与罗列的各元素一一组合构成联想点；而二元坐标法则是各元素间的两两组合。

焦点法可以是发散式结构，也可是集中式结构。发散式主要用于新产品、新技术、新思想的推广应用；集中式主要用于寻求某一问题的解决途径。

2. 实施步骤。

（1）选择焦点。焦点就是你希望创新的事物，或者是准备推广的思想技术，将其填入中心圆圈内。

（2）列举与焦点无关的事物或技术。可以从多角度、多方面罗列，尽量避免找与焦点事物相近的东西，甚至可借助购物指南、技术手册等随意摘录。将所选的内容逐一填入环绕焦点四周的小圆圈内。

（3）强行将小心圆与周围的小圆圈连接，得到多种组合方案。

（4）充分想象，对每种组合提出创造性设想。

（5）评价所有的设想方案，筛选出新颖实用的最佳方案。

### （四）形态分析法

1. 基本原理。把几个独立存在的东西加以组合，往往可以产生新的设想或发明。那么，怎样才能找到更多的组合要素，形成大量的设想或发明呢？美国加州理工学院兹维基教授创造的形态分析法，为此提供了形式化的科学手段。

形态分析法是一种利用系统观念来网罗组合设想的创造发明方法。其思路是先把技术课题分解成为相互独立的基本要素，找出每个要素的可能方案（形态），然后加以组合得到各种解决技术课题的总构想方案。总构想方案的数量就是各要素方案的组合数。

此法的一个突出特点是，所得的总构想方案具有全解系的性质。即，只要把课题的全部要素及各要素的所有可能形态都列出来，那么经组合后的方案将是包罗万象的。另一特点是，具有形式化性质，它主要并非取决于发明者的直觉和想象，而是依靠发明者认真、细致、严密的分析，并要求发明者精通与发明有关的专门知识。

应该说明的是，当问题比较复杂、要素及形态较多时，组合的数目便会激增，以致评价筛选的工作量很大。因此，要求使用者能抓住主要矛盾选取基本要素，并具有敏锐准确的评价能力。

形态分析法可广泛应用于新技术和新产品的开发以及技术预测等许多领域，实施时既可以小组运用，也适于个人使用。

2. 实施步骤。

（1）明确问题。首先必须要求能十分确切地说明所要解决的问题或所要实现的功能。

（2）要素分析。分析需创新的对象，确定它有哪些基本要素（或基本参数），要求各基本要素相对独立并尽量全面考虑。

（3）形态分析。寻找每个要素的可能解决方案（即形态）。要求尽量全面，既要列出当时技术条件下可达到的或在允许时间内可达到的方案，也要列出有潜在可能性的各种手段和方法。

（4）方案综合和选择。根据上面的分析结果列出形态矩阵，一般为二维结构。“列”代表独立要素；“行”代表各因素的具体形态。每一要素和具体形态用符号“Pij”表示，组合后便得出各种方案设想。当然，这些方案要作进一步分析判断才能取舍。

3. 示例。公园小游船的设计。

①明确问题为公园游人设计新颖别致的小游船。

②分解独立要素对于游船来说，可分解成三个独立要素，即船的外形、推进的动力、所用材料。

③找出每一独立要素的解决途径（形态）。如，要素“材料”可以具体选用木材、钢材、玻璃钢、塑料、水泥、铝合金、橡皮等。

④列出形态分析表，按其行列进行组合，获得多种方案。

## ▶ 项目训练

### 活动一　创新能力测试

说明：创造性人才在企业中越来越重要，这类人才能够创造性地完成工作，不会被困难吓倒，不会因为条件不具备而放弃努力。在寻找创新、开发、管理方面的人才时，必须考虑人才的创新能力。

1. 创新思维能力测试。下面是10道题目，如果符合你的情况，则回答“是”；不符合则回答“否”；不确定则回答“不确定”。

（1）你认为那些使用古怪和生僻词语的作家，纯粹是为了炫耀。

（2）无论什么问题，要让你产生兴趣，总比让别人产生兴趣要困难得多。

（3）对那些经常做没把握事情的人，你不看好他们。

（4）你常常凭直觉来判断问题的正确与错误。

（5）你善于分析问题，但不擅长对分析结果进行综合、提炼。

（6）你审美能力较强。

（7）你的兴趣在于不断提出新的建议，而不在于说服别人去接受这些建议。

（8）你喜欢那些一门心思埋头苦干的人。

（9）你不喜欢提那些显得无知的问题。

（10）你做事总是有的放矢，不盲目行事。

评分标准如表2-2所示。

表2-2　评分标准

| 题号 | “是”评分 | “不确定”评价 | “否”评分 |
|---|---|---|---|
| 1 | -1 | 0 | 2 |
| 2 | 0 | 1 | 4 |
| 3 | 0 | 1 | 2 |
| 4 | 4 | 0 | -2 |
| 5 | -1 | 0 | 2 |
| 6 | 3 | 0 | -1 |
| 7 | 2 | 1 | 0 |
| 8 | 0 | 1 | 2 |
| 9 | 0 | 1 | 3 |
| 10 | 0 | 1 | 2 |

评价：①得22分以上，说明被测试者有较高的创新思维能力，适合从事环境较为自由，没有太多约束，对创新性有较高要求的职位，如美编、装潢设计、工程设计、软件编程人员等。

②得21~10分，说明被测试者善于在创造性与习惯做法之间找出均衡，具有一定的创新意识，适合从事管理工作，也适合从事其他许多与人打交道的工作，如市场营销。

③得10分以下，则说明被测试者缺乏创新思维能力，属于循规蹈矩的人，做人总是有板有眼，一丝不苟，适合从事对纪律性要求较高的职位，如会计、质量监督员等职位。

2. 创造力测试。下面是20个问题，要求根据自己的情况如实回答。如符合情况，则在（　　）“√”；不符合的则打“×”。

（1）在别人说话时，你总能专心倾听。（　　）

（2）完成了上级布置的某项工作，你总有一种兴奋感。（　　）

（3）观察事物向来很精细。（　　）

（4）你在说话，以及写文章时经常采用类比的方法。（　　）

（5）你总能全神贯注地读书、书写或者绘画。（　　）

（6）你从来不迷信权威。（　　）

（7）对事物的各种原因喜欢寻根问底。（　　）

（8）平时喜欢学习或琢磨问题。（　　）

（9）经常思考事物的新答案和新结果。（　　）

（10）能够经常从别人的谈话中发现问题。（　　）

（11）从事带有创造性的工作时，经常忘记时间的推移。（　　）

（12）能够主动发现问题，以及和问题有关的各种联系。（　　）

（13）总是对周围的事物保持好奇。（　　）

（14）能够经常预测事情的结果，并正确地验证这一结果。（　　）

（15）总是有些新设想在脑子里涌现。（　　）

（16）有很敏感的观察力和提出问题的能力。（　　）

（17）遇到困难和挫折时，从不气馁。（　　）

（18）在工作中遇到困难时，常能采用自己独特的方法去解决。（　　）

（19）在问题解决过程中找到新发现时，你总会感到十分兴奋。（　　）

（20）遇到问题，能从多方面多途径探索解决它的可能性。（　　）

评价：如果20道题答案全部是打“√”的，则证明创造力很强；如果有14～19道题答案是打“√”的，则证明创造力良好；如果有10～13道题答案是打“√”的，则证明创造力一般；如果低于10道题答案是打“√”的，则证明创造力较差。

## 活动二　六项思维帽

**一、活动参与人数**

班级划分为若干小组，每组6人。

**二、活动场地和道具**

教室、工作坊等场地、手机、无线网络、即时通信软件、思维导图、词典等道具。

**三、活动组织**

小组成员分别准备一个问题，轮流戴白、绿、红、黄、黑、蓝等各色帽子开展活动。利用微信、QQ等即时通信工具，建立一个群组，重要研讨信息要在讨论群组中保存或直接绘制思维导图。

## 四、活动步骤

（一）准备问题

小组成员每人提出一个问题，可以是自己切身体会的难题，可以是久悬未决或者社会公认的难题，也可以是虚拟场景中发生的难题。

（二）确定戴帽子的顺序

抽签确定戴白、绿、红、黄、黑、蓝帽子的组员顺序，每个组员设置自己的群组昵称为所戴帽子的颜色，如白帽子、绿帽子等。第一轮先解决第一个戴白帽子的组员提出的问题；第二轮原来戴绿帽子的组员戴白帽子，戴白帽子的组员戴蓝帽子；依次类推，六轮为一个流程。

（三）开始第一轮六个思维帽游戏

1. 白帽子组员提出并陈述问题，将问题发布到群组。
2. 绿帽子组员提出解决问题的方案，并发布到群组。
3. 黄帽子组员为方案点赞，并陈述其优点及价值。
4. 黑帽子组员对方案及黄帽子意见进行否定和反驳。
5. 红帽子组员对该方案进行直觉判断。
6. 蓝帽子组员总结陈述，做出决策，整理聊天结果并绘制思维导图。

提出问题后，准备时间 2 分钟。每顶帽子发言时间 1 分钟。

（四）开展第二轮六个思维帽游戏。

## 五、活动交流与讨论

1. 绿帽子组员如何确定创新解决方案？
2. 如果没有合适的解决方案，怎样打破僵局？
3. 六顶帽子中谁对创造力的贡献最小，谁最大？

## 六、活动体验

______________________________________________

______________________________________________

______________________________________________

## 七、活动点评

六顶思维帽是一个经过了实践验证的创新思维方法，是运用水平式思考的实用方法，被誉为最流行、最有效的思维技能之一。它的功能并不仅限于提供新的想法、灵感，而是一种具有建设性、设计性和创新性的思维管理工具，可以使思考者克服情绪感染，剔除思维的无助和混乱，避免陷入片面和自负，在你认为问题无法解决、争执无法调和时，给你一个崭新的契机。对于一个团体而言，它能够使各种不同的想法和观点和谐地组织在一起，避免人与人之间的对抗，使团队中的每个人都积极参与思考，共同寻找最终方案。

## 活动三　发明和设计一种新式的桥

**一、活动参与人数**

以班级展开，人数控制在50人以下为宜。

**二、活动场地和道具**

教室等场地，准备纸、笔等道具。

**三、活动组织**

学生3~8人为一组，以小组形式完成。

**四、活动步骤**

第一步：思考什么动物、植物会架桥。

第二步：分析它们架桥的方法。

第三步：用对立矛盾的词来形容这一过程。

第四步：选择其中一组词，由这组词产生新的联想，还有什么事物符合这所描写的状态。

第五步：在词语与不同事物之间的不断类比中找到灵感，发明一种新桥梁形状，大胆运用，不要怕荒唐可笑。

第六步：修改、完善设想，使设想变得可行。

第七步：把设想画出来或做出模型。

**五、活动交流与讨论**

1. 除了应用上述方法解决本问题以外，还可以采用哪些方法？
2. 比较前面介绍的几种创新方法，在解决此问题时哪种最优？

**六、活动体验**

**七、活动点评**

本次活动的目的是训练学生对两类事物加以比较并进行逻辑推理的能力，培养学生的发散思维能力。

**笔记区**

# 单元三　如何找到一个好的创业想法

☞ 单元概述

创业想法是创业的开端，想法是碎片化的信息，也可能是突如其来的灵感。创业机会是将想法与市场空白连接而成的系统工程。创业机会主要是指具有较强吸引力的、较为持久的、有利于创业的商业机会，创业者据此可以为客户提供有价值的产品或服务，并同时使创业者自身获益。

☞ 学习目标

**知识目标：**

（1）了解创业机会的来源与特征；

（2）了解创业机会识别与评价的内容。

**技能目标：**

（1）掌握识别创业机会、评价创业机会的方法；

（2）掌握创业行业选择策略和技巧，学会寻找并评估创业项目。

**素养目标：**

提高发现新问题、分析问题，提出解决问题的能力。

## 主题一　创业想法

创业想法是创业的开端，一个好的创业想法就像一颗优秀的种子，是创业成功的前提条件。创业想法并不必然等于创业机会。创业想法可以漫无边际、异想天开，不一定注重实现的可能性，创业想法远比创业机会丰富。

### 一、创业想法概述

创业想法是指识别机会或在环境中发现需求，是对所创办企业基本业务所做的简要描述。一个创业想法必须回答以下四个问题。

（1）你的企业将提供什么样的产品或服务？

（2）你的企业将向谁销售产品和服务？

（3）你的企业将如何销售产品和服务？

（4）你满足了顾客哪些需求？

## 二、创业想法的重要性

创业源于一个好的创业想法。创业的魅力就在于这个神秘的创业机会与环境评估想法产生过程。创业想法的产生是创业过程中最困难、最关键，最没规律可循的一个环节。

一个好的创业想法来之不易，需要反复揣摩、推敲，最终还要接受市场的检验。无论是哪种类型的想法，也无论是何种规模的构思，你都有可能曾经无限接近过这个好的想法，可是却从来没有让别人了解到，尽管你也曾经做过很多次勇敢的尝试。要想让你的创业想法能够被别人了解、接纳，并让你的创业想法从理想变成现实行动，你会采取何种措施？

1. 让你的想法成为一种循序渐进的步骤。如果你的想法能够和某个现有的计划或行动结合起来，并且被视为一种补充的话，它看起来就没那么遥远，也就更有可能被采纳。

2. 把想法分解为很多小的步骤。把你的想法分成很多小的部分，这样就可以分阶段执行。风险越小的想法越有可能得到实现。

3. 将你的想法融入别人的想法之中。利用其他人的想法是一种伟大的技巧，这个技巧你可能已经使用过了。这里的我们在于为这个人的想法增加一些补充，如果对方处于更强有力的地位，那么这通常会是一种最成功的方法。

4. 想法应该从小到大并能够确保可行。在产生想法的头脑风暴环节，有些非常好的想法会被否定掉，因为这些想法一开始就显得过于宏大了。介绍你的想法应该从小处着眼，让别人产生兴趣，并且形成共识，然后在交谈中丰富这个想法。

5. 问“在什么条件下”打开头脑风暴的大门。当你得到一个否定的回应时，看看你是否能够破解僵局，打开可能之门，你可以问：“你认为在什么样的条件下我们可以前进？”这种方法可以避免陷入僵局，并且可能会获得源源不断的创意。

6. 计算你的想法的“收益”。这意味着如果你要成功的话，应该计算每个想法的收益率（性价比）。

## 三、产生创业想法的途径

全世界的创业者，每天都会产生各种各样的创业想法，他们的创业想法都是从哪里来的？下面介绍部分产生创业想法的途径。

1. 爱好和兴趣。很多人通过追求爱好或兴趣，产生创业想法。你喜欢玩电脑、烹饪、音乐、旅行、运动或表演，你就可以把它们发展成为一个创业想法。例如，如果你喜欢旅行、表演，你就可以进入观光和旅游行业—它是世界上最大的产业之一。

2. 个人的技能和经验。一半以上的成功创业想法都来源于工作的经验。例如，一个拥有在大车间工作经验的机械技工，他（或她）就可能创办汽车修配厂。因而，那些潜在的创业者背景在决定创办企业以及企业类型的过程中扮演了至关重要的角色。你的技能和经验是你最重要的资源，不仅体现在产生想法方面，而且还体现在如何利用这些想法方面。

3. 特许经营，是指特许者将自己所拥有的商标、商号、产品、专利和专有技术、经营模式等以特许经营合同的形式授予被特许者使用，被特许者在特许者统一的业务模式下按合同规定从事经营活动，并向特许者支付相应的费用。

特许经营有很多类型，但是最流行的一种就是提供名称、标识、操作程序和经营方式。在20世纪90年代，特许经营迅速增长，成为一种在美国和欧洲广泛使用的从事商业活动的方法（通过特许经营建立了数百万家企业）。仅在美国就有超过2 000种类型的特许经营，年销售额超过3 000亿美元，大约占零售总额的1/30。除了购买特许经营权，也可以开发和销售特许经营的理念。国际特许经营协会可以提供特许经营的相关材料和信息。

4. 大众传媒是大量信息、想法和机会的来源。大众传媒包括报纸、杂志、电视和互联网等。认真浏览大众传媒，在报纸或杂志上你经常可以找到关于转让企业的商业广告，这是创业者很好的信息来源。在新闻出版物或互联网上的文艺、电视纪录片中，经常会有关于流行趋势或消费者需求变化的报道。例如，你能读到或听到人们对健康和减肥食品的兴趣日益增加。

5. 展览会。另外一个产生创业想法的途径就是参加展览会和商品交易会。在报纸和杂志上经常会有展览会和商品交易会的广告。通过实地参观，你不仅可以看到新产品和服务，还可以见到厂商、批发商、发行商和经销商，有很多好的创办企业的想法来源、信息和帮助，他们也经常会寻找像你这样的人。

6. 市场调查。一个新的创业想法的焦点就是消费者。通过调查确定消费者的需求和需要是提供产品或服务的基础。可以通过与人进行正式或非正式的交谈来调查，也经常使用调查问卷、访问或者观察。你可以通过与你的家庭成员或朋友交谈找出他们的需求，例如他们是否对现有的产品或服务满意，他们希望看到什么样的改进或改变。

你可以与厂商、批发商、代理商和零售商交谈。预先为一个调查或访谈准备一系列有关的问题是非常有用的。问题要贴近和联系消费者、渠道成员，由此更好地判断消费者的需求以及市场状况。最后，你应该并且尽可能多地与消费者交谈（包括现有和潜在的消费者），你能从他们那里获得更多的信息。

除了和人交谈，你还可以通过观察获得信息。假设你决定在某条街上选址开店，你可以观察和计算在特定的天数里通过街道的人数，并且与其他地点进行比较。你对旅游者经常去的地方感兴趣，你就可以进行调查，了解一下你是否可以制造或经营工艺品。你注意到一个地区或某条旅游线路上没有标准稍高的饭店或旅馆，你就可以了解一下情况，那里是否有对标准稍高饭店或旅馆的需求，你是否可以提供相应的服务。一个创业者愿意到各种集会上走走，观察人们有没有新需求。

7. 抱怨。消费者的抱怨导致许多新产品或服务的诞生。无论什么时候，消费者痛苦地抱怨一个产品或服务，或者当你听到有人说“我多么希望能够……”或“只要有一个产品或服务就能……”，你就产生了一个潜在的创业想法。这个想法可以创办一个提供更好产品或服务的具有竞争力的企业，或者可以将新的产品或服务卖给那些存在问题的企业。

8. 头脑风暴，是一个创造性解决问题和产生想法的技术方法。它的目的就是尽可能多地产生想法。它经常从一个问题或一个难题的陈述开始。每一个想法又导致一个或者更多的想法。最后，产生大量的想法。对于所有的想法，无论从表面上看有多么不合逻辑，都需要记录下来。

当你使用这个方法时，你需要遵守以下四个原则：（1）不要批评和评价其他人的想法—讨论中没有负面评论；（2）鼓励随心所欲地想—欢迎那些看似疯狂的想法，越放任，构思越巧；（3）合适的数量—需要大量的想法，想法越多，好的想法出现的概率就越大；（4）在其他人想法基础之上改善和提高—其他人的创意可以被用来促进产生新的创意。

9. 创造力，是利用新的或不同的方法设计、排列、制造新事物。创造性地解决市场需求和问题的能力经常作为商业运作成功或失败的标志，它也用来从普通企业当中区别出那些快速增长的企业。想要具备创造性，你需要开拓思维和视野。

## 四、判断良好创业想法的标准

创业想法要具备充分的经验、学历、流动资金、时间、精神和毅力；否则便是空想。

创业想法最重要的是可行，有长久性，可以继续开发、扩展；否则创业想法会因为跟不上变化导致失败。

创业想法须在有关行业知识的基础之上建立，不能只陶醉于自己的理想；否则当想法实施时，便会因为一些问题而措手不及。

创业想法是死的，所以创业者要能够善于把握时机去作出明确的决定。

创业想法中须有确定的目标，即有一个非常明确的项目目标；一个非常明确的既定目标。

一个良好创业想法具有如下的特征：

1. 现实可行性。也许有人会争辩道，人类历史上许多异想天开的念头，比如希望人能像鸟一样飞上天，地里的麦子能自动收到仓库里，人隔千里却能如对面一样交流，最终不都变成了现实吗？但是，有两点必须牢记：一是这些念头虽然在当时不具备技术和其他条件上的可行性，但随着时代的发展，解决了技术问题，变得可以实现了，从根本上说，它不是违反自然规律和社会规律的；二是这些念头都经历了很长时间，甚至上千年才变为现实，如果当时的人一定要固执地寻求在那个时代解决，最后他一定不是失败就是发疯。对今天的创业者而言，目的是在有生之年，尽早实现自己的梦想。因此，现实可行性就成了创业设想的第一个必要条件。

2. 新颖性。显而易见，创业自然是包含“创造”的意义在里面。如果一个想法完全是陈芝麻烂谷子的事，市场上早就有了，有谁会去投资，做这种赔本的买卖呢？所以，新技术、新方法可能是创业设想。但是，新颖的念头也有历史的痕迹，总不是凭空而来的，而是在总结以前的基础上发展创造出来的。与此同时，“新”是相对于现在的情况来说的，有一些很早以前曾出现过但被淘汰的东西在新市场值不值得大家花力气去做。如果按照一个想法设计出来的产品或提供的服务根本就没有市场，有谁会做这种事情呢？因为这完全就是浪费资源、浪费时间。能成为创业设想的念头，一定是具有市场价值的想法，具有产生利润的可能性；否则，没有人会把它当作事业的基础。具有市场价值的想法可能有三种：一是开发一个从来没有过的、完全的新市场，例如电视、电话、电脑进入人们的生活；二是更新一个原有的市场，用新产品代替旧产品；三是在原有市场的基础上，通过为服务或产品增加“新卖点”来获得利润。市场价值的最终决定者是顾客，所以，创业最重要的一点就是时时、事事从顾客的角度考虑问题。

3. 预见性。想法是在行动之前制定的，它以实现今后的目标，完成下一步工作和学习任务为目的，有利于更好地指导企业家进行下一步骤。

# 主题二　创业机会

创业机会主要是指具有较强吸引力的、较为持久的有利于创业的商业机会，创业者据此可以为客户提供有价值的产品或服务，并同时使创业者自身获益。

## 一、创业机会的定义

创业机会是具有商业价值的创意，是一种特殊的商业机会。英国雷丁大学经济学教授卡森认为，创业机会是一种新的“目的、手段”关系，它能为经济活动引入新产品、新服务、新原材料和新组织方式，并能以高于成本价出售的市场情况。

创业的过程复杂且漫长，而创业的关键则是要善于抓住创业机会。只有把握好创业机会，创业者才能有目标地开始进行创业并做好相关规划。不同学者从各个角度出发对创业机会进行定义，主要包括以下几种：①创业机会是通过将各种资源创造性地结合起来，以满足市场需要、创造价值的一种可能性；②创业机会是为了达到凸显出市场价值的目的而进行的资源整合，并符合一定市场需求的一种可能性；③创业机会就是新商品、新服务、新原材料和新组织方法可以引进并可能以比生产成本更高价格卖出的一种情境；④创业机会具有吸引力、持久性和适时性，并且伴随着可以为购买者或者使用者创造或者增加使用价值的产品或服务；⑤创业机会是一种满足未满足的有效需求的可能性，可以视为市场需求和企业家精神的一个交集，是企业家所能识别的有效需求。

许多学者和专家都对创业机会进行了多年的研究和分析，并取得一定的成就，但是对于何为创业机会，却有着不同的看法。通过对以上定义进行总结分析可以得出：创业机会是一种可能性，而且是可以创造价值并获得盈利的一种机会，但是这些都是建立在一定的实际行动基础之上，并充分整合各种有利资源，在规划创业措施之前要进行资源配置的优化，从而达到盈利和实现预期收益。创业机会是创业者付之行动，并结合市场需求而进行的一种活动，而且在整个过程需要正确评价和识别创业机会。

## 二、创业机会的主要特征

特征是指事物和其他事物相比具有的明显不同之处。一般而言，创业机会的特征包括以下几点：

### （一）创业机会的可行性

创业者发现、识别各类创业机会的过程也是对创业机会可行性进行分析的过程，只有具有可行性的创业机会才有进一步开展的必要。那些未经过创业者系统论证、深入研究的创业机会或者创业思维需要创业者进行深入的可行性分析论证。从创业机会的本质而言，创业机会从发现到识别都应该具有一定的可行性，但是在涉及具体的针对某一创业者而言的创业机会的可行性会有所区分。

### （二）创业机会的持续性

创业机会的持续性是指创业机会的出现会持续一定的时间，在这段时间内如果创业者能够果断把握机遇，抢先一步占领市场，那么创业者创业成功的可能性就会提高。但是这种持续性并不是毫无期限的，具有一定的时效性，这一时效性通常被称作是

“创业机会之窗”。

### （三）创业机会的潜在盈利性

创业者在创业过程中寻找创业机会的最终目的就是获得收益，这也是促使创业者进行创业活动的最初动力，但是这种盈利性是一种潜在的盈利，很多创业机会有可能在开发的前期具备一定的盈利性，在具体的创业活动开展后会发现已经不具备盈利性。因此，在评价一个创业机会是否具有盈利性时，需要创业者投入大量的时间和精力。

除此之外，多数创业机会还包含一定的风险性。这种风险性主要源于创业机会的不确定性。在创业之初，创业者就必须提前做好准备，有效地规避或者减少风险性。

## 三、创业机会的类型

根据不同的标准，创业机会有不同的分类。

### （一）从创业机会来源的角度进行分类

从创业机会来源的角度，创业机会可分为问题型机会、趋势型机会、组合型机会三种类型。

1. 问题型机会。问题就是痛点。问题型机会指的是由现实中存在的、未被解决的问题所产生的一类机会。问题型机会在人们的日常生活和企业实践中大量存在。例如，消费者的不便、顾客的抱怨等，在这些问题的解决中会存在价值或大或小的创业机会，需要用心去发掘。好利来投资有限公司董事长罗红先生当年就是因为买不到能表达自己对母亲挚爱的生日蛋糕，萌生了自己开一家蛋糕店的想法。于是，从雅安的第一家蛋糕房，到兰州，到沈阳，再到全国，罗红的蛋糕事业越做越大，成为中国最大的烘焙食品企业。

2. 趋势型机会。趋势型机会就是在变化中看到未来的发展方向，预测到将来的潜力和机会。这种机会一般出现在经济变革、政治变革、人口变化、社会制度变革、文化习俗变革等多个方面，一旦被人们认可，它产生的影响将是持久的，带来的利益也是巨大的。美国米勒啤酒公司开发生产淡啤就是一个很好的例子。20 世纪 70 年代，美国出现的全国性健康热潮和由于美国生育高峰的到来造成的年轻人比重提高的两个趋势，形成了一个巨大的、越来越注重健康的人群。意识到这种趋势的发生，米勒公司于 1975 年推出淡啤，将其作为年轻、有男子气概、更注重健康的男人的选择。随着淡啤的成功推出，人们的消费习惯因此发生了巨大的变化，1975 年淡啤只占美国啤酒销售量的 1%，到 1994 年占美国国内销售的 35%，销售量达到 160 亿美元。

3. 组合型机会。组合型机会就是将现有的两项以上的技术、产品、服务等因素组合起来，实现新的用途和价值而获得的创业机会。这种机会好比“嫁接”，对已经存在的多种因素重新组合往往能实现与过去功能不同或者效果倍增的局面（1+1>2）。如芭比娃娃就是将婴儿喜欢的娃娃与少男少女形象结合起来，形成了一个新组合，满足了脱离儿童期但还未成年的人群的需求，最终获得了创业上的巨大成功。

### （二）从市场的角度进行分类

从市场的角度，创业机会可分为识别型机会、发现型机会和创造型机会三种类型。在商业实践中，识别型、发现型和创造型三种类型的创业机会可能同时存在。

1. 识别型机会。这是创业者面向现有市场的创业机会，市场属于供需尚未均衡的市场，创新程度较低。市场已经有企业在经营，而且往往是一些成熟的大企业，创业者并不需要太繁杂的辨别过程，通过有效的创新手段，拥有较多的资源，营造新的经营模式，就可以较快进入市场获利。迈克尔·戴尔想要进军个人计算机行业，当时个人计算机产业已经开始飞速发展，很多著名的个人计算机厂商在这一市场上激烈竞争。戴尔开创了一个全新的个人计算机经营模式—向客户直销，绕过了分销商这个中间环节。戴尔从消费者那里直接拿到订单，然后购买配件组装计算机。因此，戴尔计算机公司无须车间和设备生产配件，也无须在研发上投入资金。这样，戴尔通过为消费者消除中间环节获得了大量财富。

2. 发现型机会。这是面向空白市场的创业机会，也是目前最为常见的机会。空白市场属于现有行业范围内尚未被开发的市场。这一市场可能是缝隙市场，尚未被现有的大型企业关注，但如果经营得当，也可能创造出可观的价值。例如，过去农村零售业一直被认为是一个空白市场，许多大型的连锁超市往往致力于开发城市市场，一直忽略农村市场。而在农村，已有的商业体系则只是一些日渐退化的供销社、杂货铺、集市等。面对这一空白，一些发展较为良好的农资连锁品牌包括“农家福”“惠多利”等出现了，并表现出强大的生命力。

3. 创造型机会。这是面向全新市场的创业机会。这一市场上的创业机会不属于任何已经存在的行业，创业者将要进入的是一个全新的市场，市场上暂时没有任何竞争对手，也没有现成的经营模式可循。在这种情况下，需要警惕的是这一全新的市场是否具备高度成长的可能。创造型机会的把握比较困难，需要创业者的创造性整合资源能力和敏锐的洞察力，同时还必须承担巨大的风险。

### （三）按创业机会的创新程度进行分类

按创业机会的创新程度，霍尔库姆将创业机会分为两类，即创新活动产生的创业机会和从市场中发现的创业机会。

1. 创新活动产生的创业机会主要是针对创新者，因为其他人很难发现这样的机会。例如 IT 企业，作为创新者，有机会从其创新活动中抓住创业机会。

2. 从市场中发现的创业机会，针对所有人，因为人们可以通过获得信息来挖掘没有开发的市场。这种机会也许仅仅是依靠在某些地方买低卖高或结合新的生产过程，卖一个新产品来获得利益。

（四）按创业机会的来源和发展进行分类

阿迪维力（Ardichvili）按创业机会的来源和发展情况对创业机会进行了分类。在他的创业机会矩阵中，通过两个维度，即探寻到的价值（机会的潜在市场价值）和创造价值的能力，将创业机会分为四种类型。如图 3－1 所示，横轴以探寻到的价值为坐标，这一维度代表着创业机会的潜在价值是否已经较为明确。纵轴以创造价值的能力为坐标，创造价值的能力包括通常的人力资本、财务能力以及各种必要的有形资产等，这一维度代表着创业者是否能够有效开发并利用这一创业机会。

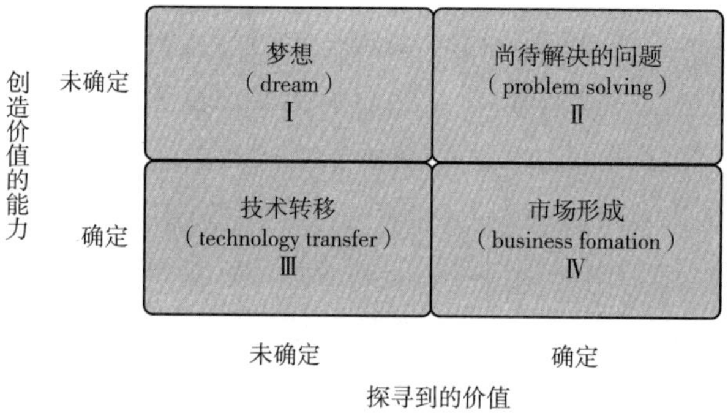


**图 3－1　阿迪维力创业机会矩阵**

图 3－1 第Ⅰ象限中，机会的价值并不确定，创业者是否拥有实现这一价值的能力也不确定，因此这种机会称为梦想（dream），其创业成功的可能性最低。第Ⅱ象限中，机会的价值已经较为明确，但如何实现这种价值的能力尚未确定，因此称为尚待解决的问题（problem solving）。第Ⅲ象限中机会的价值尚未明确，而创造价值的能力已经较为确定，因此称为技术转移（technology transfer）。第Ⅳ象限中，机会的价值和创造价值的能力都已经确定，因此称为市场形成（business formation），其创业成功的可能性最大。

## 四、创业机会的来源

（一）顾客需求的问题

顾客各方面的需求在没有被满足之前就是问题，满足顾客的需求是创业的主要目的。在生活和工作中存在的各种各样的问题提供了诸多创业机会。例如，随着我们生活条件越来越好，人们膳食中的营养成分含量过高，导致“三高”病人越来越多，由此催生出了专门针对“三高”人群的食品和营养品。

（二）市场环境的变化

不断变化的市场环境带来的市场结构和需求也在发生变化。这种变化主要体现在产业结构和消费结构的调整、人口结构和需求的变化、居民收入的提高、城市化加速、政府政策的变化、经济日益全球化等。如人民收入的提高和消费观念的改变，拉动了旅游市场的快速扩张，由此衍生出了与旅游相关的一系列创业机会。

（三）新知识、新技术的产生

人们的消费观念受到新知识的影响发生改变，而新技术可以满足甚至改变人们的消费需求。当今信息化时代，互联网技术正在深刻地影响着消费者和企业，企业也在考虑如何充分利用移动互联网向顾客提供产品或服务。

（四）发明创造

发明创造提供了新的产品和服务，能够更好地满足顾客需求。根据历史发现，每一次重要的发明创造都为社会带来了重大的产业结构的调整，产生出无数的创业机会。例如，互联网和手机的诞生，完全改变了我们的生活方式，也催生出了网络销售、网络学习、信息服务等商机。

（五）来自竞争

竞争对手的缺陷和不足也蕴藏着创业机会。仔细观察竞争对手并与他们进行对比，如果能够比他们提供更方便、更快捷、更实惠的服务，那就等于找到了创业机会。例如，“饿了么”送餐上门的服务模式已经完全改变了人们的生活方式，提供的服务让消费者节约了时间成本，因此获得了巨大的市场和盈利。

## 主题三　创业机会的识别

在创业之前，必须想想如何找到一种好的创业想法，好的创业想法是创业的第一步，是奠基石。本主题通过对创业机会识别的学习，来了解创业机会的具体识别过程、方法、途径、原则，进而达到实现创业想法的目标。

## 一、创业机会识别的内涵

目前，有关创业机会识别的内涵，学者们给出了不同的定义。希尔思和伦普金（Hills and Lumpkin，1997）指出，机会识别是为新业务存在的可能性和创业者影响其活动成败的可能性。蒂蒙斯（Timmons，1999）指出，机会识别是存在于产品和服务中心的具有系统性、持久性和及时性的品质，能为顾客或最终用户创造或增加价值。阿德吉费里和卡多佐（Ardichvili and Cardozo，2003）指出，机会识别是在某个重要时刻点上，在深入追踪某个特定机会，还是放弃这个机会之间所做的决策。巴伦（Baron，2003）指出，机会识别是面对多样化的刺激和实践，创业者对商机存在与否的一种模式知觉。埃克哈特和沙恩（Eckhart and Shane，2003）指出，机会识别是机会源泉的研究，是研究如何来发现、评估和开发创业机会的过程。巴伦和沙恩（Baron and Shane，2005）指出，机会是一种情境，在该情境中，技术、经济、政治、社会和人口条件变化产生了创造新事物的潜力。

虽然学者们对创业机会识别的定义不尽相同，但是他们在创业机会是被发现与创造的这个认识上是共同的。然而不论是发现还是创造，都是创业者个人特质与市场机会结合产生的。市场机会则包括存在现有市场机会与潜在市场机会。现有市场机会是指在现有市场中创业时，针对现有市场需求不足、不完全竞争下的市场空隙等，搜寻成本较少、盈利较足的创业机会。潜在市场机会则是从科学技术和人们持续提升的需求中衍生出来，被成功的创业者敏锐地觉察到的市场需求的变化，进而识别到市场机会。

综上所述，创业机会识别是一个过程，在这个过程中，创业者成功地搜寻发现市场机会，并对其进行开发利用，从而创建新企业。

创业机会识别是创新创业领域的关键问题之一。从创新的角度来讲，创业机会识别是创新的导向；从创业过程的角度来说，它是创业的起点。创业过程就是围绕着创业机会进行识别、开发、利用的过程。识别创业机会是创业者应当具备的重要技能。

创业机会识别本质上是对客户需求的识别，由于客户需求的复杂性、多元化和动态性，使得创业机会识别也成为一个复杂的过程。在识别过程中，要意识到机会能不能满足以下几点：首先，能不能为消费者创造新价值或增加价值；其次，能不能解决一项重大问题，或满足市场的重大需求或欲望；再次，这个机会有没有很强的市场需求，是不是利润丰厚；最后，能不能适应市场环境和突发状况，达到收支平衡。

## 二、创业机会识别的过程

### （一）创业机会识别的三个阶段

作为一个复杂的认知过程，我们需要从动态过程观去理解创业机会识别。本书借鉴琳赛和贾斯汀－汀布莱克（J. Lindsay and Justin Craig）在2002年发表的机会识别过程模型来展开阐述，他们通过对受访者的调查，提出了一个三段式的创业机会识别过程模型，即机会搜寻过程、机会识别过程、机会评价或确认过程（见图3－2）。

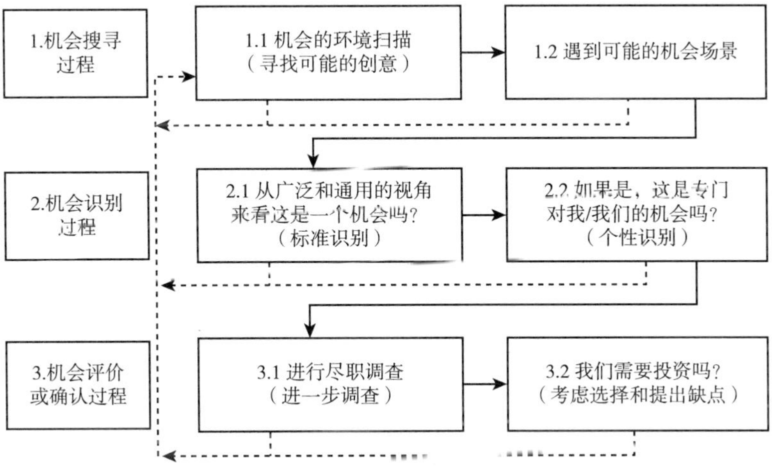


**图3－2 机会识别过程**

资料来源：Lindsay，N. J.，Craig，J. B. A.，Framework for Understanding Opportunity Recognition：Entrepreneurs versus Private Equity Financiers［J］. *The Journal of Private Equity*，2002，6（1）：13－24.

第一阶段，搜寻机会。这一阶段创业者对整个经济系统中可能的创意展开搜索，如果创业者意识到某一创意是潜在的商业机会，具有潜在的发展价值，就将进入机会识别阶段。

第二阶段，识别机会。相对整体意义上的机会识别过程，这里的机会识别应当是狭义上的识别，即从创意中筛选合适的机会。这一过程包括两个步骤：第一步是通过对整体的市场环境和一般的行业分析来判断该机会是否在广泛意义上属于有利的商业机会，所以该阶段也称为机会的标准化识别阶段。第二步对于特定的创业者和投资者来说，是考察这一机会是否有价值，也就是个性化的机会识别阶段。

第三阶段，评价机会。实际上这里的机会评价已经带有部分“尽职调查”的含义，比较正式，考察的内容主要是各项财务指标、创业团队的构成等。通过机会的评价，创业者决定是否正式组建企业、吸引投资。

事实上，在一些研究中，机会识别和机会评价是同时进行的，创业者在对创业机会识别时也在有意无意地进行评价活动。创业者在机会开发中的每一步，都需要进行评估，也就是说，机会评价伴随着整个机会识别的过程。在机会识别的初始阶段，创业者可以非正式地调查市场的需求、所需的资源，直到判定这个机会值得考虑或是进一步深入开发；在机会开发的后期，这种评价变得较为规范，并且主要集中考察这些资源的特定组合是否能够创造出足够的商业价值。

### （二）创业机会识别分为五大步骤

在三个创业机会识别的阶段中，创业机会的识别又可以分为五大步骤。

第一步，判断新产品或服务将如何为购买者创造价值及使用新产品或服务的潜在障碍。根据对产品或服务使用的潜在障碍以及市场认可度的分析，得出新产品的潜在需求、早期使用者的行为特征以及产品创造收益的预期时间。

第二步，分析产品在目标市场投放的技术风险、财务风险并进行机会之窗分析。

第三步，明确在产品的制造过程中是否能保证足够的生产批量和可以接受的产品质量。

第四步，估算新产品项目的初始投资额，明确使用何种融资渠道。

第五步，在更大范围内考虑风险程度以及如何控制和管理这些风险因素。

## 三、创业机会识别的方法

创业机会识别的方法多种多样，主要有如下几种：

### （一）新眼光调查

1. 开展初级调查。通过与顾客、供应商、销售商交谈和采访他们，直接与这个世界互动，了解正在发生什么及将要发生什么。

2. 注重二级调查。阅读某人出版的作品、利用互联网搜索数据、浏览寻找包含创业者所需要信息的报纸文章等都是二级调查的形式。

3. 记录创业者的想法。瑞士最大的音像书籍公司的创始人说他就有一本这样的笔记本，当记录到第 200 个想法时，他就坐下来回顾所有的想法，然后开办了自己的公司。

### （二）通过系统分析发现机会

实际上，绝大多数的机会都可以通过系统分析得到。人们可以从企业的宏观环境（政治、法律、技术、人口等）和微观环境（顾客、竞争对手、供应商等）的变化中发现机会。借助市场调研，从环境变化中发现机会是机会发现的一般规律。

### （三）通过问题分析和顾客建议发现机会

问题分析从一开始就要找出个人或组织的需求和他们所面临的问题，这些需求和问题可能很明确，也可能很含蓄。一个有效并有回报的解决方案对创业者来说是识别机会的基础。这个分析需要全面了解顾客的需求及可能用来满足这些需求的手段。一个新的机会可能由顾客识别出来，因为他们知道自己究竟要什么。因此，顾客就会为创业者提供机会。顾客的建议多种多样，最简单的，他们会提出一些如“如果那样的话不是会很棒吗”这样的非正式建议，留意这些，将有助于你发现创业机会。

### （四）通过创造获得机会

这种方法在新技术行业中最为常见，它可能始于未来的市场需求，从而积极探索相应的新技术和新知识；也可能始于一项新技术发明，进而积极探索新技术的商业价值。通过创造获得机会比其他任何方式的难度都大，风险也更高。同时，如果能够成功，其回报也更大。这种情况下所产生的创新在人类所具有重大影响的创新中，居于压倒性的主导地位。

以上是常见的一些创业识别方法。当然，也有部分学者从其他视角进行了归纳。例如有些学者从市场调研、问题分析和顾客建议、从“低科技”中搜寻机会、在大企业缝隙中寻找机会、追求“负面”机会、创造机会等几个维度去总结。

## 四、创业机会识别的途径

### （一）着眼于问题把握机会

机会并不意味着无须代价就能获得，许多成功的企业都是从解决问题起步的。问题就是现实和理想的差距。顾客需求在没有满足之前就是问题，而设法满足这一需求，就抓住了市场机会。例如巴西阿苏尔航空公司，他们以机票低廉而著称，但却没有更多的巴西人愿意搭乘他们的航班。经过研究发现，原因在于乘客还需要从家里乘出租车到机场，而这个费用可能要占到机票的40%～50%，同时又没什么公交系统或者火车线路可以完成这样一个行程的支持。换言之，“从家到机场”是顾客流程的一部分，但却没有得到有效的满足。于是，阿苏尔航空决定为乘客提供到机场的免费大巴。如今，每天有3万名乘客预定阿苏尔航空的机场大巴车，阿苏尔航空也成为巴西成长最快的航空公司。

### （二）利用变化把握机会

变化中常常蕴藏着无限商机，许多创业机会产生于不断变化的市场环境。环境变化将带来产业结构的调整、消费结构的升级、思想观念的转变、政府政策的变化、居民收入水平的提高，人们透过这些变化就会发现新的机会。

（三）跟踪技术创新把握机会

世界产业发展的历史告诉我们，几乎每一个新兴产业的形成和发展都是技术创新的结果。产业的变更或产品的替代，既满足了顾客需求，同时也带来了前所未有的创业机会。

（四）在市场夹缝中把握机会

创业机会存在于为顾客创造价值的产品或服务中，而顾客的需求是有差异的。创业者要善于找出顾客的特殊需求，盯住顾客的个性需要并认真研究需求特征，这样就可能发现和把握商机。

（五）捕捉政策变化把握机会

中国市场受政策影响很大，新政策的出台往往引发新商机，如果创业者善于研究和利用政策，就能抓住商机站在潮头。

（六）弥补对手缺陷把握商机

很多创业机会缘于竞争对手的失误和意外获得，如果能及时抓住竞争对手策略中的漏洞而大做文章，或许能比竞争对手更快、更可靠、更便宜地提供产品或服务，也许就找到了机会。

## 五、创业机会识别的原则

机会是时机与环境的统一，正所谓“机不可失，时不再来”。创业机会也是在特定的环境背景下产生的，一旦环境改变，机会也会随之消失。可见，创业机会为稀缺资源，稍纵即逝，因而，提高识别潜在机会和把握机会的能力显得尤为重要。

（一）与时俱进，把握时代脉搏

环境是创业活动的背景，是创业机遇的发源地。把握创业机遇，就是要与时俱进，使自己的思想和行为服从不断发展的环境要求，从而为创业活动的开展争取更为有利的发展空间。创业者应具有积极主动的意识，顺应历史潮流，将创业活动与环境动态发展相结合，紧跟时代，把握前沿。首先，充分认识所处的创业环境。对创业环境的了解不能仅仅学习书本理论知识，更要深入实践。实践出真知，要从实践中获得体验，探索创业环境的变化规律，为把握创业机会打下基础。其次，合理利用环境。创业环境中存在许多创业机会和条件，创业者根据自身条件利用各种有利因素成就自己的事业，立足市场，求得生存和发展。最后，在条件不具备的情况下，创业者可以改造环境，按照自己的意志、设想和方式，通过创业活动创造出一个崭新的、适合自己生存和发展的环境。这是人类创业活动的最高境界，也是环境发展的内在要求。

### （二）积极准备，等待机会到来

机会具有隐蔽性、偶然性和易逝性的特征，要把握它是件困难的事情。但是，机会总是垂青于那些有准备的头脑。要把握住创业机会，创业者需要用知识和实践经验来武装自己，在机遇到来之前做好充分准备，这样才能避免与机会失之交臂。首先，构建广博的理论知识基础，拓宽自己的视野。识别机会在很大程度上依赖于识别者拥有的知识存量，谁拥有更多的知识，谁就有可能在识别有潜在价值机会上领先一步。其次，拓宽获取信息的渠道，构建一个巨大的信息交流网络。掌握的信息越多，发现机会的概率就越高。最后，勇于实践，训练从实践中获得体验转化为创意的思维。

### （三）主动出击，捷足先登

把握机会，也是一场无硝烟的争夺战。稀缺资源—创业机会，无疑是众多市场竞争者争夺的焦点。在这场争夺战中，讲求兵贵神速，刻不容缓，发扬“只争朝夕”的精神，力求捷足先登。机会很容易随着时间的流逝而不断磨损含金量，最终变得一文不值。而且谁先抢占先机，谁就更有可能占领市场制高点，领先竞争对手。创业者要牢固树立“敢为天下先”的观念，解放思想，勇于开拓，敢做第一个吃螃蟹的人，对潜在的机会反应快速、毫不迟疑，处理机会坚决果断、毫不含糊。

### （四）扬长避短，坚持不懈

人们的身边一直存在各种各样的创业机会，关键在于是否留心观察它的存在。然而，并不是所有的机会都适合自己去把握、去实践。在创业的道路上既要主动出击，敢于尝试，也要尽量避免无谓的牺牲，降低失败的可能性。这就要求我们充分发挥自身的优势和特长，把握一些容易驾驭和控制的创业机会，即扬长避短。机会类型是多种多样的，对创业者的能力素质要求也不相一致。创业者应在对机会和自身能力权衡之后，选定适合自己的创业机会，接着在市场中去实践创业。创业的过程是艰辛的历程，难免会遭遇挫折和失败，贵在有一颗持之以恒的心，这样创业才能获得成功。认定了自己该做的事情，就要坚持不懈地努力，冲向胜利的终点。

# 主题四　创业机会的评估

对创业者来说，关键在于如何能够从众多机会中寻找出真正有价值的创业机会并采取快速行动来把握机会。在此，我们介绍几种可用于评估创业机会价值潜力的一般方法，掌握这些方法，有助于创业者在发现创业机会后花费较少的时间、精力和成本迅速形成对创业机会价值潜力的基本判断。

## 一、创业机会评估的标准

创业机会的评估一般有以下几条衡量标准：包括市场评估准则、效益评估准则等方面。这些可以作为创业者从第三方角度看自己，进行自我剖析的重要参考。

### （一）市场评估准则

1. 市场定位。评估创业机会的时候，可由市场定位是否明确、顾客需求分析是否清晰、顾客接触通道是否流畅、产品是否持续衍生等来判断创业机会可能创造的市场价值。创业带给顾客的价值越高，创业成功的机会也会越大。

2. 市场结构。针对创业机会的市场结构进行六项分析，包括进入障碍、供货商、顾客、经销商的谈判力量、替代性竞争产品的威胁，以及市场内部竞争的激烈程度。由市场结构分析可以得知新企业未来在市场中的地位，以及可能遭遇竞争对手反击的程度。

3. 市场规模。市场规模大小与成长速度，也是影响新企业成败的重要因素。一般而言，市场规模大者，进入障碍相对较低。一个正在成长中的市场，通常也会是一个充满商机的市场，所谓水涨船高，只要进入时机正确，必然会有获利的空间。

4. 市场渗透力。对一个具有巨大市场潜力的创业机会，市场渗透力（市场机会实现的过程）评估将会是一项非常重要的影响因素。聪明的创业家知道选择在市场需求正要大幅增长之际进入市场，做好准备，等待接单。

5. 市场占有率。创业机会预期可取得的市场占有率目标，可以显示这家新创公司未来的市场竞争力。例如，成为市场的领导者，最少需要拥有 20% 的市场占有率。如果低于 5% 的市场占有率，则说明这个新企业的市场竞争力不高，自然也会影响未来企业上市的价值。

6. 产品的成本结构。产品的成本结构也可以反映新企业的前景是否光明。例如，从物料与人工成本所占比重、变动成本与固定成本的比重之高低，以及经济规模产量大小，可以判断伴随企业创造附加价值的幅度以及未来可能的获利空间。

（二）效益评估准则

1. 合理的税后净利。一般而言，具有吸引力的创业机会至少需要能够创造 15% 的税后净利。如果创业预期的税后净利是在 5% 以下，那么就不是一个好的投资机会。

2. 达到损益平衡所需的时间。合理的损益平衡时间应该在两年以内，如果三年还达不到，恐怕就不是一个值得投入的创业机会。不过有的创业机会确实需要经过比较长的耕耘时间，通过这些前期投入，创造进入障碍，保证后期的持续获利。在这种情况下，可以将前期投入视为一种投资，才能容忍较长的损益平衡时间。

3. 投资回报率。考虑创业可能面临的各项风险，合理的投资回报率应该在 25% 以上。一般而言，只有 15% 以下的投资回报率，是不值得考虑的创业机会。

4. 资金需求。资金需求量较低的创业机会，投资者一般比较欢迎。事实上，许多案例显示，资金的需求量过大其实并不利于创业成功，有时还会带来稀释投资回报率的负面效果。通常，知识越密集的创业机会，对资金的需求量越低，投资回报反而会越高。在创业开始的时候不要募集太多资金，最好通过盈余积累的方式来创造资金。

5. 毛利率。毛利率高的创业机会，风险相对较低，也比较容易取得损益平衡；反之，毛利率低的创业机会，风险则较高，遇到决策失误或市场产生较大变化的时候，企业很容易遭受损失。一般而言，理想的毛利率是 40%。当毛利率低于 20% 的时候，这个创业机会就不值得再予以考虑。

6. 策略性价值。能否创造新企业在市场上的策略性价值，也是一项重要的评价指标。一般而言，策略性价值与产业网络规模、利益机制、竞争程度密切相关，而创业机会对产业价值链所能创造的增值效果，也与它所采取的经营策略和经营模式密切相关。

7. 资本市场活力。当新企业处于一个具有高度活力的资本市场时，它的获利回收机会相对也比较多。不过资本市场的变化幅度极大，在市场高点时投入，资金成本较低，筹资相对容易。但在资本市场低点时，投资新企业开发的诱因则较少，好的创业机会也相对较少。

8. 退出机制与策略。所有投资的目的都在于回收，退出机制与策略就成了一项评估创业机会的重要指标。由于退出的难度普遍要高于进入，因此，一个具有吸引力的创业机会，应该要为所有投资者考虑退出机制和退出的策略规划。

## 二、创业机会评估的步骤

一般来说，创业机会评估主要有以下几个步骤：

1. 确定评价目标。确定评价目标是创业机会评价的第一步，评价目标直接影响评价指标体系、评价方法等后续步骤的实现。在创业机会评价开始的时候，要对评价目标的特性进行充分分析，以更好地确定创业机会的影响因素，从而确定创业机会评价的基本框架。

2. 创业机会影响因素分析。影响创业机会的因素有很多，既有内部创业团队的因素，也有外部创业环境的因素；既有社会因素，也有经济因素；既有市场因素，也有社会网络因素等。从各种影响创业机会的因素中抽取出关键性的因素，便构成了创业机会评价指标体系。

3. 构建评价指标体系。创业机会评价指标体系是在对创业机会影响因素分析的基础上构建的。蒂蒙斯法的指标体系是最全面的创业机会评价指标体系，可以作为创业机会评价的属性库。在此基础上，可结合我国国情及创业机会实际情况，构建新的评价指标体系。

4. 评价方法的应用。评价方法是对评价指标的排序和量化。创业机会评价涉及很多指标，有些指标可以量化，如潜在的市场规模、市场增长率等；而有些指标不易量化，如产品的结构等。单纯的定性方法难以对创业机会的优劣进行排序；单纯的定量方法难以对决定创业机会的关键要素进行选择。因此，应在借鉴相关模型的基础上，选择定量与定性相结合的方法进行评价。

5. 评价实施。创业机会评价的实施是评价的实际操作阶段，对定量指标和定性指标进行处理，引入需要的数据和相关专家的评定，并结合相关模型，最终得到评价结果。评价实施也是对创业机会进行选择和淘汰的过程，关键是相关数据的获取和模型的选择。

6. 评价反馈。创业机会评价是一个动态的过程，其本质上是一个主观的、理论的分析过程。创业机会是否能真正成为一个成熟机会，是否可以在现实中开发，还需要进一步从实践中证明。依据创业活动实践，可以从风险规避和价值创造这两个方面对创业机会评价的结果做进一步修正。

## 三、创业机会评估的方法

对创业者来说，关键在于如何能够从众多机会中寻找出真正有价值的创业机会，并采取快速行动来把握机会。评价创业机会主要有定性评价和定量评价两类方法。掌握这些方法，有助于打算创业的学生在发现创业机会后花费较少的时间、精力和成本迅速形成对创业机会价值潜力的基本判断。

### （一）定性评价方法

斯蒂文森等（1994）认为，对创业机会的充分评价，需要考虑以下几个重要问题：①机会的大小、存在的时间跨度和随时间成长的速度等。②潜在的利润是否能够弥补资本、时间和机会成本的投资，带来令人满意的收益。③机会是否开辟了额外的扩张、多样化或综合化的商业机会选择。④在可能的障碍面前，收益是否会持久。⑤产品或服务是否真正满足了目标市场的真实需求。

隆杰内克等（1998）提出了评价创业机会的五项基本标准：①对产品有明确界定的市场需求，推出的时机也是恰当的。②投资的项目必须能够维持持久的竞争优势。③投资必须具有一定程度的高回报，允许一些投资中的失误。④创业者和机会必须相互适合。⑤机会中不存在致命的缺陷。

### （二）定量评价方法

1. 标准打分矩阵法是通过选择对创业机会成功有重要影响的因素，并由专家小组对每一个因素进行最好（3分）、好（2分）、一般（1分）3个等级的打分，最后求出每个因素在各个创业机会下的加权平均分，从而可以对不同的创业机会进行比较。表3－1中列出了其中10项主要的评价因素，在实际使用时可以根据具体情况选择其中的全部或部分因素来进行评估。

表3－1 标准打分矩阵

| 标准 | 专家打分 | | | |
|---|---|---|---|---|
| | 最好（3分） | 好（2分） | 一般（1分） | 加权平均分 |
| 易操作性 | | | | |
| 质量和易维护性 | | | | |
| 市场接受性 | | | | |
| 增加资本能力 | | | | |
| 投资回报 | | | | |
| 专利权状况 | | | | |
| 市场大小 | | | | |
| 制造的简单性 | | | | |
| 口碑传播力 | | | | |
| 成长潜力 | | | | |

2. 贝蒂的选择因素法。在贝蒂的选择因素法中，通过对11个选择因素的设定来对创业机会进行判断，如表3－2所示。如果某个创业机会只符合其中6个或更少，那么该创业机会的成功概率较低；相反，如果这个创业机会符合其中的7个或更多，那么这个创业机会将大有希望。

表 3－2　　贝蒂的选择因素

| 选择因素 | 是/否 |
| --- | --- |
| 这个创业机会现阶段是否只有你一个人发现了 | |
| 初始的产品生产成本是否可以接受 | |
| 初始的市场开发成本是否可以接受 | |
| 产品是否具有高利润回报的潜力 | |
| 是否可以预计产品投放市场和达到盈亏平衡点的时间 | |

3. 马林斯七领域机会评估模型。英国约翰·W. 马林斯（John W. Mullins）所著的《创业测试》一书中提出的七领域模型，直观描绘了七领域之间的关联，用七领域测试方法来检查创业思路，就能及时发现错误，并找到改进方法，或者在涉足深陷之前及时退出，转做其他事情。马林斯认为，成功的企业由三个至关重要的要素构成：市场、行业及构成企业家团队的一个或几个关键人物。马林斯以三要素为中心，从宏观和微观两个维度，构建了创业机会评估的七领域模型。七个领域是测评任何创业机会的核心要素，如图 3－3 所示。

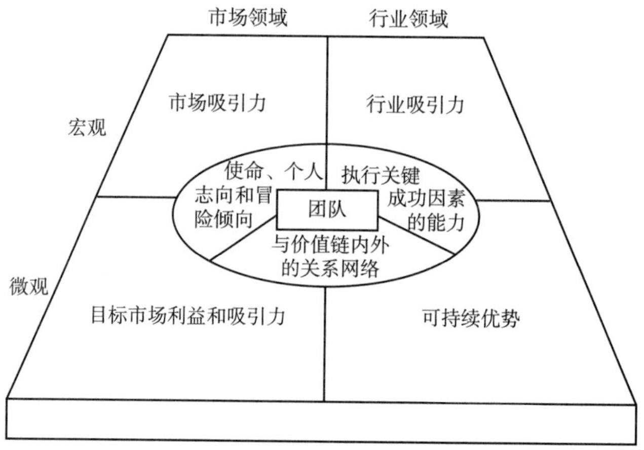


图 3－3　马林斯的七领域机会评估模型

市场和行业。市场和行业的差别在哪里？市场是由购买者而非产品组成的。市场是由一群当前的和（或）潜在的消费者组成，而这些消费者愿意并且有能力购买产品（或服务）来满足他们的需求。行业则由出售者组成。一个行业由出售者组成（典型的出售者是组织），它提供各种产品，这些产品有相似性而且互为替代品。为什么说市场和行业之间的差别这么重要呢？因为一个想服务于市场的人对市场吸引力的判断和想进入某一行业的人对该行业的判断是不一样的。这往往令人感到惊讶，因为测评市场吸引力的问题与测评行业吸引力的问题是不一样的。

市场。马林斯认为，评价市场的吸引力，必须兼顾宏观和微观（目标市场）两个层面。宏观层面主要考虑市场规模、增长速度及产品（或服务）趋势等。微观层面的市场测评从以下四个方面考虑：(1) 有没有一个目标细分市场能让新创业者进入，是否能以合理的价格向消费者提供有吸引力的产品（或服务）。(2) 这些产品（或服务）与现有的相比，是否具有差异化。(3) 这些细分市场有多大，发展有多快。(4) 进入这个细分市场后，是否有助于进入所期望的其他细分市场。

行业的选择。创业者大多喜欢进入大部分企业都能获得良好效益的行业、而不愿意在那些很多公司为了生存而拼命挣扎的行业打拼。

团队能力。风险投资家决定投资的首要考虑是团队能力。测评团队不仅局限于判断性格和阅读团队成员简历、更重要的工作是考察以下领域：(1) 创业机会是否与团队的使命、个人志向和冒险倾向匹配。(2) 团队能否在特定的机会中发挥最佳的表现，即在关键成功因素上的执行能力。(3) 团队是否在价值链内外建立起很好的关系网络，可以很快地注意到机会或者在条件允许的情况下改变方向。

蒂蒙斯创业机会评价体系，给我们提供了一套系统的评价框架和可量化的指标体系。这个工具可以帮助创业者科学深入地评价创业项目的可行性及其价值性。

蒂蒙斯的创业机会评价框架涉及行业和市场、经济因素、收获条件、竞争优势、管理团队、致命缺陷问题、个人标准、理想与现实的战略差异等八个方面的 53 项指标，如表 3-3 所示。

**表 3-3　　蒂蒙斯的创业机会评价框架**

| 评价要素 | 评价指标 |
|---|---|
| 行业和市场 | 1. 市场容易识别，可以带来持续收入；2. 顾客可以接受产品或服务，愿意为此付费；3. 产品的附加价值高；4. 产品对市场的影响力高；5. 将要开发的产品生命长久；6. 项目所在的行业是新兴行业，竞争不完善；7. 市场规模大，销售潜力达到 1 千万元到 10 亿元；8. 市场成长率在 30%～50% 甚至更高；9. 现有厂商的生产能力几乎完全饱和；10. 在五年内能占据市场的领导地位达到 20% 以上；11. 拥有低成本的供货商具有成本优势 |
| 经济因素 | 1. 达到盈亏平衡点所需要的时间在 1.5～2 年以下；2. 盈亏平衡点不会逐渐提高；3. 投资回报率在 25% 以上；4. 项目对资金的要求不是很高，能够获得融资，5. 正常销售额的年增长率高于 15%；6. 有良好的现金流量，能占到销售额的 20% 甚至 30% 以上；7. 能获得持久的毛利率；8 能获得持久的税后利润，税后利润率要超过 10%；9. 资产集中程度低；10. 运营资金不多，需求量是逐渐增加的；11. 研究开发工作对资金的要求不高 |
| 收获条件 | 1. 项目带来的附加价值具有较高的战略意义；2. 存在现有的或可预料的退出方式；3. 资本市场环境有利，可以实现资本的流动 |
| 竞争优势 | 1. 固定成本和可变成本低；2. 对成本、价格和销售的控制较高；3. 已经获得或可以获得专利所有权的保护；4. 竞争对手尚未觉醒，竞争较弱；5. 拥有专利或具有某种独占性；6. 拥有发展良好的网络关系，容易获得合同；7. 拥有杰出的关键人员和管理团队 |

续表

| 评价要素 | 评价指标 |
| --- | --- |
| 管理团队 | 1. 创业者团队是一个优秀管理者的组合；2. 行业和技术经验达到了本行业内的最高水平；3. 管理团队的正直廉洁程度能达到最高水准；4. 管理团队知道自己缺乏哪方面的知识 |
| 致命缺陷问题 | 不存在任何致命缺陷问题 |
| 个人标准 | 1. 个人目标与创业活动相符合；2. 创业家可以做到在有限的风险下实现成功；3. 创业家能接受薪水减少等损失；4. 创业家渴望进行创业这种生活方式，而不只是为了赚大钱；5. 创业家可以承受适当的风险；6. 创业家在压力下状态依然良好 |
| 理想与现实的战略差异 | 1. 理想与现实情况相吻合；2. 管理团队已经是最好的；3. 在客户服务管理方面有很好的服务理念；4. 所创办的事业顺应时代潮流；5. 所采取的技术具有突破性，不存在许多替代品或竞争对手；6. 具备灵活的适应能力，能快速地进行取舍；7. 始终在寻找新的机会；8. 定价与市场领先者几乎持平；9. 能够获得销售渠道或已经拥有现成的网络；10. 能够允许失败 |

4. 我国学者提出的评价指标。蒂蒙斯创业机会评价体系的缺点在于指标多，导致主次不够清晰；各维度划分不尽合理，存在交叉重叠，在一定程度上影响了机会评价指标的有效性。姜彦福、邱琼（2004）提出了适合中国创业者进行非正式评价或投资人在进行尽职调查前快速评估创业机会的10项关键指标序列，如表3-4所示。

**表3-4　　创业机会评价体系简化版**

| 指标类别 | 具体指标 |
| --- | --- |
| 管理团队 | 创业者团队是一个优秀管理者的结合 |
| 竞争优势 | 拥有优秀的员工和管理团队 |
| 行业与市场 | 顾客愿意接受该产品或服务 |
| 致命缺陷 | 不存在任何致命缺陷 |
| 个人标准 | 创业家在承担压力的状态下心态良好 |
| 收获条件 | 机会带来的附加价值具有较高的战略意义 |
| 管理团队 | 行业和技术经验达到了本行业内的最高水平 |
| 经济因素 | 能获得持久的税后利润，税后利润率要超过10% |
| 竞争优势 | 固定成本和可变成本低 |
| 个人标准 | 个人目标与创业活动相符合 |

林嵩（2007）构建了机会识别模型。他认为创业机会可以从三个层次进行分析和评价。一是创业机会的核心特征。这一层次的特征属于创业机会的自然属性，主要包括市场层面特征和产品层面的特征。二是创业机会的支持要素。包括创业团队要素、创业资源要素和商业模式要素。三是创业机会的成长预期，包括各项财务指标、能否顺利收获等，只有符合创业者心中的标准，创业机会才能真正付诸行动。

## ▶ 项目训练

### 活动一 创业想法一览表

为你计划创办的企业准备一张创业想法一览表。回顾一下到目前为止你已经做过的所有练习，选出适合你的任何企业想法，并把这些想法罗列在表3－5中。

表3－5 创业想法一览表

| 创业想法 | 解释 |
| --- | --- |
| | |
| | |
| | |
| | |
| | |

### 活动二 根据爱好或者兴趣制造创业机会

请列出你的爱好或兴趣，至少写出四个。

组内成员分享各自的兴趣或爱好，每个小组选出一个兴趣或爱好，将它发展成创业机会。小组成员对这个创业机会进行讨论，包括这个创业机会能够产生的产品或服务，以及谁有可能成为企业的顾客。请将详细的想法写在下面的横线上。

________________________________________

________________________________________

________________________________________

### 活动三 小组讨论——创业机会识别

创业识别过程中，不同的人观察世界的视角会不尽相同，请同学们根据自己看到的现象进行小组讨论。

19世纪末，美国加利福尼亚州发现了黄金，出现了淘金热。有一位17岁的少年来到加州，也想加入淘金者的队伍，可看到金子没那么好淘，淘金的人也很野蛮，他很害怕。这时，他看到淘金人在炎热的天气下干活口渴难熬，就挖了一条沟，将远处的河水引来，经过三次过滤得到清水，然后卖给淘金人喝。金子不一定能淘到，而且有一定危险，但卖水却十分保险。他很快就赚到了6 000美元，回到家乡办起了罐头厂。

这位少年就是后来被称为美国食品大王的亚尔默。成功者往往都是有独到见解的人，他们总是从不同的角度看问题，从而能不断产生创意，发现新的需求。不仅要看到市场需求什么，还要注意事物间的联系。

讨论：如何识别创业机会？需要使用哪些具体识别方法、途径、原则？

## 活动四　创业项目的简单评估

大学生创业项目：团队开发出人工仿生蛋白，能够修复牙釉质和牙本质，在此基础上研发的护齿凝胶，可以用于齿预防和治疗，无氟、安全、高效。齿，俗称虫牙，发生在牙釉质和牙本质，被世界卫生组织与肿瘤和心血管疾病并列为人类三大重点防治疾病。通过再矿化技术预防和治疗齿意义重大。目前使用的再矿化产品含氟高，只能修复牙釉质，作用范围有限，疗效不持久。未来该项目将通过互联网进行产品销售，让患者更方便地买到护齿产品。

请根据以上项目信息，评估该项目是否可行。

## 活动五　小组讨论——创业机会的甄选与评估

创业机会的评估需要依托必要的方法进行判断。小组可以通过讨论和模拟市场调研，寻找身边的创业机会，并根据必要的理论方法，对创业机会进行评估（见表3－6）。

**表3－6　创业机会的甄选与评估**

| 标准 | 专家与同行评分 | | | |
|---|---|---|---|---|
| | 极好（3分） | 好（2分） | 一般（1分） | 总分 |
| 产品生命长久 | | | | |
| 易操作性 | | | | |
| 市场接受度 | | | | |
| 不存在任何致命缺陷 | | | | |
| 成长潜力 | | | | |

各小组通过总结并介绍自己的项目，进行团队评比。

**笔记区**

# 单元四　如何组建创业团队

☞ 单元概述

企业管理之神杰克·韦尔奇告诉我们："优秀的领导者应当像教练一样，培育自己的员工，带领自己的团队，给他们提供机会去实现他们的梦想。"企业的成长是人才成长的一个集中体现，创业者能否走得更远，取决于创业者和创业团队的基本素质。企业的成功也是人才的成功。组建一支优秀的创业团队对任何创业者而言，都是一项至关重要的工作，它决定着创业的成败。

☞ 学习目标

**知识目标：**

(1) 了解创业团队的概念、类型；

(2) 掌握创业团队组建的原则与影响因素。

**技能目标：**

(1) 掌握创业团队的组建过程并组建创业团队；

(2) 掌握创业团队管理原则与实务。

**素养目标：**

(1) 意识到创业团队的独特价值以及重要性；

(2) 培养团队意识和责任感。

## 主题一　创业团队

现代企业，需要的是少走从前的弯路，而从一开始就走规范化管理道路。一个好的创业团队对企业的成功起着举足轻重的作用。创业团队成员之间的互补和合作精神、立足共同目标的敬业精神会帮助新创企业加快成长步伐。另外，企业选择合适的创业团队类型也将大大助推创业走向成功，也让我们明白创业团队在创业中的重要性。

## 一、创业团队的概念

### （一）创业团队的定义

不同的学者从不同的角度界定了团队（team）的定义。

路易士认为，团队是由一群认同并致力于去达成一共同目标的人所组成，这一群人相处愉快并乐于工作在一起，共同为达成高品质的结果而努力。在这个定义中，路易士强调了三个重点：共同目标、工作相处愉快和高品质的结果。

盖兹贝克和史密斯认为一个团队是由少数具有“技能互补”的人所组成，他们认同于一个共同目标和一个能使他们彼此担负责任的程序。盖兹贝克和史密斯也提到了共同目标，并提到了成员“技能互补”和分担责任的观点，同时还指出团队是个少数人的集合，保证相互交流的障碍较少，比较容易达成一致，也比较容易形成凝聚力、忠诚感和相互信赖感。但是，团队必定是以达到一个既定结果为最终目标，共同的目标是团队区别于群体的重要特征。

因此，团队可以定义为是由少数具有技能互补的人组成，他们认同于一个共同目标和一个能使他们彼此担负责任的程序，并相处愉快，乐于一起工作，共同为达成高品质的结果而努力。团队就是合理利用每一个成员的知识和技能协同工作，解决问题，达到共同目标的共同体。而创业团队，就是由少数具有技能互补的创业者组成，他们为了实现共同的创业目标和一个能使他们彼此担负责任的程序，共同为达成高品质的结果而努力的共同体。

### （二）创业团队的要素

创业团队需具备五个重要的团队组成要素，称为5P。

1. 目标（purpose）。创业团队应该有一个既定的共同目标，为团队成员导航，知道要向何处去，没有目标这个团队就没有存在的价值。目标在创业企业的管理中以创业企业远景、战略的形式体现。

2. 人（people）。人是构成创业团队最核心的力量。三个及三个以上的人就形成一个群体，当群体有共同奋斗的目标就形成了团队。在一个创业团队中，人力资源是所有创业资源中最活跃、最重要的资源。应充分调动创业者的各种资源和能力，将人力资源进一步转化为人力资本。

目标是通过人员来实现的，所以人员的选择是创业团队中非常重要的一个部分。在一个团队中可能需要有人出主意，有人定计划，有人实施，还有人协调不同的人一起去工作，还有人去监督创业团队工作的进展，评价创业团队最终的贡献，不同的人通过分工来共同完成创业团队的目标。在人员选择方面要考虑人员的能力如何，技能是否互补，人员的经验如何。后面会专门讨论创业团队的互补，不同角色对团队的贡献。

3. 创业团队的定位（place）。创业团队的定位包含两层意思：（1）创业团队的定位。创业团队在企业中处于什么位置，由谁选择和决定团队的成员，创业团队最终应对谁负责，创业团队采取什么方式激励下属。（2）个体（创业者）的定位。作为成员在创业团队中扮演什么角色，是制订计划还是具体实施或评估。是大家共同出资，委派某个人参与管理；还是大家共同出资，共同参与管理；或是共同出资，聘请第三方（职业经理人）管理。这体现在创业实体的组织形式上，是合伙企业或是公司制企业。

4. 权限（power）。创业团队当中领导人的权力大小与其团队的发展阶段和创业实体所在行业相关。一般来说，创业团队越成熟领导者所拥有的权力相应越小，在创业团队发展的初期阶段领导权相对比较集中。高科技实体多数是实行民主的管理方式。

5. 计划（plan）。计划的两层含义：（1）目标最终的实现，需要一系列具体的行动方案，可以把计划理解成达到目标的具体工作程序。（2）按计划进行可以保证创业团队的顺利进度。只有在计划的操作下创业团队才会一步一步地贴近目标，从而最终实现目标。

## 二、创业团队的类型

从不同的角度、层次和结构，可以划分为不同类型的创业团队，而依据创业团队的组成者来划分，创业团队有星状创业团队（star team）、网状创业团队（net team）和从网状创业团队中演化而来的虚拟星状创业团队（virtual star team）。

### （一）星状创业团队

一般在团队中有一个核心人物（core leader），充当了领队的角色。这种团队在形成之前，一般是核心人物有了创业的想法，然后根据自己的设想进行创业团队的组织。因此，在团队形成之前，核心人物已经就团队组成进行过仔细思考，根据自己的想法选择相应人员加入团队，这些加入创业团队的成员也许是核心人物以前熟悉的人，也有可能是不熟悉的人，但这些团队成员在企业中更多时候是支持者角色（supporter）。

这种创业团队有几个明显的特点：（1）组织结构紧密，向心力强，主导人物在组织中的行为对其他个体影响巨大。（2）决策程序相对简单，组织效率较高。（3）容易形成权力过分集中的局面，从而使决策失误的风险加大。（4）当其他团队成员和主导人物发生冲突时，因为核心主导人物的特殊权威，使其他团队成员在冲突发生时往往处于被动地位，在冲突较严重时，一般都会选择离开团队，因而对组织的影响较大。

这种组织的典型例子，如太阳微系统公司（Sun Microsystem）创业当初就是由维诺德·科尔斯勒（Vinod KhMla）确立了多用途开放工作站的概念，接着他找了乔（Joy）和本其托斯民（Bechtolsheim）两位分别在软件和硬件方面的专家，和一位具有实际制造经验和人际技巧的麦克尼里（Mc Neary）。于是，组成了创业团队。

（二）网状创业团队

这种创业团队的成员一般在创业之前都有密切的关系，例如同学、亲友、同事、朋友等。一般都是在交往过程中，共同认可某一创业想法，并就创业达成了共识以后，开始共同进行创业。在创业团队组成时，没有明确的核心人物，大家根据各自的特点进行自发的组织角色定位。因此，在企业初创时期，各位成员基本上扮演的是协作者或者伙伴角色（partner）。

这种创业团队的特点：（1）团队没有明显的核心，整体结构较为松散。（2）组织决策时，一般采取集体决策的方式，通过大量的沟通和讨论达成一致意见，因此组织的决策效率相对较低。（3）由于团队成员在团队中的地位相似，因此容易在组织中形成多头领导的局面。（4）当团队成员之间发生冲突时，一般都采取平等协商、积极解决的态度消除冲突，团队成员不会轻易离开。但是一旦团队成员间的冲突升级，使某些团队成员撤出团队，就容易导致整个团队的涣散。

这种创业团队的典型是微软的比尔·盖茨和童年玩伴保罗艾伦，惠普的戴维·帕卡德和他在斯坦福大学的同学比尔·体利特等。知名企业的创建多是先由于关系和结识，基于一些互动激发出创业点子，然后合伙创业，此类例子比比皆是。

（三）虚拟星状创业团队

这种创业团队是由网状创业团队演化而来，基本上是前两种的中间形态。在团队中，有一个核心成员，但是该核心成员地位的确立是团队成员协商的结果。因此核心人物从某种意义上说是整个团队的代言人，而不是主导型人物，其在团队中的行为必须充分考虑其他团队成员的意见，不如星状创业团队中的核心主导人物那样有权威。

## 三、创业团队的重要性

创业团队具体指初始合伙人团队，即拥有共同目标、共担创业风险和共享创业收益的一群联合创建新事业的人。也就是说，它不包括与创业过程相关的各种利益相关者。例如，核心员工、外部投融资者、专家顾问等。

创业失败的根本原因是什么？大量证据表明，从外因来看，主要是基于创业机会的竞争环境日益激烈。企业之间的竞争，本质上是创业机会的竞争。在超竞争环境下，创业企业，特别是新创企业难以感知、抓住和实现某个创业机会。从内因来看，主要有三个因素：创业团队内部问题、与投资方的关系问题以及商业模式缺乏更新。其中，第一个内因是最主要的。的确，一个优秀的创业团队在新企业创建、快速成长、进而走向卓越的过程中发挥着至关重要的作用。

投资家在甄选创业投资项目时通常把创业团队的卓越表现作为首要考察和评估的内容。风险投资家约翰·多尔重申了乔治·多瑞阿特将军的格言，“与拥有二流团队和一流创意的企业相比，我更喜欢拥有一流创业者和团队却仅有二流创意的企业”。多尔说，“在当今世界，有丰富的技术、创业者、资金和风险资本，真正短缺的是卓越的团队。你的最大挑战将是建立一个卓越的团队。”类似地，著名投资家阿瑟·洛克说：“没有一个卓越的团队，即使有一个伟大的创意，也无法实现或难以有效实现这个创意。”

由合伙人组建创业团队，每一个成员可以拥有合伙人的诸多优势，从而构筑团队创业的整体优势。拥有合伙人的创业团队可以形成六个主要优势：你的合伙人可以分担压力和责任；别人可以替你完成你不擅长或者没兴趣做的工作；合伙关系可以提供你原本无法把握的机会，包括更大的成功；你能够更迅速地利用这些机会；有了一个同伴，你就能够享受到友谊的乐趣而不会感到“高处不胜寒”；有了合伙人，也就有了在企业的最高层实现协同配合及优化决策的潜力。

蒂蒙斯提出的创业过程理论模型深刻地阐述了创业团队的重要性。蒂蒙斯指出，创业过程是一个高度复杂的动态过程。创业团队、创业机会和创业资源是影响创业过程的三个关键要素。成功的创业过程需要在这三个关键要素之间实现高效的动态平衡（见图4-1）。

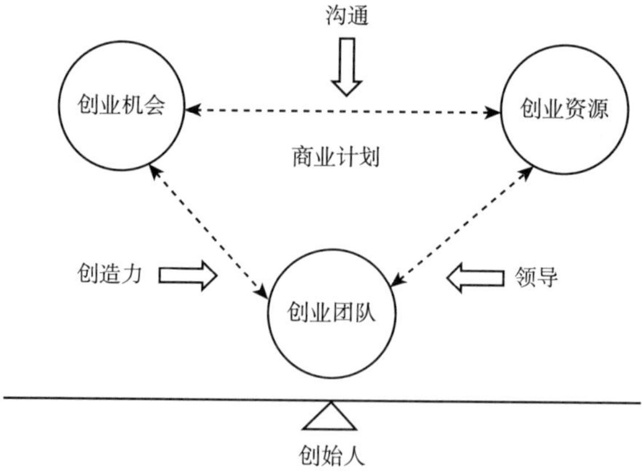


**图4-1 蒂蒙斯创业过程模型**

创始人是创业团队的核心成员。在创业过程中，创业团队是获取创业机会、帮助创业企业整合、创建和重构创业资源与能力的决策和执行主体。特别是，因为变化多端的外部环境总是深刻地影响创业企业的创业机会和创业资源的获取，创业团队需要不断调整自身与创业机会以及创业资源的匹配关系，以达成动态平衡。具体来说，在创业过程的不同阶段，创业团队发挥着举足轻重的作用。

在最初阶段（机会发现创造主导阶段），创业团队的能力相对较弱，创业资源相对匮乏，创业团队的核心任务是发现和创造最具市场吸引力的创业机会。

在第二阶段（资源能力提升主导阶段），创业团队的核心任务是最大限度地提升自身的能力，战略性地获取创业资源，竭尽全力地利用最初阶段获取的创业机会。

在第三阶段（动态平衡实现主导阶段），创业团队的核心任务是进一步提升自身的能力，更有效地获取创业资源，最大限度地实现创业机会，从而达成创业团队、创业机会和创业资源三者的动态平衡。

在第四阶段（机会继续寻求主导阶段），创业团队的能力已经足够强大，创业资源已经足够雄厚，原有的创业机会已经得到足够利用。因此，此时创业团队的核心任务是继续发现和创造更多、更好的创业机会。随着这些阶段的循环往复，创业企业不断成长，并逐步走向卓越。

# 主题二 创业团队的组建

创业团队的组建是指在创业初期包括企业成立前和成立早期，由一群才能互补、责任共担、愿为共同的创业目标而奋斗的人所组成的特殊群体。在创业团队组建时，我们要把握创业团队组建的基本原则，考虑到组建的主要影响因素，在不断反复和不断调整的过程中组建最佳创业团队。

## 一、创业团队组建的基本原则

团队是企业凝聚力的基础，成功的团队就会形成坚强的凝聚力与一体感。因此，在创业团队组建过程中，我们要遵循以下原则：

1. 目标明确合理原则。目标必须明确，这样才能使团队成员清楚地认识到共同的奋斗方向是什么。与此同时，目标也必须是合理的、切实可行的，这样才能真正达到激励的目的。

2. 互补原则。创业者之所以寻求团队合作，其目的就在于弥补创业目标与自身能力间差距。只有当团队成员相互间在知识、技能、经验等方面实现互补时，才有可能通过相互协作发挥出“1 +1 >2”的协同效应。

3. 精简高效原则。为了减少创业期的运作成本、最大比例地分享成果，创业团队人员构成应在保证企业能高效运作的前提下尽量精简。

4. 动态开放原则。创业过程是一个充满了不确定性的过程，团队中可能因为能力、观念等多种原因不断有人在离开，同时也有人在要求加入。

5. 团队激励原则。激励是企业提高工作效率常用的手段，但不同的激励方式，对企业产生的效果不一样。要注意到你的激励政策是否能得到团队的响应，你的激励政策是否会给团队带来另一个极端。企业到底实行什么样的管理方法，推行什么样的激励方式，管理者是关注过程还是最终的结果，这是作为管理者必须思考的问题。

6. 互相信任原则。表明你既为自己也为别人的利益工作，用语言和行动来支持自己的团队，表明指导你决策的基本价值观是一贯的，并且开诚布公。

因此，在组建创业团队时，应注意保持团队的动态性和开放性，使真正完美匹配的人员能被吸纳到创业团队中来。

## 二、创业团队组建的主要影响因素

创业团队的组建受多种因素的影响，这些因素相互作用，共同影响着组建过程并进一步影响着团队建成后的运行效率。

1. 创业者。创业者的能力和思想意识从根本上决定了是否要组建创业团队，以及团队组建的时间表和由哪些人组成团队。创业者只有在意识到组建团队可以弥补自身能力与创业目标之间存在的差距，才有可能考虑是否需要组建创业团队，以及对什么时候需要引进什么样的人员才能和自己形成互补作出准确判断。

2. 商机。不同类型的商机需要创业团队的类型。创业者应根据创业者与商机间的匹配程度，决定是否要组建团队以及何时、如何组建团队。

3. 团队目标与价值观。共同的价值观、统一的目标是组建创业团队的前提，团队成员若不认可团队目标，就不可能全心全意为此目标的实现而与其他团队成员相互合作、共同奋斗。而不同的价值观将直接导致团队成员在创业过程中脱离团队，进而削弱创业团队作用的发挥。没有一致的目标和共同的价值观，创业团队即使组建起来，也无法有效发挥协同作用，缺乏战斗力。

4. 团队成员。团队成员能力的总和决定了创业团队整体能力和发展潜力。创业团队成员的才能互补是组建创业团队的必要条件。而团队成员间的互信是形成团队的基础，互信的缺乏，将直接导致团队成员间协作障碍的出现。

5. 外部环境。创业团队的生存和发展直接受到了制度性环境、基础设施服务、经济环境、社会环境、市场环境、资源环境等多种外部要素的影响。这些外部环境要素从宏观上间接地影响着对创业团队组建类型的需求。

## 三、创业团队的组建过程

创业团队的建立过程是一个相当复杂的过程，经常是一个不断反复和不断调整的过程，不同类型的项目不仅团队要求不一样，组建步骤也不一样，团队成员之间的磨合和相互适应都会经历一些过程才能完成。总而言之，创业团队的组建概括来讲，大致如下所示。

1. 识别创业机会，明确创业目标。创业机会的识别是整合创业团队的起点。为了组建创业团队，创业者需要首先关注创业机会在人力资源方面的支持要素，其次，在此基础上，形成团队的创业目标。创业团队的总目标就是要通过完成创业阶段的技术、市场、规划、组织、管理等各项工作，实现企业从无到有、从起步到成熟。总目标确定之后，为了推动团队最终实现创业目标再将总目标加以分解，设定若干可行的、阶段性的子目标。

2. 制订创业计划。在确定了一个个阶段性子目标以及总目标之后，紧接着就要研究如何实现这些目标，这就需要制定周密的创业计划。创业计划是在对创业目标进行具体分解的基础上，以团队为整体来考虑的计划，创业计划确定了在不同的创业阶段需要完成的阶段性任务，通过逐步实现这些阶段性目标来最终实现创业目标。

3. 招募合适的人员。招募合适的人员也是创业团队组建最关键的一步。关于创业团队成员的招募，主要应考虑两个方面：一是考虑互补性，即考虑其能否与其他成员在能力或技术上形成互补。这种互补性形成既有助于强化团队成员间彼此的合作，又能保证整个团队的战斗力，更好地发挥团队的作用。一般而言，创业团队至少需要管理、技术和营销三个方面的人才。只有这三个方面的人才形成良好的沟通协作关系后，创业团队才可能实现稳定高效。二是考虑适度规模，适度的团队规模是保证团队高效运转的重要条件。团队成员太少则无法实现团队的功能和优势，而过多又可能成为障碍，团队很可能会分裂成许多较小的团体，进而大大削弱团队的凝聚力。一般认为，创业团队的规模控制在 2 ~ 12 人最佳。

4. 职权划分。为了保证团队成员执行创业计划，顺利开展各项工作，必须预先在团队内部进行职权的划分。创业团队的职权划分就是根据执行创业计划的需要，具体确定每个团队成员所要担负的职责以及相应所享有的权限。团队成员间职权的划分必须明确，既要避免职权的重叠和交叉，也要避免无人承担造成工作上的疏漏。此外，由于还处于创业过程中，面临的创业环境又是动态复杂的，不断会出现新的问题，团队成员可能不断出现更换，因此创业团队成员的职权也应根据需要不断地进行调整。

5. 构建创业团队制度体系。创业团队制度体系体现了创业团队对成员的控制和激励能力，主要包括了团队的各种约束制度和激励制度。一方面，创业团队通过各种约束制度指导其成员避免做出不利于团队发展的行为，实现对其行为进行有效的约束，保证团队的稳定秩序。另一方面，创业团队要实现高效运作需要有效的激励机制（主要包括利益分配方案、奖励制度、考核标准、激励措施等），使团队成员能够看到随着创业目标的实现，其自身利益将会得到怎样的改变，从而达到充分调动成员的积极性，最大限度发挥团队成员作用的目的。要实现有效的激励，首先就必须把成员的收益模式界定清楚，尤其是关于股权、奖惩等与团队成员利益密切相关的事宜。需要注意的是，创业团队的制度体系应以规范化的书面形式确定下来，以免带来不必要的混乱。

6. 团队的调整融合。完美组合的创业团队并非创业一开始就能建立起来的，很多时候是在企业创立一定时间以后随着企业的发展逐步形成的。随着团队的运作，团队组建时在人员匹配、制度设计、职权划分等方面的不合理之处会逐渐暴露出来，这时就需要对团队进行调整融合。由于问题的暴露需要一个过程，因此团队调整融合也应是一个动态持续的过程（见图4－2）。

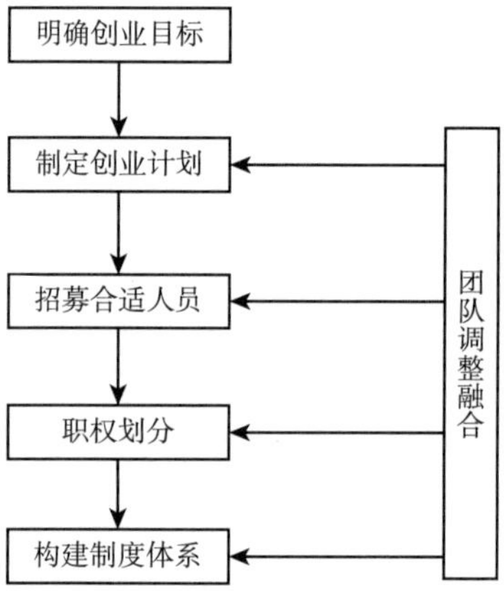


**图4－2 创业团队组建程序**

完成前面的工作步骤之后，团队调整融合工作专门针对运行中出现的问题，不断地对前面的步骤进行调整，直至满足实践需要为止。在进行团队调整融合的过程中，最为重要的是要保证团队成员间经常进行有效的沟通与协调，培养强化团队精神，提升团队士气。

## 四、案例——唐僧团队的打造

《西游记》中的“唐僧团队”，虽然是虚拟的，但是师徒历经百险求取真经的故事，不仅家喻户晓，而且是中国文化的集中代表。

这个团队最大的好处就是互补性，领导有权威、有目标，但能力差点；员工有能力，但是自我约束力差，目标不够明确，有时还会开小差。但是总的来看，这个团队是个非常成功的团队，虽然历经九九八十一磨难，但最后修成了正果。

阿里巴巴集团主要创始人马云，就非常欣赏唐僧团队，认为一个理想的团队就应该有这四种角色。一个坚强的团队，基本上要有四种人：德者、能者、智者、劳者。德者领导团队；能者攻克难关；智者出谋划策；劳者执行有力。

唐僧是一个目标坚定、品德高尚的人，他受唐王之命，去西天求取真经，以普度众生，广结善缘。要说降妖伏魔的本领，他连最差的白龙马都不如，为什么他能够担任西天取经如此大任的团队领导？关键在于唐僧有如下三大领导素质。

首先，目标明确、善定愿景。作为一个团队领导，能够为团队设定前进目标，描绘未来美好生活是必要素质。如果不会制定目标，肯定是个糟糕的领导。唐僧从一开始，就为这个团队设定了西天取经的目标，而且历经磨难，从不动摇。一个企业，也应选择这样的人做领导，团队的领导本身就是企业文化的传承者和传播者，只有他自己坚定不移地信奉公司的文化，以身作则，才能更好地实现团队的目标。

其次，手握紧箍，以权制人。如果唐僧没有紧箍咒，估计早被孙悟空一棒打死，或者使唤不动他。这也是一个领导的必备技能，一定要树立自己的权威，没有权威，也就无法成为领导。但是唐僧从来不滥用自己的权力，只有在大是大非的时候，才动用自己的惩罚权，这对企业领导也是有借鉴意义的，组织赋予的惩罚权千万不要滥用，奖励胜于惩罚，这是领导艺术的基本原理。

最后，以情感人，以德化人。最初的时候，孙悟空并不尊重唐僧，老觉得自己这个师父肉眼凡胎、不识好歹，但是在历经艰险后，唐僧的执着、善良和对自己的关心也感化了孙悟空，让他死心塌地地保护唐僧。作为一个团队领导，情感管理也是非常重要的，尤其在中国文化的大背景下。中国人往往是做生意先交朋友，先认可人，再认可事，对事情的判断主观性比较大。所以在塑造团队精神的时候，领导一定要学会进行情感投资，要多与下属交流、沟通，关心团队成员的衣食住行，塑造一种家庭的氛围。

孙悟空可称得上是老板最喜欢的职业经理人。之所以说老板最喜欢，不是因为孙悟空没缺点，很优秀，而是因为他能力很强，但有缺点。这才是老板最应该用的人才，为什么？假设一个人能力很强，人缘很好，理想又很远大，这样的人往往不甘人下，或者直逼领导位子，或者很容易另起炉灶。

孙悟空有个性、有想法、执行力很强，也很敬业、重感情，懂得知恩图报，是个非常优秀的人才。但这样的人才如何才能留住？如何提升他的忠诚度？这些要靠领导艺术，靠企业的文化。在《西游记》中，孙悟空被唐僧赶走过两次，第一次是刚刚认识不久，孙悟空打死了几个强盗，遭到唐僧斥责，结果孙悟空一生气，自己走了。但他后来在东海龙王那里看了一幅画，说的是张良三次为黄石老人桥下拾鞋，谦恭有礼，后被黄石老人授予天书，成就了张良传世伟业的故事。老龙王说："你若不保唐僧，不尽勤劳，不受教诲，到底是个妖仙，休想得成正果"。孙悟空一盘算，觉得有道理，自己被唐僧搭救，而且还可以变妖为仙，自己怎么能这么轻率地就走了呢？所以后来他又回到了唐僧身边。第二次被赶走是三打白骨精后，唐僧决意不能留他，悟空无奈，只好离去，"止不住腮边泪坠，停云住步，良久方去"。但已经心系唐僧，一听说师父有难，马上不计前嫌，重新回到团队中去，还要在东海里沐浴一下，生怕师父嫌他。

唐僧用什么方法让孙悟空这么死心塌地？首先得有规矩，得有紧箍咒。规矩是权威，唐僧如果没有了权威，估计孙悟空早不把他放到眼里了。同样地，企业的制度也要有权威，制度的执行一定要严格，不管刚开始推行的时候有多少阻力，但只要坚决执行下去，就会逐渐形成一种氛围与文化，让大家自觉地去遵守。但制度的力量是有限的，制度只能让员工不犯错，但要让员工有凝聚力，与企业同心同德，还要靠情感。唐僧就是靠他的情感管理，用他的执着和人品感化了孙悟空。没有修成正果的目标和愿景，孙悟空也许中途就回去了；没有师徒的情分，估计孙悟空也不会这么卖命；当然，如果没有偶尔的紧箍咒，也许悟空早酿大错。

总的来说，作为企业领导，要用人为能，攻心为上。目光如炬，明察秋毫，洞若观火，高瞻远瞩，有眼光就不会犯方向性的错误。

资料来源：http：//www.51test.net/show/2271484.html.

# 主题三　创业团队的管理

初创公司最重要的是什么呢？最重要的是"人"，人对了，就什么都对了。所以对初创公司来说，最重要的不是一个公司，而是如何管理好一支健康的、有战斗力的、有凝聚力的团队。

## 一、创业团队的管理原则

创业团队的特殊形态，注定管理的不确定性太多，很难有固定的管理理论体系可以去模仿。但是把握以下原则，可以让你的团队更稳固和健康。

1. 创业之初，人才招聘需亲力亲为。大部分创业者在人才招聘方面所花的时间都不够。在确定公司理念并完成产品与市场的匹配后，你就应该花 1/3，甚至是一半的时间来招聘人才。这是一件无法交给别人的事，你必须亲自去寻找、了解这些人才。

你要投入大量的时间打造企业的文化价值观，确保所有员工都了解并认同这一价值观。在招聘时，你应该寻找与本公司文化价值观相契合的人才。对一个企业而言，员工观点和性格多元化是必要的，但价值观多元化却未必是件好事。

创业初期，最健康的报酬结构应该是略低于市场价的薪水和丰厚的股权。不过，很多成功的公司都不是资深人士创立起来的。如果想要高于市场的薪水，那他们就应该去没有多少股权的大公司。

股权奖励会稍微复杂一些，但有一个原则是，你最初招聘的几个核心骨干的股权奖励应该是投资人所建议的两倍。但是还是要依照各公司性质来定。一年左右，可以根据每个人的能力来分配他们相应的期权。

2. 民主，但不能事事民主。虽然很多团队倡导民主文化，但是团队的核心必须要有，当民主无法得出确定方案的时候，核心就需要出来拿主意。事实上，民主耗时间、耗精力的弊端也是众所周知的。

从权力管理体系来讲，把相关业务的核心决定权交给能够把控业务方向的人手中，不是哪个业务团队，也不是全部团队。毕竟，“术业有专攻”。而整个团队大方向的决定权由 CEO 掌握，核心人员具有建议权。

不建议一个创业团队有太过复杂的权力结构，小事情的决定权充分下放，激发主观能动性，提高行事效率。创业团队的权力体系，尽量扁平化，初期没有明确的职位和权力描述，但一定要辅助相关业务负责人，建立权威，不可事事民主。

权力体系要随着团队的发展，不断完善相关制度。由粗放式管理逐渐过渡到体系化管理，权力由集中化到分散化转变，逐渐过渡到标准的权力管理体系。

3. 明确职责，建立扁平化组织体系。业务需求决定组织体系，组织体系决定权力边界。

创业团队的组织体系受人力资源的限制，很多时候会出现一人身兼多职，会导致没有清晰的组织体系。很多时候没有明确的组织体系，就会导致业务交叉，团队层面的体现就是工作混乱。

明确组织体系，划清业务界限，明确职位职能，才会使团队进入正确快速的轨道行驶。明确的组织体系，也会加强团队人员的归属感，组织协同也会变得更有效。团队大文化下的组织文化也是团队的一笔财富。

创业团队的组织体系结构要扁平，根据业务需求去建立组织体系。在人力资源与项目资源紧缺的情况下，确保干练的组织结构，避免不必要的组织体系导致的业务繁杂，降低协同效率，让团队养成组织依赖症。

4. 规范绩效考核。绩效考核体系其实是创业团队最重要的体系，一切权力的下放，组织体系的建立，最终的目的都是为了提升业务绩效。

很多创业团队在初期都是以结果为导向的管理方式，方向是对的，但是执行的方式是错的。很多时候没有建立绩效考核的制度，很多时候都是部门领导审核，口头评定。人工评定，就存在很大的弹性，对于团队来说很容易制造不公平，容易影响内部氛围。

所以即使是结果导向的团队管理，建议也要事先形成书面的绩效定义。包括项目周期、项目成果、突发处理机制等书面的项目管理文档。

现在企业或者项目协同软件比较多，基于软件建立绩效考核体系，也给创业团队带来了极大的便利。绩效体系不光是制度层面，也要从文化层面去融入。一切绩效的产生都是团队价值的输出，是团队的立身根本。否则，就会被商业社会“唯价值论”淘汰掉。

## 二、创业团队管理实务

成功的企业一定有一个优秀的团队支撑，所以一个创业团队的管理是否好直接关系到创业公司的发展。下面分享创业团队管理中七个最重要的管理方法。

1. 分权管理。分权管理就是转交责任，上级将确定的工作委托给他的下级，让他们有一定的判断和独立处理工作的范围，同时也承担了一定的责任，从而提高下级的工作意愿度和工作效率。因为下级的参与责任，提高了积极性。这样，上级可以从具体工作中解放出来，可以更多投入本身的领导工作。

2. 漫步管理。漫步管理的意思就是（尤其是）最高领导不埋头在办公室里，而尽可能经常地让下属看见他，就像“漫步”那样在企业转悠。企业领导第一手（直接从员工那里）获知员工有什么工作烦恼和企业流程会在哪里卡住了。而且，领导亲自察看工作和倾听员工的话对员工也是一种激励。

3. 结果管理。结果管理就是所有工作都以结果为导向，强调管理和工作的结果。上级把要得到的结果放在管理工作的中心。但在结果控制时不一定要评价一个下属，而可以是一个部门或他所从属的一个岗位。

4. 目标管理。上级给他的下属要达到的（上级）目标。例如：以销售额提高15%为目标。各个部门的下属要共同确定达到这目标应该完成的（下级）目标——提高产品销售额。上级则有规律地检查销售额变化的情况。像分权管理和例外管理一样：提高工作意愿和参与责任。此外，下属们在共同追求要达到的目标时，也促进了团体精神。

5. 例外管理。领导只对例外的情况才亲自进行决策。例如：一个下级有权决定7%以下的价格折扣。当一个顾客要求10%的折扣时，就属于例外情况了，这必须由上级决定。同样是提高员工的工作意愿，员工有独立处理工作的可能，同时也减轻了上级的负担。这个方法的实际困难在于：什么是“正常”业务，什么是例外？因此经常要检验决策的范围。

6. 参与管理。下级参与某些问题，尤其是与他本人有关的问题的决策。例如调到其他部门或外面的分支机构任职。当对重要问题有共同发言权时，员工不会感到被

“傲慢”地对待了。比如他们可以认识到调职的意义和信任其理由。这样做可以提高对企业目标的“认同”。

7. 系统管理。把企业作为一个大系统，对确定的企业流程进行管理，这个系统就像一个整体调节系统一样运行。对那些不断重复的活动有许多规定和指令。因此，这种方法主要用于工业企业。将所有工作过程组织成通畅的流程。许多的规定是为了保证“整个系统的运行”。领导者所要注意的只是，不要使企业内太“官僚主义”。

## ▶ 项目训练

### 活动一　如何选择合适的伙伴

1. 请两个同学做团队创建者，选人组建团队，并说明选择的理由。

2. 请其他同学从 4 个方面，分析哪个团队组成更好？

（1）团队成员加入的目的；（2）团队成员的知识结构；（3）团队成员的性格、个性、兴趣；（4）团队成员的价值观念。

3. 请同学任选一个团队加入，并任选一个问题，谈谈你将如何处理。

（1）团队中唯一权威主管问题；（2）团队成员间的相互信任问题；（3）妥善处理不同意见和矛盾；（4）合理分配股权问题；（5）妥善处理团队成员间利益。

### 活动二　组建创业团队需要考虑的问题

小华第一次创业，因跟伙伴出现了意见分歧而退出了创业团队。

某天，小华在网上认识了一位网友，这位网友 40 多岁，刚从国外回来，心情不好想倾诉，小华就跟他聊了起来。聊着聊着，竟发现共同语言越来越多。于是，小华就对海归说出了自己的想法。

小华：我想弄山寨笔记本，你认为如何？

海归：好啊！咱俩可以合伙，我有平台。

小华：你有平台？

海归：呵呵！我是北京高校创业联盟的首席顾问，我完全可以利用这个平台做推广，在高校推广山寨笔记本。同时，我们还可以 OEM，做自己的品牌。利用这个平台找代理。如果北京高校推广成功了，我们就把这个模式向全国各大城市复制。

小华：你能控制这个平台？

海归：完全可以，我们还可以在自己品牌的笔记本上做关联营销，收取广告费等。

如果你是小华，你会跟他合作吗？请说明具体理由！

组建一个创业团队需要考虑哪些问题？

### 活动三　巨人集团的兴衰案例解析

巨人集团是个民营企业，他的创始人是史玉柱，主营财务类软件开发，1991 年他以广告开路，一次次成功促销，使他走出了一条捷径。开业一年成为百万富翁，两年成为千万富翁，三年成为亿万富翁，五年成为5亿元富翁，并成为“中国改革十大风云人物”，年产值1.6亿元，利润3 500万元。1993年史玉柱提出了二次创业总体目标，跳出电脑行业，走产业多元化的扩张之路，把生物工程这个利润很高的行业引入巨人集团，成为产业支柱，同时涉足房地产行业，史玉柱称之为三大战役，子公司从38个扩大到228个，广告铺天盖地，一年带来的合同达3亿元以上。如此大规模的扩张经营确实创造了一定的奇迹。在产生奇迹的同时，问题也接踵而至，原有干部队伍动力不足，惰性严重，内部管理重叠混乱，产权不清晰，总公司对子公司的控制几乎处于失控状态。就在此时，史主柱决定筹建18层自用办公大楼。某领导来视察，认为可以再高些，于是巨人大厦设计方案由18层改为38层，后又增加到54层，再增至64层，最后增加到70层。从1994～1996年，巨人大厦所需资金，史玉柱全部从企业流动资金中拨付，而没有向银行贷一分钱款，而生物工程需要投入大量研究开发资金，由于资金优先拨付给巨人大厦，生物工程项目几乎处于停产状态，同时巨人集团的资金链也已经断裂。1997年，巨人集团的危机突然彻底爆发，债主蜂拥而至，银行拒绝贷款，巨人集团宣布破产。至此，巨人集团崩溃。

资料来源：http：//easy learn. baidu. com.

思考：

1. 史玉柱初次创业为何会成功？

2. 是什么原因导致史玉柱创业失败？

3. 我们应从中吸取哪些教训？

**笔记区**

# 单元五　如何管理好创业财务

## ☞ 单元概述

大学生创业在财务管理上意识淡薄，操作实践经验不足。本模块拟从大学生创业资金需求出发，介绍如何筹措创业过程中所需资金并合理安排筹资方式，控制筹资成本；阐述大学生创业企业财务核算与监督的重要性，帮助大学生了解会计凭证、会计账簿、会计报表，以及对经济业务的监督，保证创业企业资金的安全，提高创业企业资金的使用效率。

## ☞ 学习目标

**知识目标：**

（1）了解创业资金筹集的概念；

（2）理解股权资金与债权资金之间的关系；

（3）理解财务管理与会计的关系。

**技能目标：**

（1）了解创业资金需求概述、类别及需求量预测；

（2）熟悉创业企业资金筹集资金成本与风险；

（3）掌握创业财务核算的方法。

**素养目标：**

（1）增强学生的创业节俭精神；

（2）提高学生对财务管理的认知，使其树立正确的创业理财思路。

## 主题一　创业资金需求

资金是流通中价值的一种货币表现。在社会主义再生产过程中，资金通过不断运动保存并增加自身价值。

## 一、资金概述

（一）资金

资金泛指资本，是指用于发展国民经济的物资或货币，也指国家、公司、社团、商行等拥有的款项或收益。

1. 资金的定义有很多，这里介绍以下几种。

（1）资金是垫支于社会再生产过程，用于创造新价值，并增加社会剩余产品价值的媒介价值。

（2）资金是以货币表现，用来进行周转，满足创造社会物质财富需要的价值，它体现着以资料公有制为基础的社会主义生产关系。

（3）资金是用于社会主义扩大再生产过程的有价值的物资和货币。

（4）资金是国民经济中财产物资的货币表现。

资金是社会主义公有资产的价值形态，是社会主义国家和企业扩大再生产、满足全社会劳动者日益增长的物质和文化需要的手段，体现了国家、企业、劳动者三者在根本利益一致基础上的关系。

2. 资金的投入是指资金的取得，是资金运动的起点。投入企业的资金包括投资者投入的资金和债权人提供的资金，前者形成企业的所有者权益；后者属于债权人权益（形成企业的负债）。投入企业的资金在形成企业所有者权益和负债的同时形成企业的资产，一部分构成流动资产；另一部分构成非流动资产。

资金的循环与周转是资金运动的主要组成部分，企业将资金运用于生产经营过程就形成了资金的循环与周转，分为供应过程、生产过程、销售过程三个阶段。

供应过程是生产的准备过程。在供应过程中，随着采购活动的进行，企业的资金从货币资金形态转化为储备资金形态。

生产过程既是产品的制造过程。又是资产的耗费过程。在生产过程中，在产品完工之前，企业的资金从储备资金形态转化为生产资金形态，在产品完工后又由生产资金形态转化为成品资金形态。

销售过程是产品价值的实现过程。在销售过程中，销售产品取得收入，企业的资金从成品资金形态又转化为货币资金形态。

由此可见，随着生产经营活动的进行，企业的资金从货币资金形态开始，依次经过供应过程、生产过程和销售过程三个阶段，分别表现为储备资金、生产资金、成品资金等不同的存在形态，最后又回到货币资金形态，这种运动过程称为资金的循环。资金周而复始地不断循环，称为资金的周转。

3. 资金的退出是指资金离开本企业，退出资金的循环与周转，主要包括偿还各项债务、上交各项税金，以及向所有者分配利润等。

具体而言，没有资金的投入，就不会有资金的循环与周转；没有资金的循环与周转，就不会有债务的偿还、税金的上交和利润的分配等；没有这类资金的退出，就不会有新一轮资金的投入，也就不会有企业进一步的发展。

### （二）创业资金

创业资金所涉及的内容包括创业资金定义、资金来源方式、银行借贷程序、其他借贷方式、风险控制、国家资金扶持等。

1. 创业资金是指创业者进行创业时，前期的资本投入。创业资金包括提高创业者能力的就业培训、场地租用、店铺租赁、店面装修、店面展示商品所需资金，以及数量不等的流动资金。

2. 资金来源方式。

（1）自筹资金，包括自己的储蓄或者向亲属朋友借贷所得资金。

（2）社会筹资，通过提供高价值的固定抵押物，向银行等金融机构贷款，或者向民间金融机构借贷，后者比前者的利率更高、风险更大。

3. 银行借贷程序。

（1）填写居民住房抵押申请书，并提交银行下列证明材料：身份证、户口本、婚姻证明、房屋产权证等质押物品所有权证件、银行流水单。

（2）银行对借款人的贷款申请、购房合同、协议及有关材料进行审查。

（3）借款人将抵押房产的房产证等与银行办理抵押登记手续。

（4）借贷双方担保人签订住房等抵押贷款合同并进行公证。

（5）贷款合同签订并经公证后，银行对借贷人的存款和贷款通过转账划入相关账户，贷款流程结束。

4. 银行对贷款申请条件。

（1）银行对贷款申请者的要求。银行对贷款申请者的要求包括：①年满 18 周岁，具有合法有效身份证明和贷款行所在地合法居住证明，有固定的住所或营业场所；②持有工商行政管理机关核发的营业执照及相关行业的经营许可证，从事正当的生产经营活动，有稳定的收入和还本付息的能力；③借款人投资项目已有一定的自有资金；④贷款用途符合国家有关法律和本行信贷政策规定，不允许用于股本权益性投资；⑤在本行开立结算账户，营业收入经过本行结算。

（2）贷款申请者需提供的申请资料。贷款申请者需提供的申请资料包括：①借款人及配偶的身份证件（包括居民身份证、户口簿或其他有效居住证原件）和婚姻状况证明；②个人或家庭收入及财产状况等还款能力证明文件；③营业执照及相关行业的经营许可证，贷款用途中的相关协议、合同或其他资料；④担保材料，抵押品或质押品的权属凭证和清单，有权处分人同意抵（质）押的证明，银行认可的评估部门出具的抵（质）押物估价报告。

5. 其他借贷方式。除银行质押借贷外，现在还有很多中小型借贷公司提供无质押借贷。其优点是手续简单、时间短；缺点是借贷利率高，利息从贷款本金里直接扣除，到期还本即可。目前，网络上提供创业咨询、资金借贷的公司很多，北京创业服务中心就是其中一个。

6. 风险控制。创业有风险。将风险降到最低是每个创业者的追求。降低创业风险需要注意以下几点。

（1）创业前需要对产业市场环境有综合的了解。

（2）创业就是创新的行业。

（3）创业必须做好长期作战准备。

（4）创业角色冲突，领薪水、付薪水，角色冲突未调适，不谙分工授权。

7. 国家资金扶持。创业者可以根据国家相关创业资金扶持政策，申请创业补助与信贷资金等。

## 二、创业所需资金的类别

筹集资金是企业生产经营活动的起点，任何企业要开展生产经营活动都需要一定的资金数额。熟悉企业资金的不同分类，对于正确计算和合理筹集创业资金具有十分重要的意义。

### （一）资金的类别

1. 按分配的形式，资金可分为通过财政收支形式而分配的财政资金和通过银行信贷形式而分配的信贷资金。

2. 按来源，企业的资金可以分为股权资金和债权资金。股权资金是投资者投入企业的资金；债权资金则是从各种渠道借入的资金。

3. 按用途，资金可分为用于投资建设的资金和用于生产经营活动的资金。

4. 按在再生产过程中的周转情况，资金可以分为流动资金和非流动资金。流动资金表现为原材料、在制品、制成品、商品、银行存款等；非流动资金表现为房屋、机器设备等的固定资金。无论是哪一种形式的资金，都必须参与社会主义的再生产过程，处在不断的运动之中。资金只有在运动中，才能保存价值并使原有的价值得到增值。

5. 按投入企业的时间段，资金可以分为开业筹备期资金需求和试营业期资金需求。

### （二）创业者在筹备期和试营业期资金需求类别

创业者在筹备期和试营业期会发生各种各样的资金需求，有些与企业的生产经营有直接关系，有些与企业经营没有直接关系。在企业筹备和试营业前期，与企业自身运营相关的费用按照发生的时间段不同，分为筹备期费用和试营业期费用；与企业自身经营没有关系的支出可列入其他支出，如购置住宅的费用等。

开业筹备期资金需求是在企业开业之前，发生在企业筹办期间的各种支出。开业筹备期资金需求按照性质又可分为创业开办费用和创业其他支出。创业开办费用是指企业在筹建期间发生的各种费用性支出，包括验资费、注册登记费、人员工资、差旅费、办公费、培训费、印刷费，以及不形成存货等流动资产、不能列入固定资产和无形资产购建成本的各种费用；创业其他支出是指企业在筹建期间为取得存货、购建固定资产和无形资产等所发生的支出，这些支出应在其发生时确认为一项资产。企业筹建期间发生的开办费，应在企业开始生产经营的当月起一次计入当月损益，列入“管理费用”。

试营业期资金需求是企业从开始经营之日起到企业能够做到资金收支平衡为止的时期内，投资者需继续向企业追加的投资。试营业期的时间跨度往往因企业性质而有所不同。一般来说，非制造企业可能会在 1 个月内完成；制造企业则包括从投料生产之日开始到销售收入到账这段时间，可能要持续数月甚至 1 年以上，不同制造企业营运前期的时间也会因性质不同而有所不同，有的短于 1 年，有的可能会更长。

## 三、创业资金需求量预测

创业资金需求量预测是指根据创办企业拟生产经营规模的规划，对创业筹备期和开业前期所需资金的估计和推测。

### （一）创业资金需求量预测的意义

1. 创办中小企业可能遇见很多问题，其中最重要的问题是资金不能正常流通。正如一句企业界的经典名言，“企业可能不会由于经营亏损而破产清算，却常常会因为资金断流而倒闭”。资金对企业尤其是初创企业来说有着至关重要的地位。

2. 创业者对自己能力的过度自信和对企业经营的盲目乐观，常会将筹备期的时间估计得过短，或忽略筹备期，导致对创办企业所需的资金数额估计不足，引起企业运营初期的资金周转困难，并最终导致企业无法继续运营。

3. 创业者为企业的顺利开办并持续经营筹集足额的创业资金。当然，创业前期筹集的资金并不是越多越好，筹集的资金过多，将导致资金的闲置，增加财务费用，影响企业经营效益。合理地筹集创业资金是对创业者财务管理素质的基本要求，也是创办企业必备的前提条件。

### （二）创业资金需求量预测的内容

1. 创业者必须认识到，除了一些小微零售商店外，大部分企业会采用商业信用的方式开展延期结算与预付采购款等业务活动。企业的性质决定了可能会发生一些赊销的业务，这就意味着企业实现的主营业务收入与其他业务收入在很大程度上无法在当期收到现款，导致现金流入与预测的销售收入不匹配。

2. 在销售收入的现款无法及时收回期间，要求自主创业者在流入的现金无法满足资金支付时，能够继续追加对企业的资金投入；否则，就可能出现企业经营业绩良好，却无法按期支付工资、材料款、办公费等现象，如果无法按期偿还企业的债务，企业的债权人可能会申请破产清算，迫使企业无法继续生产经营。

【例5-1】张某与任某是大学三年级的学生，他们在进行了大量市场调查的基础上，发现在校大学生从事电子商务的队伍庞大，而商品拍摄的技术缺乏。为填补这一市场空缺，两人决定以股份制形式合办一家视觉营销公司。在开办公司前，他们还对开办公司所需的费用做了估算，具体如下。

（1）租用30平方米工作室，计2 000元/月。

（2）购置计算机3台，5 000元/台，计15 000元。

（3）购置空调1台，6 000元/台，计6 000元。

（4）购置桌子3张，800元/张，计2 400元。

（5）购置椅子6把，300元/张，计1 800元。

（6）购置展示柜2个，2 000元/个，计4 000元。

（7）购置打印机2台，1 500元/台，计3 000元。

（8）购置传真机1台，1 000元/台，计1 000元。

（9）广告设计制作费，计2 600元。

（10）广告宣传费，计1 400元/月。

（11）购置首批办公用品，计1 200元。

（12）电话费、网费，计950元/月。

（13）水电费，计200元/月。

（14）需要雇用1名内勤和1名公关人员，其工资、社会保险费，计4 000元/月。

（15）房屋装修费，计20 000元。

（16）购置摄影机及配套设备2套，12 000元/套，计24 000元。

（17）注册登记等筹备期的基本费用，计1 000元。

创业者开户、刻章直至办完整套开业手续大约需要1个月的时间。对于日后的收入，两人也进行了调查：每增加一位客户可以取得大约300元的业务收入，为每户服务的耗材等基本费用大约为50元。另外，每月客户在100户以内时基本上不用增加内勤和公关人员。张某和任某简单测算：所需要的资金＝房屋租金2 000元＋计算机15 000元＋空调6 000元＋办公桌2 400元＋办公椅子1 800元＋打印机3 000元＋展示柜4 000元＋传真机1 000元＋办公用品1 200元＋电话费、网费950元＋水电费

200 元 + 广告设计制作及宣传费 4 000 元 + 雇用员工工资及社会保险费 4 000 元 + 房屋装修费 20 000 元 + 摄影机及配套设备 24 000 元 + 筹备期基本费用 1 000 元 = 90 550 元，即资金需要量不超过 10 万元，而利润相当可观。两位股东对自己的专业知识和开拓市场的能力非常自信，相信自己开办的公司一定会很红火。为了以防万一，张某和任某在筹集资金时多准备了一些余款，共筹集了 10 万元的资金。可是令人出乎意料的是，到第 3 个月公司资金链就出现了断裂，连支付下一季度房屋租金、广告费、水电费的钱都没有。原因何在？测算开办这样一家公司大约需要多少资金？

资料来源：由编者根据资料整理得到。

解答：本例中视觉营销公司资金链出现断裂的原因主要是张某与任某对创业所需资金的计算有误。公司只考虑了筹备期的基本费用，却忽略了试营业期的资金需求，尽管在筹集资金时多准备了 9 450 元，但其对试营业期时间的估计不充分，忽视了试营业期的费用支出，导致了在资金链上出了问题。其原因具体有以下几个。

（1）对试营业期资金需求的忽略与错误估算。试营业期多长时间能够做到资金的收支平衡，能够不再继续追加投资，股东们却没有做好估算。

（2）在计算创业所需的资金时，股东们没有考虑原来兼职所获得的收入，忽略了自己基本的生活费。这也是大部分创业者可能忽略的一项支出。

（3）公司股东对市场调查不够充分。在筹备创业之前，需开展一项市场调研，分析试营业期的业务量情况，根据市场调查的结果确定业务量大小，并据此估算可能获得的现金流入量，从而估算资金收支的平衡点。

现金的收支平衡点 = 每月固定项目现金流出额 ÷ 单位业务现金流入额。现金的收支平衡点可用图 5 - 1 进行说明。

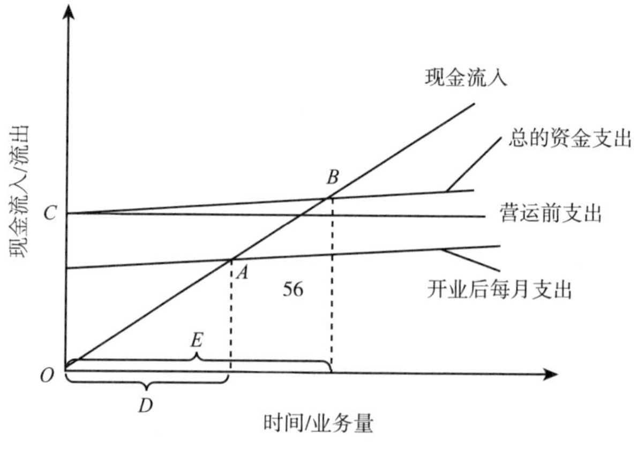


**图 5 - 1　现金收支平衡点**

注：*A* 表示现金收支平衡点；*B* 表示投资资金回收点；*C* 表示试营业期资金需求；*D* 表示试营业期；*E* 表示投资资金回收期。

对于视觉营销公司来说，其每月固定的项目支出包括房屋租金 2 000 元、办公用品 1 200 元、第 1 个月的饮用水 50 元、电话费与网费 300 元、水电费 200 元、广告宣传费 1 400 元、员工工资及社保费 4 000 元，以及创业者基本的生活费支出（即按员工的平均薪酬水平半数来计算）为 2 000 元。由此可见，企业每月的基本支出为以上各项之和 11 150 元。对于公司来说，主要的现金流入是客户拍摄的服务费用，该案例中每项业务带来的现金流入为 250 元。因此，现金收支平衡点的计算公式应为：

现金的收支平衡点 = 每月固定项目现金流出额 ÷ 单位业务现金流入额

= 11 150/250 ≈ 45（家）

通过计算可以发现，视觉营销公司要想实现现金的收支平衡最少需要开展 45 位客户的业务。创业者需要根据自己从市场调查中得到的客户增加情况来计算其试营业所需时间，假定通过调查，类似的视觉营销公司每月可以增加 5 家客户，则该公司的试营业期为 9 个月（45/5）。

（4）试营业期支出的重要性。通过上述案例可以发现，视觉营销公司要达到现金的收支平衡需要 9 个月的时间，这就意味着创业者在企业开始经营后依然需要在前 9 个月继续向公司追加资金，试营业期支出金额为 100 350 元（11 150 × 9）。可见，对于很多公司来说，试营业期资金需求远比筹备期资金需求要大得多。所以，在计算创业所需资金时一定要充分考虑试营业期的资金需求。

（5）相关税费缴纳。自营业税改增值税后，视觉营销公司属于现代服务业，纳税人计税依据原则上为发生应税交易取得的全部收入。适用增值税税率为 6%。加上公司应该承担的城市维护建设税和教育费附加，地方教育费附加等该公司的综合税率为 6.72%，这就意味着，如果该公司月度收入为 10 000 元，其营业税费在 672 元。所以，在计算创业所需资金时，应该考虑到试营业期相关税费的现金流出。

（6）业务拓展支付的费用。创业者应根据其所在城市类似企业业务经费的开支状况及其调查的结果，估算一部分用于拓展业务活动的费用，以尽快增加客户，缩短试营业期，使企业在较短的时间内获得利润。

（7）节约资金与风险储备。企业在创办初期面临的不确定因素有很多，风险较大，为应对各种意外的发生，需要创业者在公司创办初期预留足够的资金，并准备一定的风险储备基金。此外，公司创办初期的资金较为紧张，创业者应尽可能地减少各项不必要的费用支出，把有限的资金用到公司最需要的地方。

（8）公司若有部分资金是从外部借入的，应确定为负债经营，在试营业期还要考虑每月利息的支出。

创业者创办的视觉营销公司最少需要筹集的资金数额为：

筹办期资金需求 90 550 元 + 试营业期资金需求 100 350 元 + 相关税费 660 元 + 拓

展业务费 + 风险储备资金 + 借款利息等 > 191 560 元

为保证创业者能够较准确地计算创业公司所需资金，可以通过表 5 - 1 来进行创业资金需要量的估算。

表 5 - 1 创业资金需要量

| 资金项目 | 筹备期 | 第 1 个月 | 第 2 个月 | 第 3 个月 | 第 4 个月 | 第 5 个月 | 第 6 个月 | 第 7 个月 | …… |
|---|---|---|---|---|---|---|---|---|---|
| 房屋租金 | | | | | | | | | |
| 场地装修装饰费 | | | | | | | | | |
| 购置设备费 | | | | | | | | | |
| 购置办公家具 | | | | | | | | | |
| 办公用品 | | | | | | | | | |
| 员工工资 | | | | | | | | | |
| 创业者生活费 | | | | | | | | | |
| 相关税费 | | | | | | | | | |
| 拓展业务费 | | | | | | | | | |
| 广告宣传费 | | | | | | | | | |
| 水电费 | | | | | | | | | |
| 电话费 | | | | | | | | | |
| 保险费 | | | | | | | | | |
| 设备维护费 | | | | | | | | | |
| 申报执照费 | | | | | | | | | |
| 风险储备基金 | | | | | | | | | |
| 借款利息 | | | | | | | | | |
| …… | | | | | | | | | |

# 主题二　创业资金的来源

创业者在预计创办企业所需资金量的基础上，需要对创业资金来源进行规划，考虑筹资渠道、筹资成本、筹资风险等，以确保资金在期限内筹集到位，降低筹资成本，掌握筹资风险可控度。

## 一、创业企业资金筹集概述

创业企业在计算出创业所需的资金之后，下一步的工作就是筹集资金。根据《大学生创业指数研究》，在普通高校 1 479 位大学生中就大学生创业资金进行了调查，有

204 位认为创业资金较充足；有 408 位认为创业资金一般；有 663 位认为创业资金不够充足；有 102 位认为创业资金不充足；有 102 位认为创业资金无法储备。认为大学生创业资金不够充足、不充足及无法储备的占比为 58.6%。还有大量的调查研究均得到类似的结论，大学生认为“缺乏启动资金”是创业的最大障碍。由此可见，缺少创业所需资金及创业资金筹集的困难是创业者面临的最大挑战。那么，创业者可以从哪些渠道获得所需资金？又如何增加获得创业资金的概率呢？一般企业的资金来源于贷款、债券发行和股东出资等渠道。创业企业资金按照其来源可以分为股权融资和债权融资两大类。

### （一）股权融资

股权融资是指企业的股东愿意让出部分企业所有权，通过引进新股东的融资方式。股权融资所获得的资金，企业无须还本付息，但新股东将与老股东同样分享企业的盈利与增长。股权融资的特点决定了其用途的广泛性，既可以充实企业的营运资金，又可以用于企业的投资活动。

1. 融资渠道。股权融资按融资的渠道来划分，主要有两大类，即公开市场发售和私募发售。公开市场发售就是通过股票市场向公众投资者发行企业的股票来募集资金。企业上市、上市企业的增发和配股都是利用公开市场进行股权融资的具体形式。私募发售，是指企业自行寻找特定的投资人，吸引其通过增资入股企业的融资方式。因为绝大多数股票市场对于申请发行股票的企业有一定的条件要求，如中国对公司上市除了要求连续 3 年盈利之外，还要求企业股本总额不少于人民币 3 000 万元。因此对大多数中小企业来说，较难进入上市发行股票的门槛，私募成为民营中小企业进行股权融资的主要方式。一般来说，创业者要创办企业首先需要自己向企业投入部分资金。创业者投入企业的资金是创业者愿意并且能够承担相应责任和义务的标志，它既反映了创业者本人对于所创办企业的信心，也是其日后在企业投入时间和精力的动力，还是对债权人资金的保障。所以，任何企业均应有部分投资者投入的资金。

在当前的环境下，私募发售是所有融资方式中，民营企业比国有企业占优势的融资方式。其产权关系简单，无须进行国有资产评估，没有国有资产监督管理部门和上级主管部门监管股权融资，大大降低了民营企业通过私募进行股权融资的交易成本，并且提高了融资效率。私募发售成为近年来经济活动非常活跃的领域。对于企业，私募发售融资不仅意味着获取资金，还意味着新合作伙伴的进入。新股东能否成为一个理想的合作伙伴，对企业来说，无论是当前还是未来，其影响都是积极而深远的。在私募领域，不同类型的投资者对企业的影响是不同的，在中国有以下几类投资者：个人投资者、风险投资机构、产业投资机构和上市公司。实业公司私募发售融资方式如图 5－2 所示。

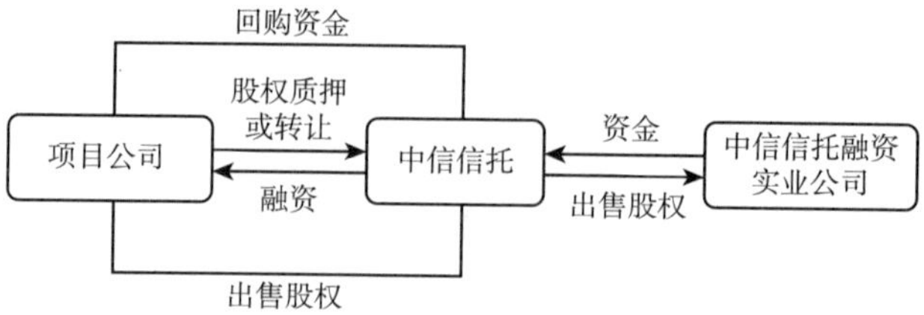


**图5－2　实业公司私募发售融资方式**

下面主要介绍以下几种融资通道。

（1）个人投资。虽然个人投资的金额不大，一般在几万元到几十万元之间，但在大多数民营企业的初创阶段起了至关重要的资金支持作用，这类投资者有的直接参与企业的日常经营管理，有的只是作为股东关注企业的重大经营决策。准备创业的人，应从自己做起，较早地将自己收入的一部分储蓄起来，作为创业资金；在读大学生或毕业初期的大学生，可以从父母那里取得部分创业资金，作为自有资金投入。创业者还可以从亲友处取得部分资金，如果这些资金是亲友投入的，则属于股权融资；如果这些资金是从亲友处借贷的，需要按期还本付息，则属于债权融资。

（2）合伙人的资金。创业者可以通过转让部分股权的方式从合伙人那里取得创业资金，创办合伙企业。创业者可以通过公开或私募股权的方式，从更多的投资者那里获得创业资金，成立公司制企业。

（3）其他企业投资。创业者可以从那些拥有闲置资金的企业获得投资资金，一方面可以满足创办企业的资金需求；另一方面可以使拥有闲置资金的企业获得较高的收益。

2. 风险资本（投资基金）。风险资本又称为风险投资基金或创业基金，是当今世界广泛流行的一种新型投资形式，是一种以私募方式募集资金，以公司等组织形式设立，投资于未上市的新兴中小型企业（尤其是新兴高科技企业）的一种承担高风险、谋求高回报的资本形态。风险投资机构是20世纪90年代后期在中国发展较快的投资力量，其涉足的领域主要与高新技术相关。风险投资机构追求资本增值的最大化，它们的最终目的是通过上市、转让或并购的方式，在资本市场退出，特别是通过企业上市退出是它们追求的理想方式。风险投资基金可以通过证券市场转让股权而收回资金，继续投向其他风险企业。对于创业者来说，如果所创企业符合风险投资家的项目选择标准，则风险资本是一种比较好的融资方式。创业者通过风险资本不但可以筹集资金，还可以得到风险投资家专业的帮助和指导。

（1）风险资本的发行方法。在一些风险投资较为发达的国家，风险资本主要有两种发行方法：私募的公司风险资本和向社会投资人公开募集并上市流通的风险资本。私募的公司风险资本通常由风险投资公司发起，出资为1%左右，称为普通合伙人，其余的99%吸收企业或金融保险机构等机构投资人的出资，称为有限合伙人。有限合伙人同股份有限公司的股东一样，只承担有限责任。普通合伙人的责权利基本上是这样规定的：①以其人才全权负责基金的使用、经营和管理；②每年从基金经营收入中提取相当于基金总额2%左右的管理费；③基本期限为15～20年，期满解散而收益倍增时，普通合伙人可以从收益中分得20%，其余出资者分得80%。向社会投资人公开募集并上市流通的风险资本，其目的是吸收社会公众的关注和支持高科技产业的风险投资，既满足他们高风险投资的渴望，又给予其高收益的回报。这类基金相当于产业投资基金，它是封闭型的，上市时可以自由转让。

（2）风险资本的特点。风险资本作为基金，同其他投资基金相似。其主要不同之处在于：①其投资的对象为高风险的高科技创新企业，失败率较高，一般在60%～80%，这就要求基金的规模足够大，使风险资本能够同时投资于多个风险项目，从而通过其中一个或几个项目的成功来弥补在其他风险项目上的损失并获取收益；②风险资本的投资人常采取与其他风险投资公司联合投资的方法，以分散风险；③其决策者经常当机立断，敢于取舍。

（3）风险类型。

①信用风险。风险资本在交易过程中可能发生交收违约或者所投资债券的发行人违约、拒绝支付到期本息等情况，从而导致基金资产损失。信用风险包括风险资本所投资的债券、票据等工具本身的信用风险，以及以交易为基础的风险。

②市价暴露风险。它是指货币市场基金的实际市场价值，即按市价法估值得出的基金净值与基金交易价格（通常情况下是基金面值）的偏离风险。

③政策风险。财政政策、货币政策、产业政策、地区发展政策等国家宏观政策发生变化，导致市场价格波动，影响风险资本收益而产生风险。

④经济周期风险。随着经济运行的周期性变化，证券市场的收益水平也呈周期性变化，基金投资的收益水平也会发生变化，从而产生风险。

⑤利率风险。金融市场利率的波动会导致证券市场价格和收益率的变动。利率直接影响着债券的价格和收益率，影响着企业的融资成本和利润。风险资本投资于债券和股票，其收益水平可能会受到利率变化的影响。

⑥上市公司经营风险。上市公司的经营状况受多种因素的影响，如管理能力、行业竞争、市场前景、技术更新、财务状况、新产品研究开发等。如果风险资本所投资的上市公司经营不善，其股票价格可能下跌，或者能够用于分配的利润减少，那么风险资本投资收益就会下降。上市公司还可能出现难以预见的变化。虽然基金可以通过投资多样化来分散这种非系统风险，但不能完全避免。

⑦通货膨胀风险。风险资本投资的目的是风险资本的保值增值，如果发生通货膨胀，风险资本投资于证券所获得的收益可能会被通货膨胀抵销，从而影响风险资本的

保值增值。

⑧债券收益风险。债券收益风险是指与收益率曲线非平行移动有关的风险，单一的久期指标并不能充分地反映这一风险。

⑨再投资风险。市场利率下降将影响固定收益类证券利息收入的再投资收益率，这与利率上升所带来的价格风险互为消长。

⑩管理风险。风险资本管理人的专业技能、研究能力及投资管理水平直接影响到其对信息的占有、分析和对经济形势、证券价格走势的判断，进而影响基金的投资收益水平。同时，投资管理制度、风险管理和内部控制制度健全程度，防范道德风险和其他合规性风险的有效程度，以及基金管理人的职业道德水平等，也会对基金的风险收益水平造成影响。

⑪流动性风险。我国证券市场作为新兴转轨市场，市场整体流动性风险较高。风险资本投资组合中的股票和债券会因各种原因面临较高的流动性风险，使证券交易的执行难度提高，买入成本或变现成本增加。此外，基金投资人的赎回需求可能造成基金仓位调整和资产变现困难，加剧流动性风险。

⑫操作和技术风险。风险资本的相关当事人在各业务环节的操作过程中，可能出现内部控制不到位或者人为操作失误或违反操作规程而引致风险，如越权交易、内幕交易、交易错误和欺诈等。此外，在开放式风险资本的后台运作中，可能因为技术系统的故障或者差错而影响交易的正常进行，甚至导致风险资本份额持有人利益受到影响。这种技术风险可能来自风险资本管理人、风险资本托管人、注册登记人、销售机构、证券交易所和证券登记结算机构等。

⑬合规性风险。它是指风险资本管理或运作过程中，违反国家法律、法规或风险资本合同有关规定的风险。

⑭其他风险。因风险资本业务快速发展而在制度建设、人员配备、风险管理和内控制度等方面不完善而产生的风险；因金融市场危机、行业竞争压力可能产生的风险；战争、自然灾害等不可抗力因素的出现，可能严重影响证券市场运行，导致基金资产损失；其他意外导致的风险。

### （二）债权融资

债权融资是指企业通过借钱的方式进行融资。对于债权融资所获得的资金，企业首先要承担资金的利息，另外在借款到期后要向债权人偿还资金的本金。债权融资的特点决定了其用途主要是解决企业运营资金短缺的问题，而不是用于资本性项目方面的开支。

创业者获得债权融资的方式包括银行借款、企业间借款、政府借款、商业信用融资、租赁融资等多种方式。

1. 银行借款是指企业向银行或其他非银行金融机构借入的、需要还本付息的款项，包括偿还期限超过 1 年的长期借款和不足 1 年的短期借款，主要用于企业购建固定资产和满足资金周转的需要。银行借款有以下几种类型。

（1）按提供贷款的机构分类。按提供贷款的机构，银行借款分为政策性银行贷款、商业银行贷款和其他金融机构贷款。

①政策性银行贷款。它是指执行国家政策性贷款业务的银行向企业发放的贷款，通常为长期贷款。例如，国家开发银行贷款，主要满足企业承建国家重点建设项目的资金需要；中国进出口银行贷款，主要为大型设备的进出口提供的买方信贷或卖方信贷；中国农业发展银行贷款，主要用于确保国家对粮、棉、油等政策性收购资金的供应。

②商业银行贷款。它是指由各商业银行，如中国工商银行、中国建设银行、中国农业银行、中国银行等，向工商企业提供的贷款，用以满足企业生产经营的资金需要，包括短期贷款和长期贷款。

③其他金融机构贷款。其他金融机构贷款如从信托投资公司取得的实物或货币形式的信托投资贷款、从财务公司取得的各种中长期贷款、从保险公司取得的贷款等。其他金融机构的贷款一般较商业银行贷款的期限要长，要求的利率较高，对借款企业的信用要求和担保的选择比较严格。

（2）按机构对贷款有无担保要求分类。按机构对贷款有无担保要求，银行借款分为信用贷款和担保贷款。

①信用贷款。它是指以借款人的信誉或保证人的信用为依据而获得的贷款。企业取得这种贷款，无须以财产作为抵押。这种贷款的风险较高，银行通常要收取较高的利息，往往还附加一定的限制条件。

②担保贷款。它是指由借款人或第三方依法提供担保而获得的贷款。担保包括保证责任、财务抵押、财产质押，因此，担保贷款包括保证贷款、抵押贷款和质押贷款。

保证贷款。它是指按《民法典》规定的保证方式，以第三人作为保证人承诺在借款人不能偿还借款时，按约定承担一定保证责任或连带责任而取得的贷款。

抵押贷款。它是指按《民法典》规定的抵押方式，以借款人或第三人的财产作为抵押物而取得的贷款。

质押贷款。它是指按《民法典》规定的质押方式，以借款人或第三人的动产或财产权利作为质押物而取得的贷款。

（3）按企业取得贷款的用途分类。按企业取得贷款的用途，银行借款分为基本建设贷款、专项贷款和流动资金贷款。

①基本建设贷款。它是指企业因从事新建、改建、扩建等基本建设项目需要资金而向银行申请借入的款项。

②专项贷款。它是指企业因为专门用途而向银行申请借入的款项，包括更新改造贷款、大修理贷款、研发和新产品研制贷款、小型技术措施贷款、出口专项贷款、引进技术转让费周转金贷款、进口设备外汇贷款、进口设备人民币贷款及国内配套设备贷款等。

③流动资金贷款。它是指企业为满足流动资金的需求而向银行申请借入的款项，包括流动基金借款、生产周转借款、临时借款、结算借款和卖方信贷。

2. 企业间借款是指无金融经营权的两个企业之间互相拆借资金的民事行为，是非金融机构的企业之间通过书面或口头的协议，由一方企业将自己合法所有的资金借给另一方企业使用，另一方企业在约定期限届满后归还本金支付利息。对于有闲置资金的其他企业，创业者既可以吸收其资金作为股权资本，还可以向这些企业借款，形成债权资本。

3. 政府借款。国家和各地政府为促进创业型经济的发展，推出了不同形式的创业基金或创业担保基金。创业者要善于利用政府的扶持政策，从政府方面获得融资支持，如专门针对下岗失业人员的再就业小额担保贷款；专门针对科技型企业的科技型中小企业技术创新基金；专门为中小企业“走出去”准备的中小企业国际市场开拓资金等，还有众多的地方性优惠政策。利用相关政策的扶持，创业者可以达到事半功倍的效果。

4. 商业信用融资。

（1）商业信用融资的主要方式。商业信用融资是指企业之间在买卖商品时，以商品形式提供的借贷活动，是经济活动中一种普遍的债权债务关系。商业信用的存在对于扩大生产和促进流通起到了十分积极的作用，但不可避免地存在着一些消极的影响。企业在筹备期及生产经营过程中，均可以通过商业信用的方式筹集部分资金。例如，企业在购置设备或原材料、商品过程中，可以通过延期付款的方式，在一定期间内免费使用供应商提供的部分资金。商业信用融资的主要方式有以下几种。

①应付账款融资。它对于融资企业而言，意味着放弃了现金交易的折扣，同时需要负担一定的成本，因为往往付款越早，折扣越多。

②商业票据融资。它也就是企业在延期付款交易时开具的债权债务票据。对于一些财力和声誉良好的企业，其发行的商业票据可以直接从货币市场上筹集到短期货币资金。

③预收货款融资。这是买方向卖方提供的商业信用，是卖方的一种短期资金来源，信用形式应用非常有限，仅限于市场紧缺商品、买方急需或必需商品、生产周期较长且投入较大的建筑业、重型制造业等。

（2）商业信用融资的优点。

①融资便利。利用商业信用融资非常方便，因为商业信用与商品买卖同时进行，

属于一种自然性融资，不用做非常正规的安排，也无须办理正式筹资手续。

②融资成本低。如果没有现金折扣，或者企业不放弃现金折扣，以及使用不带息应付票据和采用预收货款，企业采用商业信用融资就没有实际成本。

③限制条件少。与其他融资方式相比，商业信用筹资限制条件较少，选择余地较大，条件比较优越。

（3）商业信用融资的缺点。

①期限较短。采用商业信用融资，期限一般很短，如果企业要取得现金折扣，则期限更短。

②筹资数额较小。采用商业信用融资一般只能筹集小额资金，而不能筹集大量的资金。

③有时成本较高。如果企业放弃现金折扣，必须付出非常高的资金成本。

5. 租赁融资。租赁融资主要是创业者通过融资租赁的方式融通部分资金。租赁融资是集融资与融物、贸易与技术更新于一身的新型金融业务。出租人根据承租人对租赁物件的特定要求和对供货人的选择，出资向供货人购买租赁物件，并租给承租人使用，承租人则分期向出租人支付租金，在租赁期内租赁物件的所有权属于出租人所有，承租人拥有租赁物件的使用权。租期届满，租金支付完毕并且承租人根据融资租赁合同的规定履行完全部义务后，对租赁物的归属没有约定或者约定不明的，可以协议补充；不能达成补充协议的，按照合同有关条款或者交易习惯确定；仍然不能确定的，租赁物件所有权归出租人所有。

租赁融资具有融资与融物相结合的特点，出现问题时租赁公司可以回收、处理租赁物，因而在办理融资时对企业资信和担保的要求不高，非常适合中小企业融资。

【例5－2】20××年创业公司发行总面额为50万元的3年期债券，票面年利率为12%，发行费用率为5%，企业所得税税率为25%。计算该证券的成本率。（不考虑资金时间价值）

解答：证券的成本率＝票面年利率×(1－企业所得税利率)/(1－发行费用率)×100%

$$=12\% \times (1-25\%)/(1-5\%)\times 100\% \approx 9.47\%$$

所以，该证券的成本率为9.47%。

## 二、资金成本

创业企业使用的资金，无论是从各种渠道借来的资金，还是创业者的自有资金，或者通过其他方式筹集的股权资金，都具有一定的资金成本。认识到这一点，对于创业者合理选择筹资渠道、及时募集所需资金非常重要。

### （一）资金成本的含义与构成

1. 资金成本的含义。资金成本是指企业为筹集和使用资金而付出的代价。资金成本是商品经济条件下资金所有权和资金使用权分离的产物。资金成本具有一般产品成本的基本属性，即同为资金耗费，但又不同于账面成本，属于预测成本。其一部分计入成本费用，另一部分作为利润分配处理；资金成本是企业的耗费，企业要为占用资金而付出代价、支付费用，而且这些代价或费用最终作为收益的扣除额得到补偿。但是，资金成本只有一部分具有产品成本的性质。资金成本的基础是资金时间价值，但通常还包括投资风险价值和物价变动因素。

2. 资金成本的构成。资金成本包括资金筹集费用和资金占用费用两部分。

（1）资金筹集费用。它是指资金筹集过程中支付的各种费用，如发行股票或发行债券支付的印刷费、律师费、公证费、担保费及广告宣传费。需要注意的是，企业发行股票和债券时，支付给发行公司的手续费不作为资金筹集费用。因为此手续费并未通过企业财务账务处理，企业是按发行价格扣除发行手续费后的净额入账的。

（2）资金占用费用。它是指占用他人资金应支付的费用，或者说是资金所有者凭借其对资金所有权向资金使用者索取的报酬。资金占用费用包括股东的股息、红利、债券及银行借款支付的利息。

### （二）资金成本的计算方法

1. 长期负债资金成本。长期负债包括长期银行借款、应付公司债及长期应付款。从资金成本的基本原理来讲，长期应付款与长期银行借款的情况类似。下面主要介绍长期银行借款的资金成本的计算。

长期银行借款是企业获取长期资金的重要方式之一。它的特点是偿还期长，利率在债券期限内不变，利息费用作为费用于税前列支。因而，利息可产生节税效应。对于无抵押借款来说，不存在筹资费用或筹资费用较小，可不予考虑；对于抵押借款来说，不仅存在筹资费用，还要考虑抵押及担保资产的机会成本。

无抵押长期借款的资金成本实际上只是税后资金占用成本，即年利息额×（1－所得税率）。

【例5－3】某企业从银行借入50万元，3年期，年利率为12%的无抵押长期借款。该企业企业所得税税率为25%。计算该无抵押长期借款资金成本率。

解答：该无抵押长期借款资金成本率＝年利率×（1－企业所得税税率）＝12%×（1－25%）＝9%

抵押长期借款资金成本，可以把抵押条件和筹资过程中发生的相关费用作为筹资费用。这些筹资费用包括：（1）公证机构对抵押品及担保品的公证费；（2）担保品及抵押品的保险费；（3）律师签证费；（4）银行所要求的手续费；（5）抵押设定的各种费用；（6）其他因抵押而发生的机会成本。

【例5-4】某企业拟定从银行借款100万元，年利率为10%，期限5年，另附房产抵押权。该企业房产抵押后的机会成本率为3%，其他筹资费用率为1%，企业所得税税率为25%。计算该抵押长期借款资金成本率。

解答：该抵押长期借款资金成本率＝年利率×（1－企业所得税税率）＋该企业房产抵押后的机会成本率＋其他筹资费用率＝10%×（1－25%）＋3%＋1%＝11.5%

2. 优先股资金成本。优先股是由它对公司的股利和剩余财产优先分配而得名。优先股融资是股权融资的一种类型，它的基本特点如下：（1）股息率是固定和稳定的，与债券利率类似，因为优先股股利于税后支付，所以优先股股利无节税效应；（2）具有对股利、剩余财产的优先分配权；（3）有筹资费用，如印刷费、公证费等。

资金成本在企业投资决策中的作用表现为：资金成本可作为项目投资的折现率；资金成本是投资项目的基准收益率。与此同时，资金成本是评定企业经营成果的依据，凡是企业的实际投资收益率低于这个水平的，都应认定为经营不力，这也向企业经营者发出了信号，企业必须改善经营管理，提高经济效益。

## 三、资金筹集决策与风险

### 案例：资金筹集决策与风险

徐某作为国内某高校的艺术类学生，在艺术创作方面颇有天赋。他在大学一年级时就开始设计艺术产品，并在酒店、会所、旅游景点等销售，市场前景广阔。于是，徐某及其创业团队参加了省级大学生创业大赛。在大赛中，该团队的创业项目深受好评。有一家艺术品风险投资商愿意出60万元资金资助其创办企业，但是要求拥有企业40%的股权。徐某及其团队认为该投资商提出的股权占比过多。正当其犹豫之际，另一位投资商也在看到创业大赛信息后表示愿意投入40万元的现金，但只要求占20%的股份。徐某及其创业团队选择了后者作为自己的风险投资商。理由是，后者的出资与所占的股权比例较前者具有明显的优势，而且公司发展壮大后，另外20%的股份价值肯定会超过20万元。

但徐某创业团队艺术设计与制作项目进行得并不顺利，投资商初期投入的40万元现金很快就在产品研发与广告宣传中消耗殆尽，产品的销售状况又不太乐观，资金回流困难重重。尽管公司的日常运营依然不错，发展前景良好，但企业在资金周转上遇到了许多困难，很难在短期内找到合作的伙伴，公司在一年后便解散了。

**课堂思考：**

分析徐某创业团队在进行筹资决策时还应考虑哪些方面的问题?

企业筹集资金的主要目的是顺利创办企业、扩大生产经营规模、提高经济效益。投资项目若不能达到预期效益，将影响企业获利水平和偿债能力的风险。如果企业的决策正确、管理有效，那么就可以实现其经营目标。在筹资过程中，企业管理者拓展投资渠道，必须谨慎，应着重进行对外投资决策控制与分析，对重大投资项目进行可行性研究。尽量以最低的成本获得充足的资金供应。创业者在筹集资金时应对债务融资、股权融资的优缺点进行比较，并考虑企业的资金需要量、资金的可得性及控制权分散等问题，进行综合分析。

### （一）股权融资决策与债权融资决策

随着我国民营经济的迅速发展，小微型企业已经成为社会主义市场经济的重要组成部分，小微型民营企业在不断发展壮大的过程中面临较多的问题，“融资难”就是其中之一。企业融资应根据自身条件提前做好融资的比较与分析。

1. 股权融资决策。创业者是否要通过合伙或组建公司的形式筹集资金，对于企业日后的产权归属和企业发展有着极为重要的影响。合伙企业既是资合又是人合，所以合伙人的选择尤为重要。如果创业者拟吸收合伙人的资金，那么一定要认真考虑合伙人的专长和经验，以更好地发挥团队优势，各尽其才；按照目前我国的法律规定，创业者在创办公司时只能设立个人独资企业和有限责任公司。由于个人独资企业不涉及吸收他人资金，这里不进行讨论。通过设立有限责任公司的形式吸引股权资金由于法律对有限责任公司股权转让的限制，创业者需要对投资人进行充分的考察，最好找到有着共同风险偏好和经营目标的合作者，以寻求更长久的合作。

不同的风险投资商会在不同行业或领域有着强于他人的专长，而且不同的风险投资商会对其投资的企业予以不同的关注和支持。在吸引风险投资商投资时，创业者要分析其专注投资的领域及其对投资企业的态度，选择适合企业发展的投资商。另外，对企业控制权的把握也是创业者必须考虑的因素，转让多少控制权能够既吸引投资又有利于对企业日后经营权的控制，是创业者必须慎重选择且关乎企业健康发展的重要问题之一。

股权融资有以下优点：（1）永久性资本，保证企业最低的资金需要；（2）无固定利润分配或股利支付负担；（3）是对债权人投资的保障，增强企业的举债能力；（4）如果企业经营出现困难，投资者会尽力帮助企业渡过难关。

股权融资有以下缺点：（1）分散企业控制权；（2）融资成本高；（3）稀释投资者的投资收益。

2. 债权融资决策。创业者如果想通过债权融资，那么在进行决策时需要从以下几个方面进行分析。

（1）考虑经营过程中的获利，其应该能够超过借款的利息支出及其他费用支出。借款存在杠杆效应，如果企业在日后的经营过程中赚取的利润能够支付借款的利息和其他费用的支出，而且有剩余，那么债权融资对企业较为有利，可以给创业者带来财务杠杆收益。但如果在对日后经营进行预测时，发现企业获利不足以支付借款利息，那么债权融资不但会给创业者带来杠杆损失，还可能会使企业更快地破产清算。

（2）慎重考虑借款期限。贷款利率有半年期利率与一年期利率两种，贷款期限在半年以内的执行半年期利率；超过半年不足一年的执行一年期利率。因为借款者预测的资金需求时间及落签的借款合同期限往往与规定贷款利率所在时点不相吻合，所以在实践中就自然而然地形成各种期限性贷款利率差。总之，借入资金的归还期限应与其投资的资产回收期限相匹配，以保证企业在日后归还投资时不会影响正常的生产经营活动。

（3）确定合理的借款金额。借款经营成本较低且具有财务杠杆效应，但每期会有固定的资金支出。创业者在决定借款前一定要对其风险和收益进行充分权衡，并根据企业实际的资金需要量确定一个合适的借款金额。借款过多会加大企业的资金流出（利息支付）并使企业的资金成本上升，资金使用不当可能会带来较大的财务风险；而在能够借到款项时借款过少，则可能会使企业出现资金断流，加剧企业的失败。创业之初，在出现资金断流以前筹集资金要比急需资金时再筹集更容易。

（4）充分考虑借款可能的支出。对于创业者来说要想获得借款，一般需要提供抵押品或担保品。如果创业者缺乏债权人认可的抵押资产，那么创业者可以申请担保公司为其借款进行担保。但是，担保公司作为营利性的企业会收取部分担保费用。所以，如果创业者拟通过担保公司担保的方式取得借款，那么创业者需要将担保公司的担保费用计入未来的经营成本，以有效地避免经营风险。

（5）选择合适的银行。如果创业者有机会从银行取得借款，那么就需要对不同的银行进行对比，选择合适的银行。一般来说，银行都对其贷款的风险作出政策性规定，有些银行倾向于保守政策，只愿承担较小的贷款风险。企业选择银行贷款是省利息的第一步，有些银行在国家规定的基准利率上再上浮30%，而有些银行执行基准利率。从中可以看出，上浮的30%会使企业成本上升，因此创业者应事先通过各种渠道了解银行信息，在选择贷款银行时应该货比三家，以选择最适合创业企业借款的银行。

债权融资的优点如下：企业控制权和所有权得到维护；可选择有利的时间归还；可以节约自有资金；借款成本可在税前列支；通货膨胀可以减少实际还款数。

债权融资的缺点如下：要负担利息成本；要承担将来利润可能不足以归还借款的风险；让他人了解财务及其他一些保密信息；贷款机构（人）有可能要附加一些限制条款；如果企业经营出现困难，债权人会优先得到清偿。

## （二）资金筹集风险

筹资风险，又称为财务风险，是指企业因借入资金而产生的丧失偿债能力的可能性和企业利润（股东收益）的可变性。企业在筹资、投资和生产经营活动各环节中无不承担一定程度的风险。企业承担风险程度因负债方式、期限及资金使用方式等不同而面临不同的偿债压力。因此，筹资决策除规划资金需要数量，并以合适的方式筹措到所需的资金外，还必须正确权衡不同筹资方式下的风险程度，并提出规避和防范风险的措施。

1. 资金筹集风险的种类。按照筹资风险的成因不同，负债筹资风险可以分为现金性筹资风险和收支性筹资风险。

（1）现金性筹资风险。现金性筹资风险是指由于现金短缺、现金流入的期间结构与债务的期限结构不相匹配而形成的一种支付风险。现金性筹资风险对于企业未来的筹资影响并不大。同时，由于财务处理上受权责发生制的影响，即使企业当期投入大于支出也并不等于企业就有现金流入，即它与企业收支没有直接的关系。现金性筹资风险产生的根源在于企业理财不当，使现金预算安排不妥或执行不力造成支付危机。此外，在资本结构安排不合理、债务期限结构搭配不好时也会引发企业在某一时点的偿债高峰风险。

（2）收支性筹资风险。收支性筹资风险是指企业在收不抵支的情况下出现的到期无力偿还债务本息的风险。收支性筹资风险是一种整体风险，它会对企业债务的偿还产生不利的影响。一旦这种风险产生即意味着企业经营的失败，或者正处于资不抵债的破产状态。因此，收支性筹资风险产生的原因不仅包括理财不当造成的支付风险，还包括企业经营不当造成的净产量减少。出现收支性筹资风险不仅将使债权人的权益受到威胁，而且将使企业所有者面临更大的风险和压力。因此，它又是一种终极风险，可能会导致企业破产。

2. 资金筹集风险的原因分析。

（1）内部原因分析。

①负债规模。负债规模是指企业负债总额的大小或负债在资金总额中所占比重的高低。若企业负债规模大、利息费用支出增加，则收益降低而导致丧失偿付能力或破产的可能性也增大。同时，若负债比重越高，企业的财务杠杆系数越大，则股东收益变化的幅度也随之增加。所以，负债规模越大，财务风险也越大。

②负债的利率。在同样负债规模的条件下，负债的利率越高，企业所负担的利息

费用支出就越多，企业破产危险的可能性越大。同时，利率对股东收益的变动幅度也有影响，因为在息税前利润一定的条件下，负债的利率越高，财务杠杆系数越大，股东收益受影响的程度也就越大。

③负债的期限结构。负债的期限结构是指企业所使用的长短期借款的相对比重。如果负债的期限结构安排不合理，如应筹集长期资金却采用了短期借款，或者相反，都会增加企业的筹资风险。原因如下：a. 如果企业使用长期借款来筹资，它的利息费用在相当长的时期中将固定不变，但如果企业用短期借款来筹资，则利息费用可能会有大幅度的波动；b. 如果企业大量举借短期借款，并将短期借款用于长期资产，则当短期借款到期时，可能会出现难以筹措到足够的现金来偿还短期借款的风险，此时，若债权人由于企业财务状况差而不愿意将短期借款展期，则企业有可能被迫宣告破产；c. 长期借款的融资速度慢，取得的成本通常较高，而且有一些限制性条款。

（2）外部原因分析。

①经营风险。经营风险是企业生产经营活动本身所固有的风险，其直接表现为企业息税前利润的不确定性。经营风险不同于筹资风险，但又影响筹资风险。当企业完全用股本融资时，经营风险即为企业的总风险，完全由股东均摊。当企业采用股本与负债融资时，由于财务杠杆对股东收益的扩张性作用，股东收益的波动性会更大，股东所承担的风险将大于经营风险，其差额即为筹资风险。如果企业经营不善，营业利润不足以支付利息费用，那么股东收益不仅化为泡影，而且要用股本支付利息，严重时企业将丧失偿债能力，被迫宣告破产。

②预期现金流入量和资产的流动性。负债的本息一般要求以现金（货币资金）偿还，因此，即使企业的盈利状况良好，但其能否按合同、契约的规定如期偿还本息，还要看企业预期的现金流入量是否足额、及时及资产的整体流动性是否合理。现金流入量反映的是现实的偿债能力；资产的流动性反映的是潜在的偿债能力。如果企业投资决策失误或信用政策过宽，不能足额或及时地实现预期的现金流入量，以支付到期的借款本息，就会面临财务危机。此时，企业为了防止破产可以变现其资产，各种资产的流动性（变动能力）是不一样的，其中库存现金的流动性最强；而固定资产的变现能力最弱。企业资产的整体流动性不同，即各类资产在资产总额中所占比重不同，对企业的财务风险关系影响很大，当企业资产的整体流动性较强、变现能力强的资产较多时，其财务风险就较小；反之，当企业资产的整体流动性较弱、变现能力弱的资产较多时，其财务风险就较大。很多企业破产不是没有资产，而是因为其资产不能在较短时间内变现，结果不能按时偿还债务，被迫宣告破产。

③金融市场。金融市场是资金融通的场所。企业负债经营受金融市场的影响，如负债利率就取决于取得借款时金融市场的资金供求情况，而且金融市场的波动，

如利率、汇率的变动，都会导致企业的筹资风险变动。当企业主要采取短期贷款方式融资时，如遇到金融紧缩，银根抽紧，短期借款利率大幅度上升，就会引起利息费用剧增，利润下降。更有甚者，一些企业因无法支付高涨的利息费用而破产清算。

筹资风险的内因和外因，相互联系、相互作用，共同诱发筹资风险。一方面，经营风险、预期现金流入量和资产的流动性及金融市场等因素的影响，只有在企业负债经营的条件下，才有可能导致企业的筹资风险，而且负债比率越大，负债利息越高，负债的期限结构越不合理，企业的筹资风险越大。另一方面，虽然企业的负债比率较高，但企业已进入平稳发展阶段，经营风险较低，且金融市场的波动不大，那么企业的筹资风险相对就较小。

【例5－5】沿用［例5－1］的资料，假设上述的视觉营销公司经过广泛的市场调查，并向专业咨询公司进行了咨询，计算出创业所需资金约为20万元。两位股东从父母和亲友处筹集到15万元的资金，剩下的5万元资金可以通过以下两种方式获得：从当地的商业银行借入5万元的贷款，贷款年利率为10%；出售25%的股份吸收其同学赵某入股，获得5万元的股权资本。试从融资成本与收益的角度入手，帮助视觉营销公司进行融资决策分析。

解答：创业者在进行融资决策时需要考虑许多因素，融资的成本收益比较是要素之一，在不扣除所得税情况下，比较两者的税前利润。

（1）债权融资：如果公司以借款筹资，那么每年需支付利息5 000元（50 000×10%），从而减少其税前利润5 000元；如果预计公司的利润率为20%，年度息税前利润为40 000元，那么支付利息后的税前利润减少为35 000元。

（2）股权融资：如果通过转让股份的方式吸收赵某入股，那么不存在利息的支付事宜，其息税前利润依然为40 000元，但归属于原股东本人的部分只有30 000元（40 000×75%），其中的10 000元利润要归新的持股人赵某。

由此可见，债权融资的成本相对较低，而且因为债务的杠杆作用，在企业效益较好时可以给创业者带来更高的经济利益流入。如果假定股东预计的公司利润率降为10%，年度息税前利润即由40 000元变为20 000元，那么每年需要支付的利息依然为5 000元（50 000×10%），支付利息后的利润却变为15 000元；通过股权融资的成本计算，归属于原股东本人的部分只有15 000元（20 000×75%），其中的5 000元利润要归新的持股人赵某。

股权融资的成本与债权融资成本持平，如果借款年利率高于10%，股权融资无须归还投资，可以减少企业的资金流出，不存在财务风险；企业经营初期风险过大，现金流短缺，为避免不能按期还本付息的风险，两位股东可以吸收赵某入股，取得无风险的经营资金。

3. 资金筹集风险的规避。

（1）确定合理的财务结构。在资金结构中，若负债的比例过大，即过度负债经营，则企业依赖于外界的因素过多，将加大经营风险和财务风险。生产经营环节稍有脱节，资金回收不及时，资金成本将大幅度增加，从而降低企业经营利润，削弱企业活力，因此企业应把握好负债经营的“度”。创业者要合理确定债务资金与自有资金、短期资金与长期资金的比例关系，并随着企业生产的变化而变化，使企业始终处于一种动态的管理过程。合理确定企业一定时期所需筹集资金的数额是企业资金筹集风险规避的重要内容。一方面，企业要筹集到足够的资金以满足企业生存和发展的需要；另一方面，企业要注意筹集的资金不能过多，防止出现资金的闲置，产生资金的配置风险，增加企业的债务负担。从根本上讲，企业发生风险是因为举债，一个全部用自有资本从事经营的企业只有经营风险而没有财务风险。因此，要权衡举债经营的财务风险来确定债务比率，同时还要考虑债务清偿能力，要尽量做到资金的筹集量与资金的需求量相互平衡。从大量负债经营实例中不难得出以下教训：虽然适度举债是企业发展的必要途径，但必须以自有资金为基础，如果资本结构中债务资本过大，必然产生恶性循环。同时企业偿债能力是对负债经营最敏感的指标。偿债能力是指企业拥有现金或其资产变现能力，债务资本在各项目之间配置合理程度。从偿债能力看，负债比率越低，企业偿债能力越强，但未必合理，如企业借款利率小于利润率。不同产业的负债经营合理程度是不一样的，企业应具体情况具体分析，充分利用负债经营的优势。

（2）选择正确的筹资方式。企业的筹资方式可归为两大类，即债权融资和股权融资。一般来说，债权融资的资金成本相对较低，利息税前支付，但偿还风险相对较大，表现为能否及时足额地还本付息。创业者可以根据利率走势，合理安排债权融资。股权融资的偿还风险相对较小，不存在还本付息的问题，它的风险只在于其使用效益的不确定性上。但是股权融资的利息需税后支付，资金成本相对较高。

（3）选择适当的筹资机会。筹资机会是客观存在的，把握筹资的机会，不仅影响着筹资的效益，还关系着筹资的风险。企业在选择筹资机会时要考虑以下几点：①要与企业经济活动的周期和财务状况相匹配；②要与企业的股票行情相匹配；③要与企业未来现金流量相匹配。

（4）采用不同渠道确定合理的筹资结构。企业筹集的资金，因为来源、方式、期限或成本的不同，其筹资风险也不同。企业全部资金来源通常可分为自有资金和借入资金、长期资金和短期资金、内部筹资和外部筹资、直接筹资和间接筹资。应将负债经营资产收益率与债务资本成本率进行对比，只有前者大于后者，才能保证本息到期归还，以实现财务杠杆收益；根据组合风险分散理论，多元化筹资可以有效地分散企业的筹资风险，单一化筹资是不现实的，也可能是非常危险或成本很高的。筹资结构的确定就是要使筹资组合中各筹资方式所占比例能将筹资风险最小化的同时又将加权资金成本最小化。

（5）加强财务监控机制。近年来，党中央反复强调要加强金融监控，并加大了监管力度，但一些企业的金融风险仍有增无减。其原因主要是企业重视了外部环境的制约，而对内控制度的建设关注不够。作者认为，财务管理在企业管理中具有核心地位和作用，要防范金融风险，建立内控机制，必须强调和发挥财务的管理与监督职能，健全财务监控机制，不断提高财务管理人员的风险意识。财会部门除了自觉地搞好规范化、标准化、制度化建设以外，还必须通过特有的核算和监督手段，去调节、制约整个企业的营运过程，使其沿着健康的轨道运行。财会人员应积极参与企业管理，使自身的理财意识不再仅仅限于传统的“增收节支”，更要增强理财技能，深刻理解和认识亟须研究解决的配置资源、重组资产、优化资本结构、缓解债务负担、加速资金周转、提高资金使用效率等问题，这必然影响金融风险的及时化解和消除。面对不断变化的财务管理环境，企业应设置高效的财务管理机构，配备高素质的财务管理人员，健全财务管理规章制度，强化财务管理的各项基础工作，使企业财务管理系统有效运行，以防范因财务管理系统不适应环境变化而产生的财务风险。为了把好投资、融资项目关，企业应建立健全约束机制，提高资金使用效益，规避金融风险，成立投融资项目审查委员会。各下属业务单位根据需要成立审查小组，制定、实施一整套审查规定。

# 主题三　创业财务核算

财务核算是以货币为主要计量单位，采用一系列专门方法，对企业实际发生的经济活动进行记录、确认、计量等，并提供真实财务信息的一项管理活动。

## 一、财务核算概述

### （一）财务核算的含义与特点

财务核算的特点有以下几个：以货币为主要计量单位；对企业实际发生的经济活动进行核算，具体表现是要有真实合法的财务凭证；具有连续性、系统性、全面性、综合性。

### （二）财务核算机构与人员

1. 财务核算机构。各企业、各单位应按照《中华人民共和国会计法》（以下简称

《会计法》）的规定设置财务机构。财务机构是企业单位的组成部分，它与企业的供应机构、生产机构、销售机构一样，都是企业的职能部门。财务机构通常包括财务科、财务部、财务组等。在现代企业中，财务核算与财务管理职能分离，财务机构的设置要取决于企业规模和财务工作的繁简程度。规模较大的企业，在财务机构内设置的岗位较细、较多。规模较小的企业，可以设置一个简单的财务机构。不具备设置财务机构条件的企业，可委托经批准设立从事会计代理记账业务的中介机构代理记账。

2. 财务核算人员。一个财务机构至少要有一名会计人员和一名出纳人员。在机构内各个岗位之间应建立内部稽核制度，财务人员管“账”，出纳人员管“钱”，出纳人员不得兼任稽核、会计档案保管，以及收入、支出、费用、债权债务账目的登记工作。选用具备从事会计专业技术的人员担任财务工作人员。

### （三）财务核算对象

会计要素是财务核算对象的具体表现，是构建财务报表的基本指标。企业的经济活动是以交易或事项的形式表现的，这些交易或事项所反映的经济活动多种多样，人们将其中内容相同的事项加以归类，得到资产、负债、所有者权益、收入、费用及利润6个要素。

## 二、财务凭证

### （一）财务凭证的分类

财务凭证又称会计凭证，是指具有一定格式，用以记录经济业务的发生和完成情况，明确经济责任，作为记账依据的书面证明，是重要的财务资料。

按照填制程序和用途不同，财务凭证可分为原始凭证和记账凭证。

1. 原始凭证是在经济业务发生时取得或填制的，用以证明经济业务的发生或者完成情况，并作为记账原始依据的财务凭证。

（1）原始凭证的分类。

①按取得来源分类，原始凭证包括外来原始凭证与自制原始凭证。

②按填制方法分类，原始凭证包括一次性原始凭证、累计原始凭证及汇总原始凭证。

（2）企业原始凭证主要有以下几类。

①增值税专用发票（见图5－3）。

×××增值税专用发票

开票日期：　　年　　月　　日

<table>
<tr><td rowspan="2">购货单位</td><td>名称</td><td colspan="3"></td><td colspan="9">纳税人登记号</td><td colspan="10"></td></tr>
<tr><td>地址、电话</td><td colspan="3"></td><td colspan="9">开户银行及账号</td><td colspan="10"></td></tr>
<tr><td colspan="2" rowspan="2">货物或应税劳务名称</td><td rowspan="2">计量单位</td><td rowspan="2">数量</td><td rowspan="2">单价</td><td colspan="9">金额</td><td rowspan="2">税率/%</td><td colspan="9">税额</td></tr>
<tr><td>百</td><td>十</td><td>万</td><td>千</td><td>百</td><td>十</td><td>元</td><td>角</td><td>分</td><td>百</td><td>十</td><td>万</td><td>千</td><td>百</td><td>十</td><td>元</td><td>角</td><td>分</td></tr>
<tr><td colspan="2"></td><td></td><td></td><td></td><td></td><td></td><td></td><td></td><td></td><td></td><td></td><td></td><td></td><td></td><td></td><td></td><td></td><td></td><td></td><td></td><td></td><td></td></tr>
<tr><td colspan="2"></td><td></td><td></td><td></td><td></td><td></td><td></td><td></td><td></td><td></td><td></td><td></td><td></td><td></td><td></td><td></td><td></td><td></td><td></td><td></td><td></td><td></td></tr>
<tr><td colspan="2"></td><td></td><td></td><td></td><td></td><td></td><td></td><td></td><td></td><td></td><td></td><td></td><td></td><td></td><td></td><td></td><td></td><td></td><td></td><td></td><td></td><td></td></tr>
<tr><td colspan="2">合计</td><td></td><td></td><td></td><td></td><td></td><td></td><td></td><td></td><td></td><td></td><td></td><td></td><td></td><td></td><td></td><td></td><td></td><td></td><td></td><td></td><td></td></tr>
<tr><td colspan="2">价税合计（大写）</td><td colspan="22">仟　佰　拾　万　仟　佰　十　元　角　分　¥</td></tr>
<tr><td rowspan="2">销货单位</td><td>名称</td><td colspan="3"></td><td colspan="9">纳税人登记号</td><td colspan="10"></td></tr>
<tr><td>地址、电话</td><td colspan="3"></td><td colspan="9">开户银行及账号</td><td colspan="10"></td></tr>
<tr><td>备注</td><td colspan="23"></td></tr>
</table>

第二联：发票联　购货方记

收款人：　　　　　　　　　　　　　　　开票单位：（签章）

**图 5-3　×××增值税专用发票**

②普通发票，是相对于增值税专用发票而言的，是指在销售商品、提供或接受劳务及从事其他经营活动时，所开具和收取的除增值税专用发票之外的其他发票。

③入库单，是企业购买材料、商品或自制产品验收入库时由仓库保管人员填制的原始凭证。

④领料单，是用料部门从仓库领出材料时由领料人填制的原始凭证。

⑤限额领料单，又称为定额领料单，是指当月或一定期间在规定限额内可以多次使用，凭此领发材料的一种累计凭证。

⑥工资结算单，企业为了同职工办理工资结算手续，一般可按车间、部门编制工资结算单，计算对每一职工的应付工资、代扣款项和实发工资。

⑦借款单，是指单位内部所属机构为购买零星办公用品或职工因公出差等向出纳员借款时使用的借款原始凭证。

⑧现金支票，是出票人签发的，委托办理支票存款业务的银行在见票时无条件支付特定金额给收款人或者持票人的票据。

⑨转账支票，其填写方法与现金支票基本相同，但转账支票还要再填写一份一式三联的进账单。进账单上应正确地填写对方的公司名称和账号等相关内容。

2. 记账凭证是会计人员根据审核无误的原始凭证或汇总原始凭证，来确定经济业务应借、应贷的会计科目和金额而填制的，作为登记账簿直接依据的财务凭证。

记账凭证包括专用记账凭证和通用记账凭证。

（1）专用记账凭证。专用记账凭证包括收款凭证、付款凭证、转账凭证。

（2）通用记账凭证。通用记账凭证是既可以反映收付款业务，又可以反映转账业务的记账凭证，其格式与转账凭证相同。经济业务简单或收付款业务不多的单位可使用通用记账凭证（见图5－4）。

通用记账凭证

| 摘要 | 总账科目 | 明细科目 | √ | 借方金额 | √ | 贷方金额 |
|---|---|---|---|---|---|---|
| | | | | | | |
| | | | | | | |
| | | | | | | |
| | | | | | | |
| | | | | | | |

附件××张

**图5－4　通用记账凭证**

（二）财务凭证的传递与保管

1. 财务凭证的传递是指财务凭证从填制到归档保管的整个过程，在单位内部各有关部门和人员之间的传递程序和传递时间。

2. 财务凭证的保管。每月记账完毕，都要对本月各种记账凭证加以整理，检查有无缺号和附件是否齐全。然后，将财务凭证按顺序号排列，装订成册，并指定专人负责。

## 三、财务账簿

《会计法》第十三条规定，会计凭证、会计账簿、财务会计报告和其他会计资料，必须符合国家统一的会计制度的规定。各单位必须依法设置会计账簿，并保证其真实、完整。会计账簿、财务报告和其他财务资料，必须符合国家统一的会计制度的规定。对于不依法设置会计账簿、私设会计账簿、登记会计账簿不符合规定，以及伪造、变造会计账簿的行为根据情节轻重分别给予行政处分和经济处罚，严重的要追究刑事责任。

（一）财务账簿的含义

财务账簿又称为会计账簿，是指由具有一定格式、按一定形式相互联结的账页组成的，以凭证为依据，对全部经济业务进行记录与核算的簿籍。

（二）财务账簿的种类

1. 按用途分类。

（1）序时账簿，又称为日记账，是按照经济业务发生或完成时间的先后顺序，逐日逐笔进行登记的账簿。序时账簿按照记录内容的不同，可分为普通日记账和特种日记账。

（2）分类账簿，是对全部经济业务事项按总分类账户和明细分类账户进行分类登记的账簿。

（3）辅助账簿，又称为备查账簿，是对某些在序时账簿和分类账簿中未能登记或登记不够详细的经济业务事项进行补充登记的账簿。

2. 按外表形式分类。

（1）订本式账簿，是在启用前将编有顺序页码的一定数量账页装订成册的账簿。订本式账簿一般适用于总分类账、现金日记账、银行存款日记账。

（2）活页式账簿，是将一定数量的账页置于活页夹内，可根据记账内容的变化而随时增加或减少部分账页的账簿。各种明细分类账一般采用活页账形式。

（3）卡片式账簿，是将一定数量的卡片式账页存放于专页的卡片箱内，可以根据需要随时增添账页的账簿。我国企业一般只对固定资产的核算采用卡片式账簿。

3. 财务账簿按账页格式分类。

（1）三栏式账簿，是指设有借方、贷方和余额 3 个金额栏目的账簿。三栏式账簿可分为设对方科目和不设对方科目两种。各种日记账、总账，以及资本、债权、债务明细账都可以采用三栏式账簿（见图 5－5～图 5－7）。

总分类账

财务科目　　　　　　　　　　　　　　　　　　　　　第　页

| 年 | | 记账凭证 | | 摘要 | 借方 | 贷方 | 借或贷 | 余额 |
|---|---|---|---|---|---|---|---|---|
| 月 | 日 | 种类 | 号数 | | | | | |
| | | | | | | | | |

**图 5－5　总分类账**

×××明细账

类别： 品名和规格：

编号： 计量单位： 存放地点： 第 页

| 年 | | 记账凭证 | | 摘要 | 借方 | | | 贷方 | | | 余额 | | |
|---|---|---|---|---|---|---|---|---|---|---|---|---|---|
| 月 | 日 | 种类 | 号数 | | 数量 | 单价 | 金额 | 数量 | 单价 | 金额 | 数量 | 单价 | 金额 |
| | | | | | | | | | | | | | |

图 5-6 ×××明细账（一）

×××明细账

第 页

| 年 | | 记账凭证 | | 摘要 | 借（贷）方 | | | | | 贷（借）方 | 余额 |
|---|---|---|---|---|---|---|---|---|---|---|---|
| 月 | 日 | 种类 | 号数 | | | | | …… | 合计 | | |
| | | | | | | | | | | | |

图 5-7 ×××明细账（二）

（2）多栏式账簿是在账簿的两个金额栏目（借方和贷方）按需要分设若干专栏的账簿。

（3）数量金额式账簿是采用数量和金额双重记录的账簿。原材料账户、库存商品账户、固定资产账户等一般采用数量金额式账簿。

（三）账簿的设置与登记

1. 账簿的设置。

（1）现金日记账通常使用订本式账簿，由设有“借方（或收入）”“贷方（或支出）”“余额（或结余）”三栏式结构的账页组成。

（2）银行存款日记账一般采用订本式账簿，由设有“借方（或收入）”“贷方（或支出）”“余额（或结余）”三栏式基本结构的账页组成。

（3）总分类账一般只提供货币指标，通常采用三栏式订本账簿，其基本结构为“借方”“贷方”“余额”三栏。

（4）三栏式明细分类账的格式与总分类账的格式相同，也使用“借方”“贷方”“余额”三栏式账页。

（5）多栏式明细分类账，一般在“借方”或“贷方”栏下设立若干专栏，也可在“借方”“贷方”栏下分别设立若干栏，以便集中反映各账户有关明细项目的详细资料。

（6）数量金额式明细分类账也采用“借方”“贷方”“结存”三栏式的基本结构，但在每栏下面，又分别设置“数量”“单价”“金额”三个小栏目。

2. 账簿登记的内容。小企业的财务账簿至少应当对现金余额、应收款项、存货、机器设备等资产情况和应发工资、应付款项、应交税费、银行借款等负债情况，以及企业的收入、费用和利润等情况进行记录。

3. 账簿登记的规则。

（1）财务人员必须根据审核无误的财务凭证及时登记各种账簿。

（2）登记账簿后，应在记账凭证的“记账”或“过账”栏内注明账簿的页数或用“√”符号表示已登记入账，并在相应的记账凭证上签章。

（3）登记账簿时，必须使用蓝色、黑色或者碳素墨水书写，不得使用铅笔或圆珠笔（银行的复写账簿除外）。

（4）账簿记录的文字必须清晰、端正，摘要内容清楚、简洁；数字书写规范。

（5）登记账簿必须按照事先编定的页次，逐页、逐行顺序连续记录，不得隔页、缺号、跳行。

（6）各账户结出余额后，应当在“借或贷”栏内写明“借”或“贷”等字样。没有余额的账户用“0”表示。

（7）每一账页登记完毕，应在本账页最末一行加计本页发生额及余额。

（8）账簿记录发生错误时，按照规定的更正错账的方法予以更正。

### （四）结账

（1）月度结账，又称为月结。它是指财务人员在月末，对本月度所发生的财务收入与支出进行结算汇总。

（2）季度结账，又称为季结。它是指财务人员在季末，对本季度所发生的财务收入与支出进行结算汇总。

（3）年度结账，又称为年结。它是指财务人员在年末，对本年度所发生的财务收入与支出进行结算汇总。

### （五）财务账簿的保管

（1）财务账簿、财务凭证和财务报表等都是企业的重要档案，必须妥善保管，不得随意丢失和销毁。

（2）对于活页账簿，财务人员应在年末结账后装订成册，并加上封面，统一编号后归档。

（3）各种账簿应按年度分类归档，保证各种账簿的安全和完整。

（4）各种账簿的保管年限和销毁的审批，应按财务制度规定严格执行。

## 四、财务报表

### （一）财务报表概述

1. 财务报表的含义。财务报表是根据账簿上记录的资料，经过整理、归类、汇总而编制的，能反映企业某一特定时点的财务状况，以及一定时期的经营成果和现金流动情况的书面文件。

2. 财务报表的作用。财务报表是财务报告的主要组成部分，它所提供的会计信息具有重要作用，主要体现在以下几个方面。

（1）为企业的投资者进行投资决策提供必要的信息资料。

（2）为企业的债权人提供有关企业债务偿还能力和支付能力的信息资料。

（3）为有关政府部门进行宏观调控，制定经济政策提供依据。

（4）为企业的经营者和职工对企业进行日常管理活动提供必要的信息资料。

（5）为其他报表使用者提供财务参考信息。

### （二）财务报表分类

1. 按反映的内容，财务报表可分为资产负债表、利润表、现金流量表、其他各种附表。

2. 按编报时间不同，财务报表可分为月报表、季报表、年报表。

3. 按编制单位不同，财务报表可分为基层报表、汇总报表、合并报表。

### （三）编制财务报表前的基础工作

（1）结清账户结账之前，企业对所有已经发生的收入、支出、债权、债务、应该摊销或预提的费用，以及其他已经发生并完成的经营活动和财务收支事项应已全部登记入账，在此基础上结出所有总账和明细账余额。

（2）对账并进行检查核对各种账簿记录，在编表之前必须进行审查核对，做到账账相符、账证相符；对财产物资进行盘点清查，并进行相关账务处理，以求账实相符。

（3）编制余额试算平衡表。

### （四）财务报表的编制

1. 资产负债表。

（1）资产负债表的含义。企业资金运动处于静态状况时，表现为一定时点上的资产总值和权益总值（包括负债和所有者权益），体现了资金的使用和资金的来源两个方面。其中，资产各项目反映了资金的使用情况，负债和所有者权益各项目反映了资金的来源情况。

（2）资产负债表的作用。资产负债表较全面地提供了企业在某一特定日期的财务状况，包括企业所拥有的各种经济资源（资产）、企业所负担的债务（负债）及企业所有者在企业里所享有的权益（所有者权益）。资产负债表的重要作用主要体现在以下几个方面。

①有助于了解企业所掌握的经济资源及其分布情况。资产负债表中资产方反映了企业拥有或控制的经济资源总额。企业占用的经济资源反映了未来经济利益，据此，信息使用者可以了解、判断企业的规模、实力及未来的发展潜力。由于不同的经济资源给企业带来的未来经济利益是不一样的，资产负债表通常将企业拥有的资产按经济性质、用途等进行分类。信息使用者可据此了解企业拥有或控制的经济资源的具体构成情况，判断其经济资源结构的合理性。

②有助于分析、评价、预测企业的偿债能力。偿债能力是指企业以其资产偿付债务的能力，一般分为短期偿债能力和长期偿债能力。在资产负债表中，资产、负债等项目通常按其流动性排列，这种排列方式有助于信息使用者评估不同类别资产的变现能力，预测未来现金流入的金额、时间及其不确定性；有助于评估不同类别负债偿还的先后顺序，预测未来现金流出的金额、时间顺序及其不确定性；有助于根据有关资产项目和负债项目的对比来评价企业的短期偿债能力。

③有助于预测企业未来的财务趋势。信息使用者通过企业债务规模、债务结构及与所有者权益的对比，可以分析企业向投资者及其债权人筹措资金的能力；通过对企业利润及营业收入和资产总额等的分析，可预测企业未来的发展趋势。

（3）资产负债表采用账户式的格式。账户式资产负债表是将报表项目自上而下排列，最上方列示资产项目，接着列示负债项目，最下方列示所有者权益项目。资产负债表（简表）的格式如表 5－2 所示。

**表 5－2** **资产负债表** 会企 01 表

编制单位： 年 月 日 单位：元

| 资产 | 期末余额 | 上年年末余额 | 负债和所有者权益 | 期末余额 | 上年年末余额 |
|---|---|---|---|---|---|
| 流动资产： | | | 流动负债： | | |
| 货币资金 | | | 短期借款 | | |
| 应收票据 | | | 应付票据 | | |
| 应收账款 | | | 交易性金融负债 | | |
| 交易性金融资产 | | | 预收款项 | | |

续表

| 资产 | 期末余额 | 上年年末余额 | 负债和所有者权益 | 期末余额 | 上年年末余额 |
|---|---|---|---|---|---|
| 预付款项 | | | 应付账款 | | |
| 其他应收款 | | | 应付职工薪酬 | | |
| 存货 | | | 应交税费 | | |
| 一年内到期的非流动资产 | | | 其他应付款 | | |
| 其他流动资产 | | | 一年内到期的非流动负债 | | |
| 流动资产合计 | | | 其他流动负债 | | |
| | | | 流动负债合计 | | |
| 非流动资产： | | | 非流动负债： | | |
| 长期应收款 | | | 长期借款 | | |
| 长期股权投资 | | | 其他非流动负债 | | |
| 固定资产净值 | | | 非流动负债合计 | | |
| 在建工程 | | | 负债合计 | | |
| | | | 所有者权益： | | |
| | | | 实收资本 | | |
| 无形资产 | | | 资本公积 | | |
| 其他非流动资产 | | | 盈余公积 | | |
| 非流动资产合计 | | | 未分配利润 | | |
| | | | 所有者权益合计 | | |
| 资产总计 | | | 负债和所有者权益总计 | | |

（4）资产负债表的基本原理。企业资金的使用和资金的来源之间存在平衡关系，表现为“资产＝负债＋所有者权益”。这一基本财务等式不仅是资金平衡的理论依据，还是编制资产负债表的理论基础。

（5）资产类项目的填报方法及内容。

“货币资金”项目反映企业“库存现金”“银行存款”“其他货币资金”的合计。

“应收账款”项目反映企业因销售商品、提供劳务等经营活动应收取的款项。

“预付款项”项目反映企业按照购货合同规定预付给供应单位的款项等。

“其他应收款”项目反映企业应收股利、应收利息、其他应收款等科目期末余额的合计数，减去坏账准备科目中相关期末余额后的余额数。

“存货”项目反映企业期末在库、在途和在加工中的各种存货的可变现净值，包括原材料、库存商品等的价值。

“一年内到期的非流动资产”项目反映企业将于一年内到期的非流动资产项目金额。

“其他流动资产”项目反映企业除货币资金、应收账款、应收利息、应收股利、其他应收款、存货等流动资产以外的其他流动资产。

“长期应收款”项目反映企业融资租赁产生的应收款项、采用递延方式具有融资性质的销售商品和提供劳务等产生的长期应收款项等。

“长期股权投资”项目反映企业持有的对子公司、联营企业和合营企业的长期股权投资。

“固定资产”项目反映企业各种固定资产原价减去累计折旧和累计减值准备后的净额。

“在建工程”项目反映企业期末各项未完工程的实际支出，包括交付安装的设备价值、未完工建筑安装工程已耗用的材料、工资和费用支出、预付出包工程的价款等可收回金额。

“无形资产”项目反映企业持有的无形资产，包括专利权、非专利技术、商标权、著作权、土地使用权等。

“其他非流动资产”项目反映企业除长期股权投资、固定资产、在建工程、无形资产等资产以外的其他非流动资产。

（6）负债类项目的填报方法及内容。

“短期借款”项目反映企业向银行或其他金融机构等借入的期限在1年以下（含1年）的各种借款。

“应付账款”项目反映企业因购买材料、商品和接受劳务供应等经营活动应支付的款项。

“预收款项”项目反映企业按照销货合同规定预收购货单位的款项。

“应付职工薪酬”项目反映企业根据有关规定应付给职工的工资、职工福利、社会保险费、住房公积金、工会经费、职工教育经费、非货币性福利、辞退福利等各种薪酬。

“应交税费”项目反映企业按照税法规定计算应交纳的各种税费，包括增值税、消费税、营业税、所得税、资源税、土地增值税、城市维护建设税、房产税、土地使用税、车船税、教育费附加、矿产资源补偿费等。

“其他应付款”项目反映企业其他应付股利、应付利息、其他应付款等经营活动的其他各项应付、暂收的款项。

“一年内到期的非流动负债”项目，反映企业非流动负债中将于资产负债表日后一年内到期部分的金额，如将于一年内偿还的长期借款。

“其他流动负债”项目反映企业除短期借款、交易性金融负债、应付票据、应付账款、应付职工薪酬、应交税费等流动负债以外的其他流动负债。

“长期借款”项目反映企业向银行或其他金融机构借入的期限在一年以上（不含一年）的各项借款。

“其他非流动负债”项目反映企业除长期借款、应付债券等负债以外的其他非流动负债。

（7）所有者权益类项目的填报方法及内容。

“实收资本”项目反映企业各投资者实际投入的资本（或股本）总额。

“资本公积”项目反映企业资本公积的期末余额。

“盈余公积”项目反映企业盈余公积的期末余额。

“未分配利润”项目反映企业尚未分配的利润。

【例5－6】黎明创业公司2021年9月发生的经济业务情况以及8月的资产负债情况如表5－3和表5－4所示。根据以上资料编制该公司2021年9月的资产负债表。

**表5－3**　　**账户余额表**

编制单位：黎明创业公司　　2021年9月30日　　单位：元

| 借方 | 期末余额 | 上年年末余额 | 负债和所有者权益 | 期末余额 | 上年年末余额 |
|---|---|---|---|---|---|
| 库存现金 | 5 000 | | 短期借款 | 60 000 | |
| 银行存款 | 35 000 | | 应付账款 | 50 000 | |
| 应收账款 | 20 000 | | 其他应付款 | | |
| 其他应收款 | | | 应付职工薪酬 | | |
| 原材料 | 150 000 | | 应交税费 | 10 000 | |
| 库存商品 | 120 000 | | | | |
| 周转材料 | 10 000 | | 其他流动负债 | | |
| 长期股权投资 | | | 长期借款 | 30 000 | |
| 固定资产 | 340 000 | | 累计折旧 | 30 000 | |
| 长期待摊费用 | | | 实收资本 | 500 000 | |
| 在建工程 | | | 资本公积 | | |
| 无形资产 | | | 盈余公积 | | |
| | | | 本年利润 | | |
| 借方余额总计 | 680 000 | | 贷方余额总计 | 680 000 | |

**表5－4**　　**资产负债表**

编制单位：黎明创业公司　　2021年8月31日　　单位：元

| 资产 | 期末余额 | 上年年末余额 | 负债和所有者权益 | 期末余额 | 上年年末余额 |
|---|---|---|---|---|---|
| 流动资产： | | | 流动负债： | | |
| 货币资金 | 30 000 | 25 000 | 短期借款 | 50 000 | 40 000 |
| 交易性金融资产 | | | 交易性金融负债 | | |
| 应收票据 | | | 应付票据 | | |
| 应收账款 | 10 000 | 5 000 | 应付账款 | 10 000 | 10 000 |

续表

| 资产 | 期末余额 | 上年年末余额 | 负债和所有者权益 | 期末余额 | 上年年末余额 |
|---|---|---|---|---|---|
| 存货 | 260 000 | 250 000 | 应付职工薪酬 | | |
| | | | 应交税费 | 10 000 | |
| 其他应收款 | | | 其他应付款 | | |
| 一年内到期的非流动资产 | | | 一年内到期的非流动负债 | | |
| 其他流动资产 | | | 其他流动负债 | | |
| 流动资产合计 | 300 000 | 280 000 | 流动负债合计 | 70 000 | 50 000 |
| 非流动资产： | | | 非流动负债： | | |
| 长期股权投资 | | | 长期借款 | 30 000 | 30 000 |
| 固定资产净值 | 270 000 | 300 000 | 其他非流动负债 | | |
| 无形资产 | | | 非流动负债合计 | 30 000 | 30 000 |
| 其他非流动资产 | | | 负债合计 | 100 000 | 80 000 |
| 非流动资产合计 | 300 000 | 300 000 | 所有者权益： | | |
| | | | 实收资本 | 500 000 | 500 000 |
| | | | 资本公积 | | |
| | | | 盈余公积 | | |
| | | | 未分配利润 | | |
| | | | 所有者权益合计 | 500 000 | 500 000 |
| 资产总计 | 600 000 | 580 000 | 负债和所有者权益总计 | 600 000 | 580 000 |

解答：根据以上资料编制的该公司 2021 年 9 月 30 日的资产负债表如表 5－5 所示。

**表 5－5　　资产负债表**

编制单位：黎明创业公司　　2021 年 9 月 30 日　　单位：元

| 资产 | 期末余额 | 上年年末余额 | 负债和所有者权益 | 期末余额 | 上年年末余额 |
|---|---|---|---|---|---|
| 流动资产： | | | 流动负债： | | |
| 货币资金 | 40 000 | 25 000 | 短期借款 | 60 000 | 40 000 |
| 交易性金融资产 | | | 交易性金融负债 | | |
| 应收票据 | | | 应收票据 | | |
| 应收账款 | 20 000 | 5 000 | 应付账款 | 50 000 | 10 000 |
| 其他应收款 | | | 应交税费 | | |
| 存货 | 280 000 | 250 000 | 应付职工薪酬 | | |
| 一年内到期的非流动资产 | | | 其他应付款 | 10 000 | |
| 其他流动资产 | | | 一年内到期的非流动负债 | | |
| | | | 其他流动负债 | | |
| 流动资产合计 | 340 000 | 280 000 | 流动负债合计 | 120 000 | 50 000 |

续表

| 资产 | 期末余额 | 上年年末余额 | 负债和所有者权益 | 期末余额 | 上年年末余额 |
|---|---|---|---|---|---|
| 非流动资产： | | | 非流动负债： | | |
| 长期股权投资 | | | 长期借款 | 30 000 | 30 000 |
| 固定资产净值 | 310 000 | 300 000 | 其他非流动负债 | | |
| 无形资产 | | | 非流动负债合计 | 30 000 | 30 000 |
| 其他非流动资产 | | | 负债合计 | 150 000 | 80 000 |
| 非流动资产合计 | 310 000 | 300 000 | 所有者权益： | | |
| | | | 实收资本 | 500 000 | 500 000 |
| | | | 资本公积 | | |
| | | | 盈余公积 | | |
| | | | 未分配利润 | | |
| | | | 所有者权益合计 | 500 000 | 500 000 |
| 资产总计 | 650 000 | 580 000 | 负债和所有者权益总计 | 650 000 | 580 000 |

2. 利润表。

（1）利润表的含义。利润表又称为损益表，是反映企业一定财务期间（如月度、季度、半年度或年度）生产经营成果的财务报表。它把企业一定期间的收入与同一期间相关的费用进行配比，计算出该特定期间的净利润（或净亏损）。

（2）利润表的作用。利润表可以反映企业一定财务期间的收入实现情况；可以反映一定财务期间的费用情况；可以反映企业生产经营活动的成果，即净利润的实现情况；可以将销货成本与存货平均余额进行比较，计算出存货周转率；可以将净利润与资产总额进行比较，计算出资产收益率等；可以表现企业资金周转情况及企业的盈利能力和水平，便于财务报表使用者判断企业未来的发展趋势，为决策者提供依据或参考。

（3）利润表的格式。多步式利润表实际上是运用财务核算原则中的配比原则，即把收入和为了取得收入所发生的费用，按性质归类，按利润形成的主要环节列示一些中间性指标，分步计算出当期净损益。因为利润是分步计算出来的，所以人们称这种利润表为多步式利润表。我国使用的是多步式利润表，其格式如表 5－6 所示。

**表 5－6**　　**利润表**　　会企 02 表

编制单位：　　年　月　　单位：元

| 项目 | 本期金额 | 上期金额 |
|---|---|---|
| 一、营业收入 | | |
| 减：营业成本 | | |
| 　　税金及附加 | | |

续表

| 项目 | 本期金额 | 上期金额 |
|---|---|---|
| 销售费用 | | |
| 管理费用 | | |
| 研发费用 | | |
| 财务费用 | | |
| 加：投资收益 | | |
| 加：其他收益 | | |
| 二、营业利润（亏损以“-”号填列） | | |
| 加：营业外收入 | | |
| 减：营业外支出 | | |
| 三、利润总额（亏损以“-”号填列） | | |
| 减：所得税费用 | | |
| 四、净利润（净亏损以“-”号填列） | | |

（4）利润表的基本原理。利润表是根据“收入-费用=利润”的基本关系编制的，其具体内容取决于收入、费用、利润等财务要素，利润表项目是收入、费用和利润要素内容的具体体现。从反映企业经营资金运动的角度来看，它是一种反映企业经营资金动态表现的报表，主要提供有关企业经营成果方面的信息，属于动态财务报表。

（5）利润表的主要内容。

①构成营业利润的各项要素。从主营业务收入出发，减去为取得营业收入而发生的相关费用、税金，扣除减营业费用、管理费用、财务费用后得出营业利润。

②构成利润总额（或亏损总额）的各项要素。利润总额（或亏损总额）在营业利润的基础上，加（减）投资收益（损失）、其他收益、营业外收支后得出。

③构成净利润（或净亏损）的各项要素。净利润（或净亏损）在利润总额（或亏损总额）的基础上，减本期计入损益的所得税费用后得出。

在利润表中，企业通常按各项收入、费用及构成利润的各个项目分类分项列示。也就是说，收入按其重要性进行列示，主要包括营业收入、投资收益、其他收益；费用按其性质进行列示，主要包括营业成本、税金及附加、管理费用、财务费用、所得税费用等；还包括营业外收入与营业外支出等；利润按营业利润、利润总额和净利润等利润的构成分类分项列示。

【例5-7】黎明创业公司2021年12月各项目的账户发生额如下：①营业收入112万元；②营业成本69万元；③税金及附加3万元；④销售费用6万元；⑤管理费用5.2万元；⑥财务费用2万元；⑦投资收益1万元；⑧其他收益2万元；⑨营业外收入1.2万元；⑩营业外支出1万元。

要求：（1）根据以上各项目的账户的发生额编制利润表。

（2）计算公司的利润总额、所得税费用（所得税税率为25%）及净利润。

解答：由题干可知以下内容。

（1）根据以上资料编制该公司2021年12月的利润表（见表5－7）。

**表5－7**　　**利润表**　　会企02表

编制单位：黎明创业公司　　2021年12月　　单位：元

| 项目 | 本期金额 | 上期金额 |
|---|---|---|
| 一、营业收入 | 1 120 000 | |
| 减：营业成本 | 690 000 | |
| 税金及附加 | 30 000 | |
| 销售费用 | 60 000 | |
| 管理费用 | 52 000 | |
| 财务费用 | 20 000 | |
| 加：投资收益 | 10 000 | |
| 加：其他收益 | 20 000 | |
| 二、营业利润（亏损以“－”号填列） | 298 000 | |
| 加：营业外收入 | 12 000 | |
| 减：营业外支出 | 10 000 | |
| 三、利润总额（亏损以“－”号填列） | 3 000 000 | |
| 减：所得税费用 | 75 000 | |
| 四、净利润（净亏损以“－”号填列） | 225 000 | |

（2）公司的利润总额、所得税费用（所得税税率为25%）及净利润如下。

利润总额＝主营业务收入100万元－主营业务成本60万元－税金及附加3万元＋其他业务收入12万元－其他业务成本9万元－销售费用6万元－管理费用5.2万元－财务费用2万元＋投资收益1万元＋补贴收入2万元＋营业外收入1.2万元－营业外支出1万元＝30万元。

所得税费用＝30×25%＝7.5（万元）。

净利润＝30－7.5＝22.5（万元）。

## ▶ 项目训练

### 活动一　编写创业的资产负债表案例

请根据自己的创业项目内容，完成资产负债表与企业利润表（见表5－8）。

**表 5－8**　　**资产负债表**　　会企 01 表

编制单位：　　年　月　　单位：元

| 资产 | 期末余额 | 上年年末余额 | 负债和所有者权益 | 期末余额 | 上年年末余额 |
|---|---|---|---|---|---|
| 流动资产： | | | 流动负债： | | |
| 货币资金 | | | 短期借款 | | |
| 应收账款 | | | 应付账款 | | |
| 预付款项 | | | 预收款项 | | |
| 其他应收款 | | | 应付职工薪酬 | | |
| 存货 | | | 应交税费 | | |
| 一年内到期的非流动资产 | | | 其他应付款 | | |
| 其他流动资产 | | | 一年内到期的非流动负债 | | |
| 流动资产合计 | | | 其他流动负债 | | |
| | | | 流动负债合计 | | |
| 非流动资产： | | | 非流动负债： | | |
| 长期应收款 | | | 长期借款 | | |
| 长期股权投资 | | | 其他非流动负债 | | |
| 固定资产 | | | 非流动负债合计 | | |
| 在建工程 | | | 负债合计 | | |
| | | | 所有者权益： | | |
| | | | 实收资本 | | |
| 无形资产 | | | 资本公积 | | |
| 其他非流动资产 | | | 盈余公积 | | |
| 非流动资产合计 | | | 未分配利润 | | |
| | | | 所有者权益合计 | | |
| 资产总计 | | | 负债和所有者权益总计 | | |

## 活动二　编制与分析简化企业利润表案例（见表 5－9）

**表 5－9**　　**利润表（简化）**　　会企 02 表

编制单位：　　年　月　　单位：元

| 项目 | 本期金额 | 上期金额 |
|---|---|---|
| 一、营业收入 | | |
| 减：营业成本 | | |
| 　　税金及附加 | | |
| 　　销售费用 | | |
| 　　管理费用 | | |

续表

| 项目 | 本期金额 | 上期金额 |
|---|---|---|
| 财务费用 | | |
| 加：其他收益（投资收益） | | |
| 二、营业利润（亏损以“－”号填列） | | |
| 加：营业外收入 | | |
| 减：营业外支出 | | |
| 三、利润总额（亏损以“－”号填列） | | |
| 减：所得税费用 | | |
| 四、净利润（净亏损以“－”号填列） | | |

## 笔记区

# 单元六　如何设计商业模式

## ☞ 单元概述

商业模式是创业者创业活动的蓝图和工具，它不仅可以为创业活动提供指导，也能为既有企业的经营提供指导。商业模式是一个企业得以运转的底层逻辑和商业基础，如果没有弄清楚一家企业的商业模式，就开始运作一家企业，那就是无本之木，无源之水。完善的商业模式可以让一家企业更加科学合理，有的放矢地去运营，最终实现企业成功的经营与管理。

## ☞ 学习目标

**知识目标：**

（1）了解商业模式的内涵；

（2）理解商业模式的构成要素；

（3）知道商业画布的要素。

**技能目标：**

（1）利用商业模式的要素分析企业的商业模式；

（2）能够利用商业画布设计商业模式。

**素养目标：**

（1）能够通过小组任务活动增强任务分工与合作的能力；

（2）在设计商业模式中能够增强全面辩证看问题的意识。

## 主题一　商业模式概述

### 案例：四川航空的“免费车”

四川航空股份有限公司（以下简称川航）是一家传统企业，但它推出的一种商业模式让其他几大航空公司都望尘莫及——搭乘川航的乘客可以乘坐免费车辆进入市区。

但川航在这个过程里一分钱都没花，甚至还赚了钱。原因就是它做了一件事——众筹，利用互联网的聚集优势“以小博大”，通过搭建平台、整合资源，实现资源利用的最大化。

互联网思维是如何改变这个传统行业的呢？“免费车辆”的市场售价是14.8万元，川航一次性订购150辆，并且承诺：每个驾驶员都会给该品牌的汽车做宣传并销售，最终以9万元/辆的价格拿到手；紧接着，川航把这些车以17万元/辆的价格卖给出租车驾驶员，虽然贵了两三万元，但承诺出租车驾驶员每天固定跑一条路线，每载一个乘客，川航付给他25元。由于客源、收入稳定，汽车的所有权还属于自己，驾驶员们都很乐意出这笔钱。

资料来源：孙洪义．创新创业基础［M］．北京：机械工业出版社，2017.

## 一、商业模式的内涵

商业模式最早出现在1957年，之后并没有引起太大关注。直至20世纪90年代，伴随互联网和电子商务的深入推进与发展，商业模式开始引起学者们的关注，并成为管理学研究和讨论的热点，同时也受到企业家、创业者、风险投资者等关注。关于商业模式并没有公认或统一的定义。迄今为止，商业模式至少有三四十个定义。很多企业家和创业者根据个人理解商业模式，将商业模式与管理模式混为一谈，将网络模式等同于商业模式，把商业模式等同于盈利模式，甚至错把新型商业业态当作商业模式。例如，把O2O、B2C等电子商务新业态当作商业模式等。

对于初创企业的创业者和大学生而言，不必过于追究商业模式的定义。事实上，当创业者在准备创业或正在创业时能够回答以下三个问题，并厘清和解释解决问题背后的商业逻辑，就能够定义一个好的商业模式，找到适合本企业发展的商业模式。

问题1：彼得·德鲁克之问：谁是用户？用户需要什么？

问题2：管理者之问：如何通过商业活动获得经济收益？企业能够为用户提供价值的潜在逻辑是什么？

问题3：创业者之问：我们凭什么创业？如何才能创业成功？

商业模式就是为实现各方价值最大化，把能使企业运行的内外各要素整合起来，形成一个完整的、高效率的、具有独特核心竞争力的运行系统，并通过最好的实现形式来满足客户需求、实现各方价值（各方包括客户、员工、合作伙伴、股东等利益相关者），同时使系统达成持续盈利目标的整体解决方案。它的商业逻辑即是通过商业活动为用户创造价值、传递价值、获取价值，进而获取商业利润。对于上述问题的回答就是梳理和阐明创造价值、传递价值、获取价值的商业运行逻辑。只要能够梳理清楚这个价值创造的商业运行逻辑，就能找到一个适合自己企业发展的商业模式。

## 二、商业模式的要素

商业模式的运行逻辑即创造价值（基于客户需求，提供解决方案）、传递价值（通过资源配置，活动安排来交付价值）、获取价值（通过一定的盈利模式来持续获取利润）。可见，在商业模式运行中包含各种资源要素，一个成熟的商业模式背后都会潜藏着一定的商业要素，任何人在操作的过程中，必须匹配这些要素才能够确保创业项目成功的可能性，从而形成机制。商业模式要素包含6个部分。

1. 定位。一家企业要想在市场中赢得胜利，首先必须明确自身的定位。定位就是企业应该做什么，它决定了企业应该提供什么样的产品和服务来实现客户的价值。定位是企业战略选择的结果，也是商业模式体系中其他有机部分的起点。

2. 业务系统是指企业达成定位所需要的业务环节、各合作伙伴扮演的角色以及利益相关者合作与交易的方式和内容，业务系统是商业模式的核心。

3. 关键资源能力是让业务系统运转所需要的重要的资源和能力。

4. 盈利模式指企业如何获得收入、分配成本、赚取利润。是在给定业务系统中各价值链所有权和价值链结构已确定的前提下，企业利益相关者之间利益分配格局中企业利益的表现。

5. 自由现金流结构是企业经营过程中产生的现金收入扣除现金投资后的状况，其贴现值反映了采用该商业模式的企业的投资价值。不同的现金流结构反映企业在定位、业务系统、关键资源能力以及盈利模式等方面的差异，体现企业商业模式的不同特征，并影响企业成长速度的快慢，决定企业投资价值的高低、企业投资价值递增速度以及受资本市场青睐程度。

6. 企业价值即企业的投资价值，是企业预期未来可以产生的自由现金流的贴现值。是评判企业商业模式优劣的标准。

商业模式的这6个要素是互相作用、互相决定的（见图6－1）。相同的企业定位可以通过不一样的业务系统实现；同样的业务系统也可以有不同的关键资源能力、不同的盈利模式和不一样的现金流结构。例如，业务系统相同的家电企业，有些企业可能擅长制造，有些可能擅长研发，有些则可能更擅长渠道建设；同样是门户网站，有些是收费的，而有些则不直接收费等。只要有一个要素不同，就意味着不同的商业模式。

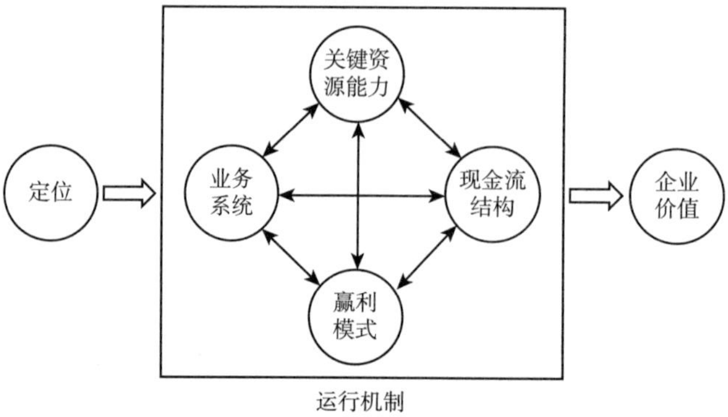


**图 6－1　商业模式构成要素的关系**

资料来源：人人都是产品经理（woshipm. com. ）.

## 三、成功商业模式的特征

成功的商业模式要能提供独特价值。这个独特的价值有时候可能是新思想，但更多时候，它往往是产品和服务独特性的组合。这种组合可以向客户提供额外的价值，使客户能用更低的价格获得同样的利益，或者用同样的价格获得更多的利益。

成功的商业模式是难以模仿的。企业通过确立自己的与众不同，如对客户的悉心照顾等，来提高行业的进入门槛，从而保证利润来源不受侵犯，如直销模式（仅凭"直销"一点，还不能称其为一个商业模式），人人都知道其如何运作，也都知道戴尔公司是直销的标杆，但很难复制戴尔的模式，原因在于"直销"的背后，是一整套完整的、极难复制的资源和生产流程。

成功的商业模式是脚踏实地的。企业要做到收入大于支出，产生利润。这个看似简单的道理要做到年复一年、日复一日地运行并不容易。现实当中的很多企业，不管是传统企业还是新型企业，对于自己的钱从何处赚来，为什么客户看中自己企业的产品和服务，实际上有哪些客户不能为企业带来利润反而在侵蚀企业的收入等关键问题，都不甚了解。

# 主题二　商业模式画布

商业模式画布是一种用于梳理商业模式的思维方式和工具，可以帮助我们描述商业模式、评估商业模式和改变商业模式，并以一种极其简练的、可视化的、一张纸的方式表现出来。它描述了企业如何创造价值、传递价值和获取价值的基本原理，展示了企业创造收入的逻辑，帮助我们更加清晰地建立商业模式有关的各种逻辑关系。通过商业画布管理者能够催生创意、降低风险、精准定位目标用户、合理解决问题、正确审视现有业务和发现新业务的机会等。

## 一、商业模式画布概述

商业模式画布又叫 BMC，是 business model canvas 的缩写。它是由瑞士的亚历山大·奥斯特瓦德在《商业模式新生代》这本书中提出来的强大的通用商业模型。他认为，一个完整的商业模式应该包括 4 个视角和 9 个模块，基于此他提出了著名的商业模式画布。之后随着商业模式的改进与发展，商业模式画布在全世界流传开来，至今仍未过时。

商业模式是企业创造价值、传递价值、获取价值的方式；它不仅包含了企业的盈利模式，还包含了推广模式、产品模式以及设计思维中的用户模式。对于这个无形和抽象化的概念而言，商业模式画布则是一个构思和分析商业模式的辅助工具。即通过商业模式画布把商业模式涉及的九个关键的模块整合到一张画布之中，以灵活地描绘或者设计商业模式。

## 二、商业画布九要素

商业模式画布由客户细分、价值主张、渠道通路、关键业务、收入来源、核心资源、成本结构、重要伙伴、客户关系 9 个方块组成，具体如图 6－2 所示。这 9 个方块可以说是能把任何一个产品的商业模式拆解得清清楚楚。具体九要素内容如下：

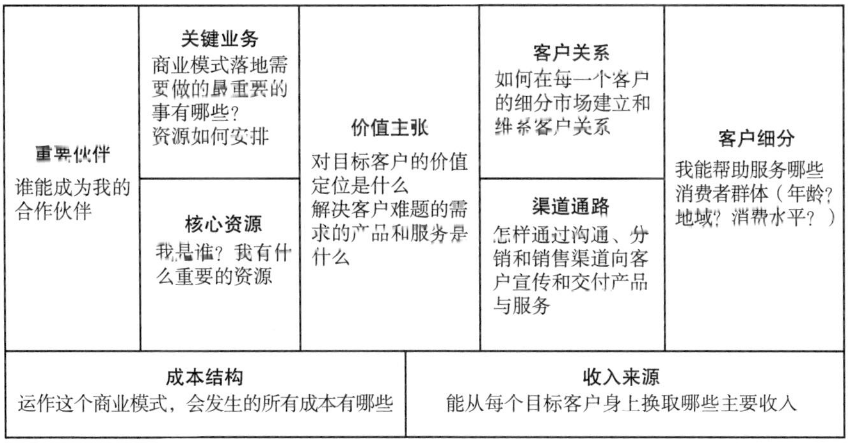


图 6－2　商业画布

1. 客户细分用来描述一家企业想要接触和服务的不同人群或组织。一句话来讲，就是产品的核心用户群体。在此模块中需要回答两个问题：(1) 我们正在为谁创造价值？(2) 谁是我们最重要的客户？

关于客户群体，主要有五种群体类型：(1) 大众市场；价值主张、渠道通路和客户关系全都聚集于一个大范围的客户群组，客户具有大致相同的需求和问题；(2) 利基市场；价值主张、渠道通路和客户关系都针对某一利基市场的特定需求定制，常常在供应商—采购商的关系中找到；(3) 区隔化市场；客户需求略有不同，细分群体之间的市场区隔有所不同，所提供的价值主张也略有不同；(4) 多元化市场；经营业务多样化，以完全不同的价值主张迎合完全不同需求的客户细分群体；(5) 多边平台或多边市场；服务于两个或更多的相互依存的客户细分群体。

2. 价值主张用来描绘为特定细分客户创造价值的系列产品和服务。简单来讲，即是产品能提供给核心用户的核心价值、核心需求。在此模块需要厘清 4 个问题：(1) 我们应该向客户传递什么样的价值；(2) 我们正在帮助客户解决哪一类难题；(3) 我们正在满足哪些客户需求；(4) 我们正在提供给客户细分群体哪些系列的产品和服务。

价值主张的简单要素主要包括：(1) 新颖；产品或服务满足客户从未感受和体验过的全新需求；(2) 性能；改善产品和服务性能是传统意义上创造价值的普遍方法；(3) 定制化；以满足个别客户或细分客户群体的特定需求来创造价值；(4) 设计；产品因优秀的设计脱颖而出；(5) 品牌/身份地位；客户可以通过使用和显示某一特定品牌而发现价值；(6) 价格；以更低的价格提供同质化的价值，以满足价格敏感客户细分群体；(7) 成本削减；帮助客户削减成本是创造价值的重要方法；(8) 风险抑制；帮助客户抑制风险也可以创造客户价值；(9) 可达性；把产品可服务提供给以前接触不到的客户；(10) 便利性/可用性；使事情更方便或易于使用可以创造客观的价值。

3. 渠道通路用来描述企业是如何与其细分客户接触、沟通，从而传递其价值主张的。简单来说，即如何将产品送达用户。主要回答以下问题：(1) 通过哪些渠道可以接触到细分客户群体？(2) 如何接触细分客户群体？(3) 如何整合渠道通路？(4) 哪些渠道最有效？(5) 哪些渠道的成本效益最好？(6) 如何把渠道与客户的接触和沟通过程进行整合？

企业可以选择通过自有渠道、合作伙伴渠道或两者混合来接触客户。其中，自有渠道包括自建销售队伍和在线销售；合作伙伴渠道包括合作伙伴店铺和批发商。

4. 关键业务用来描述为了确保其商业模式可行，企业必须做的最重要的事情。即是厘清直接制造产品、问题解决、平台/网络等。在此模块主要回答以下问题：(1) 我们的价值主张需要哪些关键业务？(2) 我们的渠道通路需要哪些关键业务？(3) 我们的客户关系需要哪些关键业务？(4) 我们的收入来源需要哪些关键业务？通常来讲，关键业务可以分为三种类型：①制造产品，与设计、制造及交付产品有关，是企业商业模式的核心；②平台/网络，网络服务、交易平台、软件甚至品牌都可看作平台，与平台管理、服务提供和平台推广有关；③问题解决：为客户提供新的解决方案，需要知识管理和持续培训业务。

5. 收入来源用来描述企业从每个客户群体中获取的现金收入（需要从收入中扣除成本）。简单来讲，即是产品的收益方式（如流量变现、游戏、电商）。主要回答以下问题：(1) 什么样的价值能让客户愿意付费？(2) 他们现在付费购买什么？(3) 他们是如何支付费用的？(4) 他们更愿意如何支付费用？(5) 每个收入来源占总收入的比例是多少？

一般来讲，收入来源主要有七种类型：(1) 资产销售，销售实体产品的所有权获得收入；(2) 使用消费，通过特定的服务收费；(3) 订阅收费，销售重复使用的服务收费；(4) 租赁收费，通过暂时性排他使用权的授权收费；(5) 授权收费，通过知识产权授权使用收费；(6) 经济收费，提供中介服务，收取佣金；(7) 广告收费，提供广告宣传服务获得收入。

6. 核心资源用来描绘让商业模式有效运转所必需的最重要的因素，即资金、人才、技术、渠道等。主要回答以下问题：(1) 我们的价值主张需要什么样的核心资源？(2) 我们的渠道通路需要什么样的核心资源？(3) 我们的客户关系需要什么样的核心资源？(4) 我们的收入来源需要什么样的核心资源？

通常来讲，核心资源可以分为四种类型：(1) 实体资产，包括生产设施、不动资产、销售网点和分销网络等；(2) 知识资产，包括品牌、专有知识、专利和版权、合作关系和客户数据库；(3) 人力资源；(4) 金融资产。

7. 成本结构。运营一个商业模式所引发的所有成本，创造产品的投入资源、资金、人力等成本。主要回答以下问题：(1) 什么是商业模式中最重要的固定成本？(2) 哪些核心资源花费最多？(3) 哪些关键业务花费最多？

一般来说，成本结构可以分为两种类型：(1) 成本驱动，创造和维持最经济的成本结构，采用低价的价值主张、最大限度的自动化和广泛外包；(2) 价值驱动，专注于创造价值，增值型价值主张和高度个性化服务通常以价值驱动型商业模式为特征。

8. 重要伙伴。让商业模式有效运作所需要的供应商与合作伙伴的网络，也就是商业链路上的伙伴，如产品方和渠道方。主要回答以下问题：(1) 谁是我们的重要伙伴？(2) 谁是我们的重要供应商？(3) 我们正在从伙伴那里获取哪些核心资源？(4) 合作伙伴都执行哪些关键业务？(5) 我们为合作伙伴带来了什么价值？

一般来说，重要伙伴可以分为四类：(1) 非竞争者之间的战略联盟关系；(2) 竞争者之间的战略合作关系；(3) 为开发新业务而构建的合作关系；(4) 为确保可靠销货与供应的采购商——供应商关系。

9. 客户关系用来描述企业是如何沟通、接触客户细分群体而建立的关系类型。即是产品和用户的关系。主要回答以下问题：(1) 每个客户细分群体希望我们已经建立和保持何种关系？（2）我们已经建立了哪些关系？（3）这些关系成本如何？（4）如何把它们与商业模式的其余部分进行整合？

商业模式画布9大元素的使用，不是完全随便填写，而是按一定顺序。首先要了解目标用户群（客户细分）；然后确定他们的需求（价值主张），再者思考如何接触到用户（渠道通路），制作怎样的业务（关键业务），怎么使产品盈利（收入来源），凭借什么筹码实现盈利（核心资源），投入产出比是怎样的（成本结构）；最后找出能向你伸出援手的人（重要伙伴），以及维护客户关系。

【例6－1】KEEP和摩拜单车商业画布分析见图6－3和图6－4。

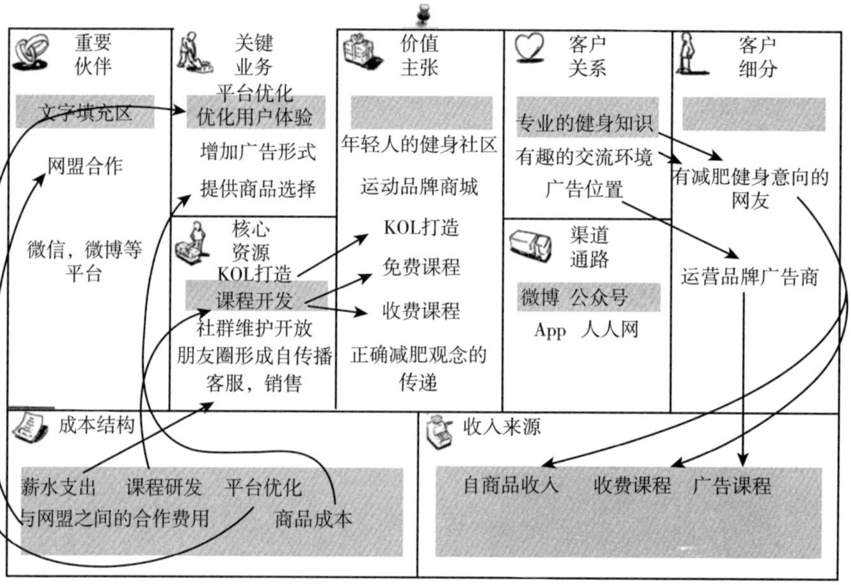


图6－3 keep商业画布

图6－4 共享单车（摩拜）商业画布

## 三、商业模式画布设计的原则

### （一）搜集资料尽量详尽

在制定自己的商业模式时，搜集资料是必经的一个环节。在搜集资料的过程中，应该尽量详尽，不要漏掉看似很微小的信息，因为很多巨大的商业机会可能就潜藏在看似很小的信息下面。

### （二）跳出固有的观念和逻辑

在现今的互联网时代，很多独角兽公司之所以发展迅猛，甚至跨界打劫，就是因为创造出了不同以往的商业模式，而这种创新的商业模式之所以会诞生，就是抛开了以往任何固有的观念和逻辑，去掉了习惯思维的枷锁和束缚之后创造出来的，所以要想创造出创新的商业模式，抛开束缚，大胆想象是一个基本的前提。

### （三）避免轻易否定

任何一个创新的概念和想法都不要被轻易否定，运作最小试错原理，小步快跑，用最小的成本换取可行性，创业公司规模小且灵活是运用这个方法的最好时期，很多商业模式不是画出来的，是试出来的。

### （四）以客户为本

客户是商业画布的驱动力，在描述商业模式时，需要紧紧围绕客户做文章。商业模式的不同大抵是客户群体不一样，很快你就会看到，仅仅是调整一下客户群体，商业模式就会发生翻天覆地的变化。

# 主题三　商业模式设计及优化

戴姆勒公司的核心业务是汽车制造和销售。为了适应全球性城市化的趋势，减轻城市交通压力，改善城市生态环境。戴姆勒公司推出了 Car2g0 – 随租随行的汽车共享服务概念，由其商业创新部门进行商业模式设计，并在该部门的规划下进行验证测试。随租随行为城市居民提供城际的 Smart 汽车服务，客户可以随时使用这些汽车，行程结束后，驾驶员可以在城市里任何一个地方停车走人。该模式力图实现自由、随性的汽车租赁服务。

2008 年 10 月，戴姆勒公司投放了 50 辆 Smart 车供 500 多名研发中心员工及其家属使用，以进行初步的测试验证；2009 年，测试范围进一步扩大到公司分支机构员工，提供服务的汽车超过 100 辆，到 3 月底，向 12 万名乌尔姆市民和游客提供 200 辆汽车进行公开的外部试运营，同时，在美国得克萨斯州的奥斯汀市也开始试运行。目前，该项目已在华盛顿、柏林、多伦多等 29 个城市运营，约投入 12.5 万辆 Smart 车。2015 年 3 月，该项目正式登陆重庆，重庆成为其进军亚洲市场的首站。随租随行商业模式创新的路径非常清晰明了：公司内部设计商业模式原型——面向公司员工测试——面向国内公众测试——面向外国公众测试——不断完善并确定商业模式原型——正式投入运营。①

在今天的商业环境中具有竞争力的一种商业模式，如果改到将来的商业模式环境中，就变得过时而没有可行性。在变化无常的商业环境中，创业者必须增强对商业模式环境及其演变趋势的理解，顺应市场变化，不断设计优化所属的商业模式。

## 一、商业模式设计及优化的目的

由于国际之间竞争加剧，国内产业结构进行调整，再加上互联网经济的冲击，商业环境变得更加复杂，商业模式生命周期由过去 3 ~ 5 年，缩短到 1 ~ 3 年，因此商业模式必须要不断优化调整来延长其生命周期，这样才能让企业不被淘汰，存活下去。

一般来讲，初创企业的发展会经历四个阶段（见图 6 – 5）。第一、二阶段是商业模式探索阶段。其中，第一阶段是发散式探索，不确定性极高，需要尝试多个方向，快速转向，不断试错。第二阶段是聚焦探索，这一阶段已初步确立了商业模式原型，需要在两三个原型中选择商业模式。这两个阶段对初创企业来讲是一片空白，其现金流自然是负的，因此需要初创企业在现金流耗尽之前尽快确立商业模式，这是初创企业能否存活的关键。很多企业往往熬不过这一阶段。到第三阶段，商业模式已经确立，将从一家初创企业逐步发展到第四阶段，成为一家正常经营的企业。可见，商业模式不是一步确立，而是逐步设计并不断优化，最终形成一个成熟的发展模式。

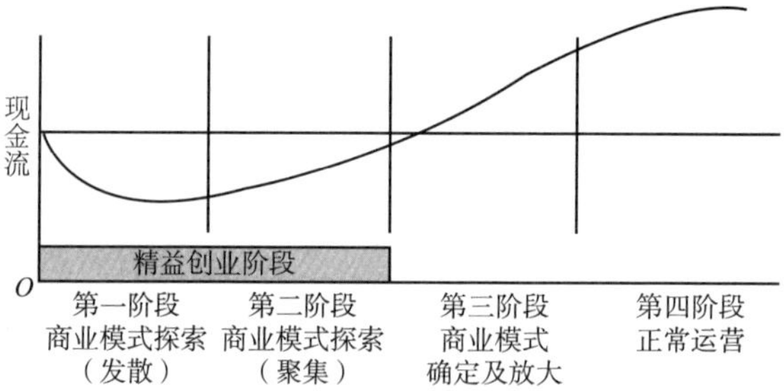


**图 6 – 5　初创企业发展的生命周期**

资料来源：孙洪义．创新创业基础［M］．北京：机械工业出版社，2017.

---

① 资料来源：付志勇．商业新秀借商业模式突围致胜［J］．销售与管理．2011（11）.

## 二、商业模式优化的方法

精益创业理论是由埃里克·莱斯提出来的探索优化商业模式的工具。精益创业的逻辑框架由用户探索、用户验证、用户积累和企业运营这一系列反馈循环活动组成（见图6-6）。其中，用户探索、用户验证和调整转型是三个关键的循环。从用户探索到用户验证，若没有通过验证，则进入下一轮用户探索和用户验证。如此循环往复，直到通过用户验证，才能初步确立自己的商业模式。过了这个阶段，才能开始执行商业模式。必须明白，初创企业并不是大企业的缩小版，大企业执行已知的商业模式，而初创企业要探索未知的商业模式。很多初创企业失败的原因，就在于混淆了对商业模式的探索和执行。

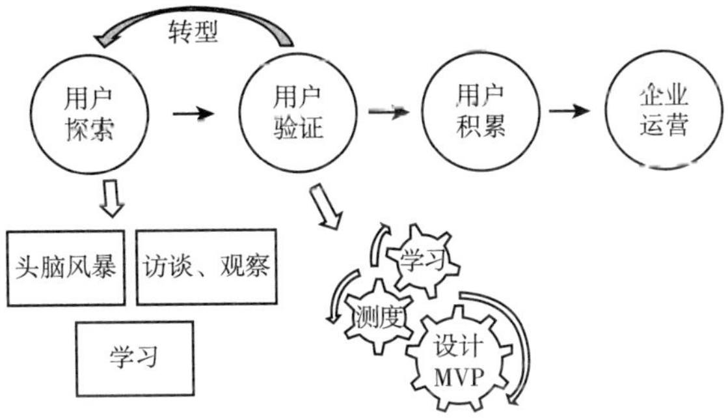


**图6-6　精益创业的逻辑框架**

资料来源：根据龚焱．精益创业方法论［M］．北京．机械工业出版社，2015．整理改编而成。

（1）第一个循环，用户探索。基本任务是定义用户痛点假设和解决方案假设。定义用户痛点假设要善于发现用户痛点，并观察痛点的大小以及持续性。每一个痛点都是一个机会，用户痛点的大小决定了商业模式的空间，其持续性决定了商业模式的持续性。用户痛点和最终商业模式是否成立紧密相关。对于用户痛点的解决，事实上就是回答“怎样从问题中寻找创业机会”，可以采用头脑风暴、深入学习、实地调查、访谈等方法。

定义解决方案假设需要关注两点：一是解决方案和用户痛点的匹配度，即方案能否解决这个用户痛点；二是解决方案和用户痛点的吻合度，即产品和市场的匹配。

（2）第二个循环，用户验证。关键任务是验证用户的痛点假设和解决方案假设。与天使用户之间的大量互动是验证假设的重要途径。用户验证可以通过三个步骤完成：第一步，设计最小可行产品；第二步，数据收集与测度，并且与预设的指标进行比较；第三步，学习与迭代，在此过程中不断获取认知。这三个步骤是不断循环往复的。

①第一步，设计最简可行产品（MVP）。为天使用户设计一个具有最核心功能的产品或方案，这个产品不是完美的，但却是天使用户渴望得到的。天使用户的特征是：有急切的痛点感受；愿意购买早期产品；愿意反馈中肯的建议；愿意四处推广产品。

②第二步，数据测度与收集。在 MVP 的基础上，收集数据来验证 MVP 的实际效果，即有多少用户真正需要这个产品。测度的工具主要有：一是对比测试，也就是 AB 测试，通过对比不同的方案和产品，选择用户真正想要的；二是同期群分析分成不同时期的用户，对每一个用户群的行为和趋势进行更加精准的分析；三是净推荐值，等于产品支持者的百分比减去诋毁者的百分比。这个数值是评估产品发展潜力的风向标，较高的净推荐值有可能转化为较高的推荐系数（推荐系数——通过推荐带来的新老用户数量）。如果推荐系数低于 1，则这种模式很难成功，后续很难产生爆炸式增长；如果推荐系数超过 1，就有可能发生指数型增长。

③第三步，学习与迭代。不管多伟大的产品都是通过不断迭代产生的。在这个迭代的过程中，要把握几个原则：一是产品的功能必须靠用户催生，而非简单堆积；二是尽量限制添加的功能数量，要克制给产品不断增加功能的欲望，整个学习和迭代的过程是开放、透明的。

（3）第三个循环，调整转型。如果用户验证阶段没有通过痛点假设和解决方案假设验证，那么就要回到第一个循环用户探索，直到通过验证找到可行的商业模式。这是商业模式探索的重要反馈机制，通过调整，不断迭代，就会不断加强对用户、产品和市场的认识，就更有可能找到可行的商业模式。此时最关键的就是快速和敏捷。速度越快，商业模式探索的成本越低，对现金流的需求也越小，成功的可能性就越高。

以上是进行商业模式设计和优化的三个过程。作为初创企业，商业模式需要反复确认并不断改进，如此才能规避项目风险，少走弯路，尽快使企业步入正轨。

1. 从客户的角度来推演商业模式。在设计商业模式的过程中，创业者往往会从自己的角度看问题，忽视客户是怎么看问题的。例如，创业者认为客户需要的是一个产品或者一个服务，而客户则需要的是一个问题的整体解决方案。iPhone 战胜诺基亚手机就是典型案例。诺基亚认为顾客需要的是一台质量更好的移动电话，而客户实际需要的是一个拿在手上能解决和通话相关的所有问题（上网、下载联系、语音和视频等）的解决方案。这是 iPhone 大获全胜的原因。

从客户的角度来考虑问题，就是切换视角，需要向客户“移情”。客户看到的是什么？客户听到的是什么？客户说的是什么？客户做的是什么？客户想的是什么？客户希望获得的是什么？他们的痛点和难点在哪里？通过这些视角来让客户决定他们需要的价值主张、渠道通路、客户关系和收入来源。

2. 以批判思维的模式来完善商业模式。以批判或否定原有设计的思维角度来重新思考商业模式，最重要的关键词是“假如”。假如提供免费服务？假如不从银行那里贷款？假如客户自己组装家具（宜家家具）？面对初步设计的商业模式，通过不断质疑，例如，如果增加一个客户细分群体，商业模式会变成什么样？如果去掉一些成本很高的业务，商业模式又是什么样？如果加入一些免费的产品，又会变成什么样子？如果……通过不断质疑，得到不同的结果，得出相对合理的商业模式。

批判否定思维模式，并不代表没有原则。创业者还需要遵循“我的目前或者将来有什么样的资源”“可以提供什么样的服务和产品”“客户需要什么”“我们要怎么得到收入”等焦点问题来思考。

3. 通过场景故事验证商业模式的合理性和可行性。团队可以假设自己是一名客户，也可以是公司的合作伙伴，从不同的角度来告诉大家故事主角的感受和需求。通过角色扮演、视频、图像等方法来演示整个故事。这样，通过一个个的故事场景，来模拟和推演商业模式，从具体的场景中发现问题，找到商业模式的更优方案。

4. 通过事实来推测将来的商业情境。根据商业模式的 9 个板块，依次分析初步设计的商业模式各部分的关键描述，从描述信息中，看是否可以找到相关事实；然后通过这些具体事实来推测原有描述是否合理，是否现实可行，比较其优势与劣势，是否有可实现的具体商业情境，以此来完善原有商业模式的设计。

这种方法可结合 SWOT 分析法（见表 6－1），提高事实列举和推测后的决策科学性。

**表 6－1　　商业模式画布的 SWOT 评估**

| 模块 | 内部 S 或 W | 外部 O 或 T |
|---|---|---|
| 客户细分 | 客户细分群体是否合理<br>能否根据客户细分的反馈来调整商业模式 | 我们能服务新的客户细分群体吗<br>能通过更为精细的客户细分群体来更好地服务客户吗 |
| 价值主张 | 产品和服务之间的协同效应强弱<br>价值主张具有很强的网络效应<br>价值主张与客户需求一致 | 市场上是否存在我们的产品和服务的替代品<br>竞争对手是否正在试图提供比我们价格更低或价值更高的产品和服务 |
| 渠道通路 | 自身是否拥有合理的渠道通路<br>渠道维护成本高低如何 | 在市场上同样的渠道是否会受到挑战？渠道能否进一步优化 |
| 客户关系 | 客户的流失率高低<br>能否持续不断地赢得新的客户 | 应该怎样利用日益扩大的市场 |
| 收入来源 | 收入来源是否可持续？是否稳定<br>收入来源是否受益于较高的利润率 | 是否过度依赖一种或几种收入来源<br>利润率是否受到竞争对手的威胁<br>是由技术引起的吗 |
| 核心资源 | 核心资源能否进一步提升<br>核心资源本身是否具有竞争优势 | 市场上是否存在类似的核心资源 |
| 关键业务 | 关键业务是否具有竞争优势<br>关键业务成本大小 | 市场上是否存在类似的关键业务？是否对自身存在威胁 |

续表

| 模块 | 内部S或W | 外部O或T |
| --- | --- | --- |
| 重要合作 | 价值主张是否与客户需求一致？是否具有很轻的网络效应<br>产品和服务之间是否有很强的协同效应 | 可以将产品转化为服务来获得重复增加的营收<br>产品或服务能否进一步整合<br>是否还可以满足额外的客户需求 |
| 成本结构 | 自身运营成本是否过高<br>成本能否进一步降低 | 哪种成本可能在将来变得不可预测<br>哪种成本可能会快速增加，以至于我们的收入无法承担 |

以上是一个SWOT分析框架，通过分析各个板块的问题（可根据自身商业模式的特点修改问题设计），以事实为依据，逐一进行评分，结构化地分析商业模式，从而评出自身现在的处境（优势和劣势所在），以及思考未来的发展趋势，甚至通过同行业对比，发现商业模式中存在的短板和问题，保持优势，同时优化和改善商业模式中的问题。

## ▶ 项目训练

### 活动一　商业模式

商业模式见表6－2。

**表6－2　商业模式**

| 模式 | 代表企业 | 简介 | 优点 | 缺点 |
| --- | --- | --- | --- | --- |
| 前置仓模式 | 每日优鲜 | 目前已进驻全国20多个主要城市，以一线城市为主，逐步拓展发达二线城市 | | |
| 门店模式 | 沃尔玛 | 在全球27个国家开设了超过10 000家商场，下设69个品牌 | | |
| 店仓一体化模式 | 盒马鲜生 | 成立于2016年1月，目前已进驻超过20个城市，开设100余家门店，以发达一二线城市为主 | | |

### 活动二　画出滴滴出行的商业画布

基本简介：滴滴出行是全球领先的一站式移动出行平台；为用户提供出租车、快车、专车、豪华车、公交、小巴、代驾、企业级、共享单车、共享电单车、共享汽车、外卖等全面的出行和运输服务。滴滴出行致力于同城市、出租车行业及社群协作互补，通过智慧交通创新解决全球交通、环保和就业挑战；滴滴正同越来越多的汽车产业链企业建立合作联盟，携手打造汽车运营服务平台。

请同学们根据滴滴出行的基本介绍，利用表6－3商业画布分析其商业模式。

表 6-3　　商业画布

| 重要伙伴 | 关键业务 | 价值主张 | 客户关系 | 客户细分 |
|---|---|---|---|---|
| | 核心资源 | | 渠道通路 | |
| 成本结构 | | 收入来源 | | |

## 活动三　商业模式优化

某公司想要做山茶油销售，在进行商业模式分析遇到困境，经公司内部讨论发现关于山茶油的销售，由于生产成本高，如果主打食用油市场，进入超市，与价格低廉的调和油同台竞争，很难被老百姓接受；如果主打礼品市场，进入礼品店，一则客户重复购买率低，二则与同价位的礼品全面竞争，很难脱颖而出。但是公司人员认为山茶油有市场，因为它除了营养健康外，还能促进食欲；易于吸收，利气、通便、降火、助消化；提高幼儿智力，预防和祛除妊娠纹等功效。请你根据该公司情况，利用精益创业的逻辑框架设计该公司的商业模式。

请根据商业模式的优化方法提出优化思路。

**笔记区**

# 单元七　如何开展创业市场分析和营销设计

## ☞ 单元概述

现代管理学之父彼得·德鲁克（Peter F. Drucker）曾说过，企业存在的根本目的就是满足市场的需求，其最重要的两个功能就是营销和创新。的确，市场营销是企业利润的来源，也是链接企业和消费者的关键。对于创业团队来说，需要敏锐洞察市场变化，整合自身资源优势，聚焦目标市场，构建有效的市场营销策略，方能有效应对未来的不确定性，在激烈的竞争环境中生存下来。

## ☞ 学习目标

**知识目标：**

（1）了解市场环境的构成；

（2）了解市场细分、目标市场选择、市场定位的步骤；

（3）了解市场营销观念的演变。

**技能目标：**

（1）掌握环境分析的思路与方法；

（2）掌握目标市场营销的思路与方法；

（3）掌握4P营销策略的内容与应用。

**素养目标：**

（1）通过开展创业环境分析，提高大学生的市场洞察力和随机应变的能力；

（2）通过开展目标市场分析，加深大学生“以人为本”的意识；

（3）加强大学生对市场营销的认知，培养和提高正确分析及解决市场营销管理问题的实践能力。

# 主题一　创业环境分析

故曰：知己知彼，百战不殆；不知彼而知己，一胜一负；不知彼不知己，每战必殆。

——《孙子兵法》

任何创业活动都是在一定的环境下进行的。如今世界正经历百年未有之大变局，国内外政治经济形势都发生了深刻复杂的变化。这就要求创业者深入了解市场，利用 PEST 分析、波特五力分析和 SWOT 等工具开展全方位多角度环境分析，充分了解内外部优劣势、机会、威胁等因素，主动适应市场环境。

创业环境是指对创业活动产生影响的一系列内外部因素及其组成的有机整体。对于创业环境，有以下几种常见的分类方式。

1. 按照与企业的关系，可分为内部环境和外部环境。其中内部环境是指影响企业营销决策的企业内部的各个部门和人员；外部环境包括企业的供应商、营销中间商、消费者、竞争者和社会公众等。

2. 按照对环境的控制性难易程度，分为可控环境和不可控环境。外部环境大多为不可控的；内部环境多为可控环境。对于可控环境，创业团队应当充分发挥自身的主观能动性，使其朝着有利于企业经营的方向发展，从而提升企业经营活动有效性。对于那些宏观的、外部的不可控环境，创业团队只能努力适应环境，通过调整运营重点、优化营销策略等手段尽可能降低创业风险。

3. 按照营销环境的层次，可分为宏观环境和微观环境，这也是市场环境分析中最为常见的分析维度。宏观环境是指那些给企业造成市场机会或环境威胁的社会力量，包括人口、政治、经济、社会、技术、文化、自然和法律等多种因素。微观环境是指与企业营销活动联系紧密、直接影响企业营销能力的各种参与者，包括创业团队的供应商、营销中间商、市场、竞争者、社会公众等因素。其中微观环境对创业团队市场营销的影响是直接的；而宏观环境则是以微观环境为媒介间接影响创业团队的市场营销活动。

## 一、宏观环境分析

宏观环境是指那些给企业造成市场机会或环境威胁的社会力量，包括人口、政治、经济、社会、技术、文化、自然和法律等多种因素。对于宏观环境分析，通常使用 PEST 分析法，从政治（political）、经济（economic）、社会（social）、技术（technological）这四个维度展开分析。

（一）政治法律环境

国家的社会体制、执政党的性质、政府的方针、政策、法令等。世界各国具有不同的社会性质，不同的社会制度对企业活动有着不同的限制与要求。就算是在社会体制相同的同一个国家，不同时期，由于执政党的不同，政府的方针特征、政策倾向对组织活动的态度和影响也会发生变化。

一般涉及的政治法律因素有：执政党性质、政治体制、经济体制、国际政治及区域关系、国际贸易协定、政府经济发展战略、产业政策、国防开支水平、政府补贴水平、政府预算和采购规模、进出口限制及其他、民众对政治的参与行为、反垄断法规、环境保护法和其他法律法规等。

政府的政策法律因素广泛影响着企业的经营行为，特别是法律法规，作为国家意志的强制表现，能够直接规范市场和企业行为。例如，2021 年 7 月 24 日，中共中央办公厅、国务院办公厅印发《关于进一步减轻义务教育阶段学生作业负担和校外培训负担的意见》；同年 8 月国务院教育督导委员会办公室印发专门通知，拟对各省“双减”工作落实进度每半月通报一次；同年 11 月国家市场监督管理总局等八部门发布《关于做好校外培训广告管控的通知》，坚决杜绝地铁、公交站台等所属广告牌、广告位刊发校外培训广告。在这一系列组合拳的作用下，给激烈竞争的教培行业按下了暂停键，资本市场看空，机构教师纷纷转行，整个行业面临大洗牌。即使是在市场经济较为发达的欧美国家，政府也会通过反托拉斯法、最低工资限制、劳动保护、社会福利等方面，对市场进行直接干预。2022 年 8 月，美国总统拜登正式签署《芯片和科学法案》，在大力加强芯片产业政策支持的同时，还加入了“中国护栏”条款，要求相关企业对中国禁售高端光刻机、向华为公司施加“芯片禁令”、组织“芯片四方联盟”围堵中国等，这对中国相关企业无疑是个巨大的威胁。

因此企业在制定战略时，不仅要充分了解既有的法律法规和行业政策，还应当关注那些正在酝酿之中的法律法规，对政府下一步的政策方向进行研判与预测，以便未雨绸缪，提早进行业务布局和策略优化。

（二）经济环境

经济环境，是指一个国家的经济体制、宏观经济政策、经济发展水平、社会经济结构、国民收入、物价水平、劳动力情况、资本市场以及未来的经济走势等。

主要的经济因素有：GDP 及其增长趋势、货币与财政政策、经济结构、居民可支配收入水平、收入差距、居民消费（储蓄）倾向、利率水平、贷款政策、通货膨胀率、消费模式、失业率、劳动生产率水平、汇率、证券市场状况、外国经济状况、进出口因素等。

由于企业是处于宏观大环境中的微观个体，经济环境直接决定着企业目前及未来的市场大小。中国改革开放以来，经济增长保持近10%的增速，活跃的经济为创业者提供了丰沃土壤。然而2020年受新冠疫情和多重复杂因素的影响，全球经济受到重创，收入增速严重放缓带来了居民消费倾向的下降，导致各类企业纷纷放缓了发展步伐。

值得注意的是，随着经济全球化的深入，国与国之间的经济依存度越来越高，这也要求企业在进行环境分析和战略决策过程中，还需要关注、搜索、监测、预测和评估本国以外其他国家的经济状况。

### （三）社会文化环境

社会文化环境，主要包括人口环境和文化环境两部分，是指一个国家或地区的民族特征、人口分布、教育水平、宗教信仰、生活方式、风俗习惯、价值观念等的综合。

重要的社会文化变量：人口规模、人口结构、结婚/离婚率、生育率、人口出生率、死亡率、人口迁移率、人口预期寿命、生活方式、购买习惯、平均教育状况、宗教信仰状况、种族平等状况、生活方式、价值观、传统文化、亚文化等。

每一个社会都有其核心价值观，它们常常具有高度的持续性，这些价值观和文化传统是历史的沉淀，通过家庭繁衍和社会教育而传播延续，因此具有相当的稳定性。这些核心价值观会在一定程度上影响市场需求。

近年来，随着互联网普及和新自由主义盛行，在青年群体中，“同人文化”“饭圈文化”“二次元文化”“佛系文化”“吐槽文化”等彰显兴趣爱好的亚文化日益盛行。所谓亚文化，就是相对于“主流文化”而言的“非主流文化”；相对于“中心文化”而言的“边缘文化”，是与社会主流文化相对应而存在的文化形态，它们由有着共同语言、共同兴趣、共同价值观念体系及共同生活经验或生活环境的群体构成。不同的群体有不同的社会态度、爱好和行为，从而表现出不同的市场需求和不同的消费行为。

【例7-1】市场=人口+购买欲望+购买力，其中人口规模直接影响着一个国家或地区的市场容量，国家GDP、人均GDP和收入差距直接影响市场购买力，人口增长率、人口地理分布、人口结构等也会对当前或是未来潜在市场产生多方面的影响。

根据2021年国民经济和社会发展统计公报，全年国内生产总值1 143 670亿元，较2020年增长8.1%，两年平均增长5.1%；全年人均国内生产总值80 976元，较2020年增长8.0%；国民总收入1 133 518亿元，较2020年增长7.9%；全员劳动生产率为146 380元/人，较2020年提高8.7%（见图7-1）。

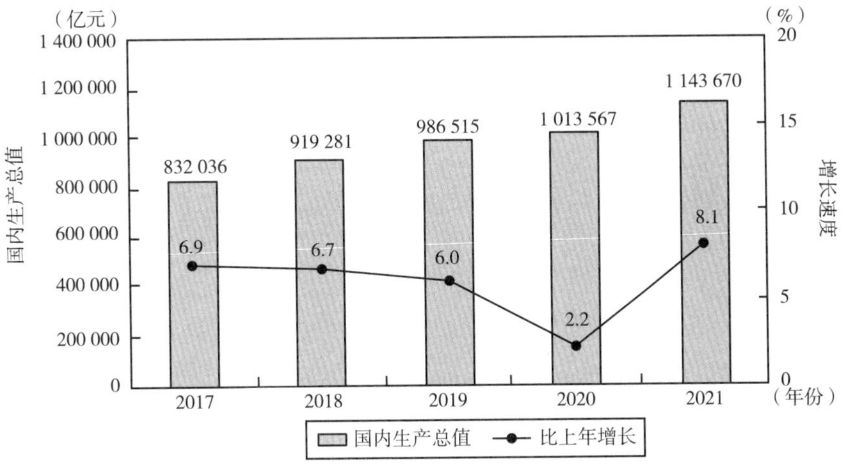


图 7-1　2017～2021 年国内生产总值及其增长速度

根据2020年第七次全国人口普查结果，截至2020年11月1日零时，我国人口（不包括港澳台地区）与2010年第六次全国人口普查相比，增加了72 053 872人，增长5.38%，年平均增长率为0.53%（见图7-2）。

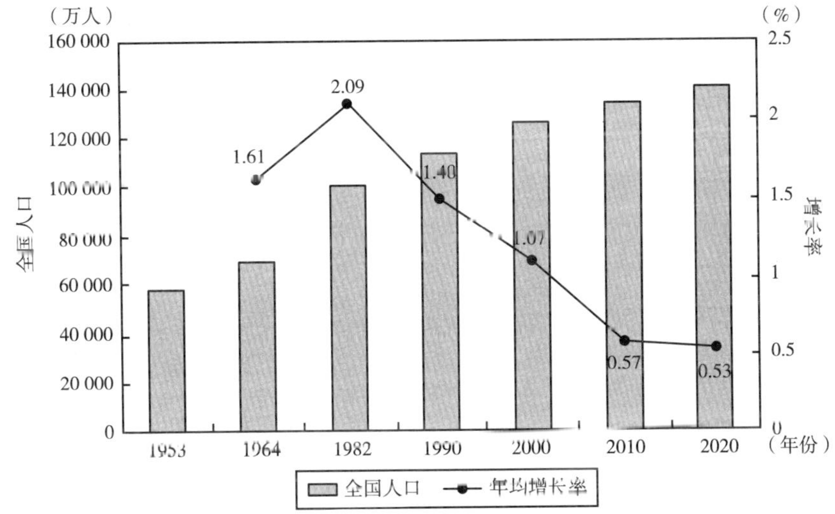


图 7-2　历次人口普查全国人口及年均增长率

与2010年第六次全国人口普查相比，31个省份中，有25个省份人口增加。人口增长较多的5个省份依次为：广东、浙江、江苏、山东、河南，分别增加21 709 378人、10 140 697人、6 088 113人、5 734 388人、5 341 952人。

分区域看，与2010年第六次全国人口普查相比，东部地区人口所占比重上升2.15个百分点；中部地区人口所占比重下降0.79个百分点；西部地区人口所占比重上升0.22个百分点；东北地区人口所占比重下降1.20个百分点（见表7-1）。

表 7-1 各地区人口数

| 地区 | 人口数（人） | 比重（%） | |
|---|---|---|---|
| | | 2020 年 | 2010 年 |
| 全国 | 1 411 778 724 | 100.00 | 100.00 |
| 北京 | 21 893 095 | 1.55 | 1.46 |
| 天津 | 13 866 009 | 0.98 | 0.97 |
| 河北 | 74 610 235 | 5.28 | 5.36 |
| 山西 | 34 915 616 | 2.47 | 2.67 |
| 内蒙古 | 24 049 155 | 1.70 | 1.84 |
| 辽宁 | 42 591 407 | 3.02 | 3.27 |
| 吉林 | 24 073 453 | 1.71 | 2.05 |
| 黑龙江 | 31 850 088 | 2.26 | 2.86 |
| 上海 | 24 870 895 | 1.76 | 1.72 |
| 江苏 | 84 748 016 | 6.00 | 5.87 |
| 浙江 | 64 567 588 | 4.57 | 4.06 |
| 安徽 | 61 027 171 | 4.32 | 4.44 |
| 福建 | 41 540 086 | 2.94 | 2.75 |
| 江西 | 45 188 635 | 3.20 | 3.33 |
| 山东 | 101 527 453 | 7.19 | 7.15 |
| 河南 | 99 365 519 | 7.04 | 7.02 |
| 湖北 | 57 752 557 | 4.09 | 4.27 |
| 湖南 | 66 444 864 | 4.71 | 4.90 |
| 广东 | 126 012 510 | 8.93 | 7.79 |
| 广西 | 50 126 804 | 3.55 | 3.44 |
| 海南 | 10 081 232 | 0.71 | 0.65 |
| 重庆 | 32 054 159 | 2.27 | 2.15 |
| 四川 | 83 674 866 | 5.93 | 6.00 |
| 贵州 | 38 562 148 | 2.73 | 2.59 |
| 云南 | 47 209 277 | 3.34 | 3.43 |
| 西藏 | 3 648 100 | 0.26 | 0.22 |
| 陕西 | 39 528 999 | 2.80 | 2.79 |
| 甘肃 | 25 019 831 | 1.77 | 1.91 |
| 青海 | 5 923 957 | 0.42 | 0.42 |
| 宁夏 | 7 202 654 | 0.51 | 0.47 |
| 新疆 | 25 852 345 | 1.83 | 1.63 |
| 现役军人 | 2 000 000 | | |

全国人口中，男性人口占51.24%；女性人口占48.76%。总人口性别比（以女性为100，男性对女性的比例）为105.07（见图7－3）。

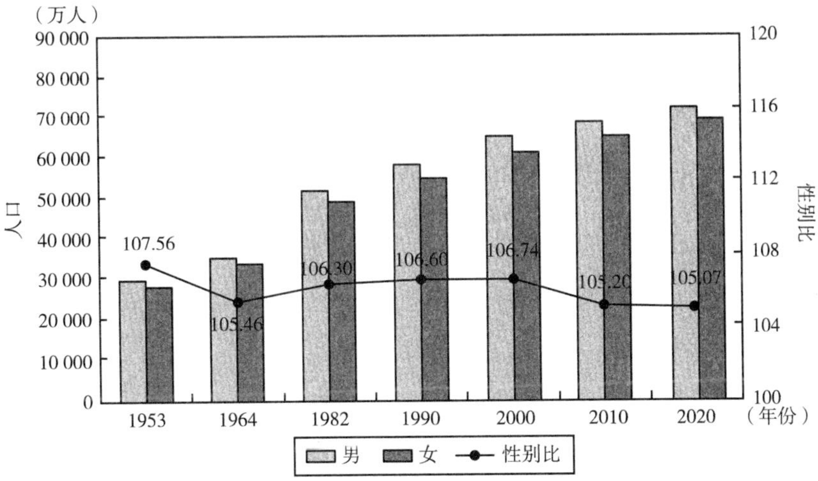


**图7－3　历次人口普查人口性别构成**

全国人口中，0～14岁人口占17.95%（较2010年第六次全国人口普查上升1.35个百分点，下同）；15～59岁人口占63.35%（下降6.79个百分点）；60岁及以上人口占18.70%（上升5.44个百分点），其中65岁及以上人口占13.50%（上升4.63个百分点）（见表7－2）。

**表7－2　全国人口年龄构成**

| 年龄 | 人口数（人） | 比重（%） |
|---|---|---|
| 总计 | 1 411 778 724 | 100.00 |
| 0～14岁 | 253 383 938 | 17.95 |
| 15～59岁 | 894 376 020 | 63.35 |
| 60岁及以上 | 264 018 766 | 18.70 |
| 其中：65岁及以上 | 190 635 280 | 13.50 |

资料来源：国家统计局网站《第七次全国人口普查公报》《2021年国民经济和社会发展统计公报》等。http：//www.gov.cn/guoqing/2021－05/13/content_5606149.htm. http：//www.gov.cn/shuju/2022－02/28/content_5676015.htm.

## （四）技术环境

技术环境不仅仅包括那些引起革命性变化的发明，还包括与企业生产有关的新技术、新工艺、新材料的出现和发展趋势以及应用前景。在过去的半个世纪里，最迅速的变化就发生在技术领域，像苹果、微软、亚马逊、特斯拉等高技术公司的崛起改变了世界和人类的生活方式。在《麦肯锡2022年科技趋势展望》报告中，麦肯锡技术委员会预测当今全球最重要的14种技术趋势，包括先进连接、人工智能应用、云端与边缘运算、沉浸式实境技术、机器学习产业化、次世代软件开发、量子技术、可信架构和数字身份、Web3、生物工程技术、清洁能源技术、移动技术、太空技术、可持续消费。其中人工智能应用、可信架构和数字身份、Web3尤为值得注意。

技术环境除了要考察与企业所处领域活动直接相关的技术手段的发展变化外，还应及时了解：国家对科技开发的投资和支持重点；该领域技术发展动态和研究开发费用总额；技术转移和技术商品化速度；技术更新速度与生命周期；专利及其保护情况等。

## 二、微观环境分析

微观环境是指与创业团队营销活动联系紧密、直接影响企业营销能力的各种参与者，包括创业团队、供应商、营销中间商、市场、竞争者、社会公众等因素。企业在设计营销方案时应将这些影响考虑在内，也可以借助波特五力分析模型帮助进行竞争环境分析。

### （一）创业团队内部环境

创业团队内部环境包括人员、资金、技术、设施、生产、管理机制、企业文化等各种要素和资源的整合。这是创业者最容易把控的环境因素，对于营销人员来说，需要以企业总体战略目标为指导，制定相应的营销目标和战略。

### （二）供应商

供应商是为企业提供生产经营所需资源的企业或者个人，为企业提供原材料、零配件、能源、劳务及其他用品。供应商对企业的影响表现在三个方面：一是价格变动的影响；二是货源的充足性与质量；三是供货的稳定性。企业对供应商的影响力要有足够的认识，尽可能与其保持良好的关系，在稳定供应渠道的同时，也要尽可能开拓更多的供应渠道，避免因为过分依赖某些供应商造成被动局面。

在企业创立之初，考虑到成本等原因，可以进行生产外包等活动。在企业发展到一定阶段，具有充足的资本和影响力时，可以通过自研、兼并或收购供应商以保证所需资源的稳定性。例如，2022年，由于新冠疫情影响，全球的芯片厂产能有所减少，而新能源汽车的强势发力，使得芯片供不应求、出现了全球“缺芯”大潮，不少知名汽车企业如特斯拉都直接宣布了“减产”计划。而比亚迪依靠自身在新能源电池、芯片等方面的一整套产业链，真正做到“自己有芯，心中不慌”，汽车销量不减反增，成功逆袭特斯拉，成为全球新能源汽车新霸主。同时，比亚迪通过投资 AI 芯片厂商地平线、激光雷达厂商速腾聚创，与自动驾驶公司 Momenta 合资成立公司，启动自研芯片项目等方式，开始发力自动驾驶，努力补齐短板。

（三）营销中介

营销中介是指直接或间接地协助企业产品促销、销售及把产品送达给企业买家的组织和个人，包括中间商、物流机构、营销服务机构和金融机构。中间商是为了解决产品集中生产和分散消费的现实矛盾，帮助企业寻找目标消费者，为产品打开销路的机构，主要包括批发商和零售商两大类。物资分销机构是帮助企业进行保管、储存、运输的物流机构，具有协助企业将产品实体运往销售目的地，以及协助保管和储存等作用，主要包括仓储公司、运输公司两大类。营销服务机构是企业营销中提供专业服务的机构，可以协助企业确立市场定位，进行市场推广提供相关服务，包括广告公司、广告媒介经营公司、市场调研公司、营销咨询公司、财务公司等。金融机构可以为企业营销活动提供融资及保险服务，包括银行、信托公司、保险公司等。

（四）消费者

企业开展各种类型的营销活动，就是为了更好地向目标市场提供商品和劳务。目标市场一般分为：消费者市场、生产者市场、经销商市场、政府市场和国际市场。

1. 消费者市场，由个人和家庭组成，他们仅为自身消费而购买产品和服务。

2. 生产者市场，又叫工业市场，通过购买产品或劳务进行生产，形成其他产品或劳务，满足社会需求，实现盈利目的。

3. 经销商市场，经销商购买产品和劳务，用以转售从中盈利。

4. 政府市场，政府机构购买产品或劳务，用以提供公共服务。

5. 国际市场，由外国消费者、生产者、中间商及外国政府构成的市场。

任何企业的产品和服务，只有得到了消费者的认可，才能赢得这个市场。创业团队要注重对消费者进行研究，分析消费者的需求规模、需求结构、需求心理以及购买特点，这是营销活动的起点和前提。

以消费者市场为例，根据消费者行为的复杂程度（花费时间、精力的多少和谨慎程度）和所购商品本身的差异性大小，消费者购买行为分为复杂型、和谐型、习惯型和多变型。根据消费者性格分析，消费者购买行为分为六种类型：习惯型、冲动型、理智型、经济型、情感型、不定型。近些年火爆的电商直播，通过“试用分享”“限量限购”“特价优惠”等方式刺激消费者进行冲动消费。

### （五）竞争者

在商品经济条件下竞争是不可避免的。任何创业团队在组织营销活动中，都会遇到现有或是潜在竞争对手的挑战，这些挑战会直接影响创业团队的营销活动，特别是竞争对手的产品价格、性能升级、广告宣传、促销活动等方面的变化。为此，创业团队在制定营销策略前必须先弄清竞争对手，尤其是同行业竞争对手的生产经营状况，做到知己知彼，才能有效地开展营销活动。

### （六）公众

公众是指对企业市场营销活动有实际或潜在利害关系和影响力的团体或个人，包括媒体公众、政府公众、融资公众、市民行动公众和地方公众等。媒体公众包括报纸、杂志、广播、电视等各种传播媒体，对企业和企业产品信息的传播产生消极或积极的影响。政府公众涉及管理和规范企业经营的有关政府机构，如工商、税务机构。融资公众主要为影响企业投融资工作的各类机构，如银行、投资公司。市民行动公众包括各种保护消费者权益组织、环境保护组织等。地方公众有企业社区居民群众和地方行政官员等。

## 三、竞争战略分析

在明确了市场机会和商业模式之后，创业者需要思考的第一个问题就是选择怎样的市场进入，也就是竞争战略。竞争战略分析的主要目的在于了解竞争对手的经营状况，了解目标消费者的未来需求以及发现新的消费点和新的消费者群，最终达到在未来市场竞争活动中占据主导位置的目的。最为常见的竞争战略分析法有波特五力分析模型和SWOT分析方法。

### （一）波特五力分析模型

五力分析模型是迈克尔·波特于20世纪80年代初提出的，是企业进行创业能力分析、制定竞争战略时经常利用的战略分析工具。他认为行业中存在着决定竞争规模和程度的五种力量，分别是供方的议价能力、买方的议价能力、新进入者的威胁、替代品的威胁、同业竞争者的竞争程度。五种力的不同组合变化，最终影响行业利润潜力的变化（见图7-4）。

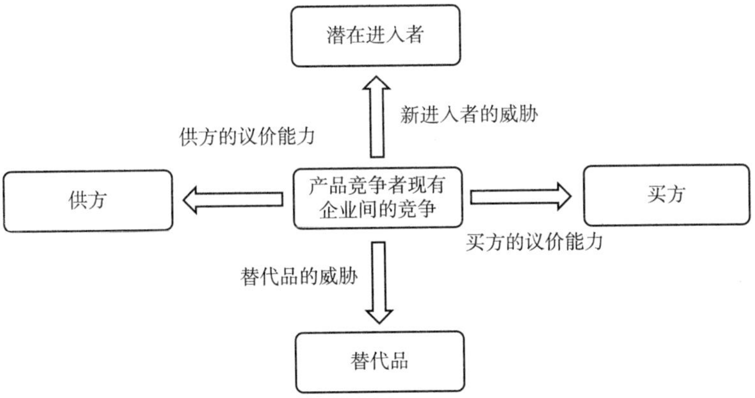


**图7-4 波特五力分析模型**

1. 供方的讨价还价能力。供方主要通过提高价格与降低质量的方式施加压力，来影响行业中现有企业的盈利能力与产品竞争力。一般来说，供方实力强弱与企业实力是此消彼长的，满足如下条件的供方会拥有较大的议价能力：（1）供方产业由几个公司把持，产业集中化程度比买家高。供方在向较为分散的买家销售产品时，每一买家的销售额占比都不大，往往能够在价格、质量及交货期上施加相当的影响。（2）供方产品具有一定特色、核心竞争力，或是买家的主要投入品时，买家难以转换或转换成本太高。（3）供方有能力实行前向联合或一体化，而买方难以进行后向联合或一体化。

2. 买方的议价能力。买方主要通过压低价格、要求提供较高的产品质量或索取更多的服务项目，并且从竞争者彼此对立的状态中获利，来影响行业中现有企业的盈利能力。与供方讨价还价的情况恰恰相反，在以下条件下，买方议价能力比较强：（1）供方产业集中度不高，而买方数量较少、购买量大、销售额占比较高。（2）买方所购买的产品或服务是标准化的，向哪个卖主购买都没有区别。（3）买方有能力实现后向一体化，而供方不可能实现前向一体化。

3. 新进入者的威胁。盈利的市场必然会吸引新进入者，而新进入者在给行业带来新生产能力、新资源的同时，希望在被现有企业瓜分完毕的市场中赢得一席之地，这就有可能会与现有企业发生原材料与市场份额的竞争，最终导致行业中现有企业盈利水平降低，严重的话还有可能危及这些企业的生存。

进入威胁的严重程度取决于两方面的因素，一是进入新领域的障碍大小，包括规模经济（如大规模生产极大降低了现有企业成本）、产品差异、资本需要、转换成本、销售渠道开拓、政府行为与政策（如国家管制行业）、不受规模支配的成本劣势、自然资源、地理环境等方面，其中有些障碍是很难借助复制或仿造的方式来突破的；二是预期现有企业对于进入者的反应情况，主要是采取报复行动的可能性大小，这取决于有关厂商的财力情况、报复记录、固定资产规模、行业增长速度等。总之，创业团队进入一个行业的可能性大小，取决于创业者主观估计进入所能带来的潜在利益、所需花费的代价与所要承担的风险这三者的相对大小情况。

4. 替代品的威胁。替代品，就是那些能够满足消费者同种功能需要的其他产品。两个处于不同行业中的企业，可能会由于他们生产的产品互为替代品，从而产生相互竞争行为。而这种来自替代品的竞争压力，可以通过替代品销售增长率、替代品厂家生产能力与盈利扩张等方面进行考察。

替代威胁比较低的行业更具有吸引力。如果产品涨价时，消费者轻易转向消费替代品，将会大大限制企业的定价上限和潜在收益。一般来说，替代品对产业盈利性的侵蚀程度，取决于买方在替代品与原产品之间选择的偏好。替代品价格越低、质量越好、消费者转换成本越低，其产生的竞争压力就越强。因此创业团队需要通过提高产品质量，或者通过降低成本来降低价格，或者使其产品具有特色等方法，向消费者提供尽可能满意的产品和服务，以降低消费者转向替代品的可能性。

5. 行业内现有竞争者的竞争。大部分行业中的企业，相互之间的利益都是紧密联系在一起的，作为企业整体战略一部分的各企业竞争战略，其目标都在于使自己的企业获得相对于竞争对手的优势。所以，在实施中就必然会产生冲突与对抗现象，这些冲突与对抗就构成了现有企业之间的竞争。现有企业之间的竞争常常表现在价格、广告、产品介绍、售后服务等方面，其竞争强度与许多因素有关。

一般来说，出现下述情况将意味着行业中现有企业之间竞争的加剧：一是行业进入障碍较低，势均力敌竞争对手较多，竞争参与者范围广泛；二是市场趋于成熟，产品需求增长缓慢；三是竞争者企图采用降价等手段促销；四是竞争者提供几乎相同的产品或服务，消费者转换成本很低；五是行业外部实力强大的公司在接收了行业中实力薄弱企业后，发起进攻性行动，结果使得刚被接收的企业成为市场的主要竞争者；六是退出障碍较高（如受到资产的专用性、退出的固定费用、战略上的相互牵制、情绪上的难以接受、政府和社会的各种限制），即退出竞争要比继续参与竞争代价更高。

6. 竞争战略。基于五种竞争力量的抗争，迈克尔·波特指出，三类卓有成效的竞争战略，分别是成本领先战略、差异化战略和集中化战略。这三种战略各有特点，也都有各自不同的适用条件。

（1）成本领先战略，又称低成本战略，是指企业努力发掘现有的资源和能力优势，通过大规模生产标准化产品，来降低自己的生产经营成本，以低于竞争对手的产品价格，提升市场占有率，并获得高于同行业平均水平的利润。它是以较低成本赢得市场份额的战略，当产品标准化程度较高、同行业企业之间的价格竞争非常激烈、实现产品差异化的途径很少、消费者的转换成本很低的时候，可以选择成本领先战略。

沃尔玛正是践行成本领先战略的翘楚，它秉承“天天平价，始终如一”的经营策略，在零售这一微利行业，力求比竞争对手更节约开支，通过在采购、存货、销售和运输等各个商品流通环节想尽一切办法降低成本，这一看似平实但实际上效果显著的经营理念，成为沃尔玛在零售行业保持领先的关键所在。

（2）差异化战略，又称差别化战略，是指企业向消费者提供的产品或服务在行业范围内独具特色，而这种特色可以增加企业的竞争优势，给产品或服务带来额外的溢价。差异化战略的方法多种多样，如形象差异化、定位差异化、产品差异化、渠道差异化和促销差异化等。实现差异化战略，可以培养消费者对品牌的忠诚。因此，差异化战略是使企业获得高于同行业平均利润的一种有效的竞争战略。

差异化战略的重点是面向消费者创造独特的产品和服务。因此，在消费者对产品需求差异性较大、采用类似差异化途径的竞争对手很少、技术变革很快的情况下，创业团队可以尝试差异化战略。同时，为了保证差异化战略的有效性，创业团队必须：一是要充分了解自身的资源和能力，评估是否能够提供差异化的产品或服务；二是坚持以消费者需求为核心，深入了解其需求和偏好的变化，提供符合消费者需求和购买偏好的差异化产品或服务。

（3）集中化战略，又称聚集战略，是指企业集中满足细分市场目标的战略，如主攻某一特殊消费者群；某一产品线的细分区段；某一地区市场；为某一特殊目标消费者群服务。集中化战略具体有两种形式：一种是成本集中化战略，即在细分市场中寻求低成本优势；另一种是差异集中化战略，即在细分市场中寻求差异化优势。

从整个行业范围来看，集中化战略可能并不能取得差异化或成本领先优势。但是，集中化战略能在较狭窄的市场范围内满足特定消费者的需求，获得区域市场竞争优势。因此，对于实力经验不足的创业团队来说，集中化是比较合适的战略。实施该战略时，一般选择对替代品最有抵抗力或竞争对手最弱之处作为目标市场。

### （二）SWOT 分析方法

SWOT 分析是基于内外部竞争环境和竞争条件下的态势分析，它综合了资源学派的公司内部分析和能力学派的产业竞争环境外部分析两大理论，可用作企业内外营销环境、竞争战略及企业战略的监测与分析。

它将与研究对象密切相关的各种主要内部优势、劣势和外部的机会和威胁等要素结合起来，通过调查列举出来，并依照矩阵形式排列，利用系统分析的思想，把各种因素相互匹配起来加以分析，从中得出一系列相应的结论，而结论通常带有一定的决策性。运用这种方法，可以对研究对象所处的情境进行全面、系统、准确的研究，从而根据研究结果制定相应的发展战略、计划以及对策等。

S（strengths）是优势、W（weaknesses）是劣势、O（opportunities）是机会、T（threats）是威胁。按照企业竞争战略的完整概念，战略应是一个企业“能够做的（即组织的强项和弱项）”和“可能做的”（即环境的机会和威胁）之间的有机组合。

优势是创业团队超越竞争对手的地方，属于内部环境因素，包括有利的竞争态势、充足的资金储备、良好的团队形象、领先的技术水平、可靠的产品质量、较大的市场份额、低廉的成本优势、规模经济、广告宣传等。

劣势是创业团队落后竞争对手的地方，属于内部环境因素，包括设备老化、管理混乱、缺少关键技术、研究开发落后、资金短缺、经营不善、经验不足、产品积压、竞争力差等。

机会是有利于创业团队发展的地方，属于外部环境因素，包括新产品、新市场、新需求、市场壁垒解除、经济增长、技术成熟、竞争对手失误等。

威胁是不利于创业团队发展的地方，属于外部环境因素，包括新的竞争对手、替代产品增多、市场紧缩、行业政策变化、经济衰退、消费者偏好改变、突发事件等（见图 7－5）。

| 项目 | 优势（S） | 劣势（W） |
|---|---|---|
| 机会（O） | ◆ SO战略—增长性战略<br>（进攻策略，最大限度地利用机会） | ◆ WO战略—扭转型战略<br>（调整策略，战略转型） |
| 威胁（T） | ◆ ST战略—多种经营战略<br>（调整策略，多种经营） | ◆ WT战略—防御型战略<br>（生存策略，严密监控竞争对手动向） |

**图 7－5 SWOT 分析模型**

1. 优势－机会（SO）。此时创业团队具有特定方面的优势，而外部环境又为发挥这种优势提供了有利机会，这是一种理想的战略模式。创业团队可以用自身内部优势撬起外部机会，使机会与优势充分结合发挥出来。然而，机会往往是稍纵即逝的，因此创业团队必须敏锐地捕捉机会，把握时机，以寻求更大的发展。

2. 劣势－机会（WO）。虽然存在外部机会，但创业团队内部存在一些弱点而妨碍其利用机会。可调整策略，通过追加资源等措施克服这些弱点，以促进内部资源劣势向优势方面转化，从而迎合或适应外部机会。

3. 优势－威胁（ST）。当环境状况对外部优势构成威胁时，优势得不到充分发挥，出现优势不优的脆弱局面。在这种情况下，企业需要调整策略，利用自身优势开展多种经营，分散风险，回避或减轻外部威胁所造成的影响。

4. 劣势－威胁（WT）。当企业内部劣势与企业外部威胁相遇时，企业就面临着严峻挑战，如果处理不当，可能直接威胁到企业的生死存亡。对于创业团队来说，应采取防御性战略，尽可能减少内部弱点，回避外部环境威胁。

【例 7－2】宝洁公司的差异化战略及 SOT 分析

美国宝洁公司（Procter & Gamble，P&G）是世界最大的日用消费品公司之一，全球雇员近10万人，在全球80多个国家设有工厂及分公司，所经营的300多个品牌的产品畅销160多个国家和地区，旗下小品牌数百个、独立大品牌80多个，其产品覆盖洗发护发、美容护肤、个人清洁、妇女保健、婴儿护理、家居护理等诸多领域。宝洁旗下洗发水品牌有潘婷、海飞丝、飘柔、沙宣等；洗衣粉有汰渍、碧浪、欧喜朵、波特等；牙膏有佳洁士，香皂有舒肤佳；化妆品有SK-Ⅱ、玉兰油、威娜、伊卡璐、妮维雅等；另外还有博朗、锋速3、品客、金霸王、吉列等。目前，宝洁有九大类、十六个品牌进入中国大陆市场。在中国，宝洁的飘柔、海飞丝、潘婷、舒肤佳、玉兰油、护舒宝、碧浪、汰渍和佳洁士等已经成为家喻户晓的品牌。

为了最大可能地占据市场，宝洁采取了多品牌战略+差异化营销策略，它们把产品的整体市场划分为若干细分市场，从中选择两个以上甚至全部细分市场作为自己的目标市场，并为每个选定的市场制订不同的市场营销组合方案，同时多方位地分别开展针对性的营销活动，即采取全面进入市场策略。

由于每个产品品牌都是针对不同的细分市场进行产品设计、价格定位、广告传播及渠道建设，以满足消费者差异化的市场需求。这样，每个品牌都有自己的发展空间、核心卖点和个性迥异，自然消费者市场就不会重叠。

在洗发产品中，海飞丝宣扬的是去头屑，“头屑去无踪，秀发更出众”；飘柔突出“飘逸柔顺”；潘婷则强调“营养头发，更健康更亮泽”；沙宣是“专业美发”；伊卡璐则突出“草本精华”等。由此，宝洁构筑了一条完整的美发护发染发的产品线，最大限度地瓜分了市场。

在洗衣粉领域，宝洁公司认为，不同的顾客希望从产品中获得不同的利益组合。有些人认为洗涤和漂洗能力最重要；有些人认为使织物柔软最重要；还有人希望洗衣粉具有气味芬芳、碱性温和的特征。于是就利用洗衣粉的九个细分市场，设计了九种不同的品牌，分别是：汰渍、洗好、格尼、达诗、波特、卓夫特、象牙雪、奥克多和时代。

总的来说，宝洁的洗发水、洗衣粉等以产品的使用功能为品牌区隔标准，以产品使用功能为品牌利益诉求点，成功运用差异化战略占领市场，从而赢得消费者青睐。

宝洁公司就像一个技艺高超的厨师，把洗发水这一看似简单的产品，加以不同的佐料，烹调出多种可口的大菜。不但从功能、价格上加以区别，还从心理上加以划分，赋予不同的品牌个性。

海飞丝的个性在于去头屑，海飞丝海蓝色的包装，首先让人联想到蔚蓝色的大海，带来清新凉爽的视觉效果，“头屑去无踪，秀发更干净”的广告语，更进一步在消费者心目中培植了“海飞丝”能去头屑的信念。

潘婷的个性在于对头发的营养保健，于是用了杏黄色的包装，首先给人以营养丰富的视觉效果，“含丰富的维他命原B5，能由发根渗透至发梢，补充养分，使头发健康、亮泽”的广告语，从各个角度突出了潘婷的营养型个性。

飘柔的个性则是使头发光滑柔顺，从名称上就让人明白了该产品使头发柔顺的特性，草绿色的包装给人以青春美的感受，“含丝质润发素，洗发护发一次完成，令头发飘逸柔顺”的广告语，再配以少女甩动如丝般头发，更深化了消费者对“飘柔”飘逸柔顺的印象。

虽然宝洁已经成为全球最大的日用消费品公司，在行业内占据领先优势，但是面对联合利华等竞争对手的冲击和短缺经济、新零售的威胁，仍需要进行SWOT分析，根据内外部环境变化，不断优化市场战略，以有效维持领先态势（见图7-6）。

| 企业内部 / 企业外部 | S：1.坚持优越的品牌管理制度，创造独特品牌；<br>2.拥有强势的企业文化——PVP（宗旨、核心价值、原则）；<br>3.强大的营销专业能力；<br>4.建立有丰沛的世界性组织资源 | W：1.短缺经济环境中发展壮大的团队；<br>2.缺乏面临产品过剩时代的管理经验；<br>3.对迅速演进的零售业态、媒体形态认识不够；<br>4.习惯按西方营销理论，以五星级的方法经营二三线市场 |
|---|---|---|
| O：1.资金技术的大量人<br>2.中国高端化妆品市场急速增加，并且市场阵线转向农村和二三线市场<br>3.良好的社会公众形象<br>4.政府税收优惠 | SO：1.市场渗透战略；<br>2.横向一体化战略；<br>3.产品开发战略 | WO：1.合资战略；<br>2.联盟战略；<br>3.引进先进管理技术，提高人力资源管理能力，创新能力，改善企业文化 |
| T：1.日用消费品竞争激烈<br>2.来自日本联合利华的强势攻击<br>3.恒安集团纸巾的全方位应战<br>4.消费者环保意识提高，对产品的安全、环保的要求提高 | ST：1.摸准其他公司的产品的品牌性能，创造出更加优越的品牌；<br>2.从对方的企业文化入手，结合自己的企业文化，挖掘企业文化优势，打败对方；<br>3.发挥企业文化优势，创造出更多环保、安全的产品 | WT：1.发展壮大团队，加强团队合作，提高竞争能力；<br>2.重新认识零售业态、媒体形态，了解消费者对环保的要求程度；<br>3.转变西方经营理念，学习、融入到东方经营理念中来，从对手那里学到更多经验 |

**图7-6 宝洁SWOT分析矩阵**

资料来源：https：//www. renrendoc. com/paper/194014847. html。

# 主题二 目标市场营销

美国著名营销专家艾·里斯（Al Ries）与杰克·特劳特（Jack Trout）曾说过，“定位并不是你对产品做什么事，而是你对未来潜在消费者的心智所下的功夫”。因此，创业团队要想实现盈利并获得成功，就必须回答下面两个重要的问题：谁是我们的消费者？我们该如何吸引他们？

现代市场营销理论中，市场细分（market segmenting）、目标市场（market targeting）、市场定位（market positioning）是构成公司营销战略的核心三要素，被称为STP营销。STP分析的目的就是为了帮助企业在一定的市场细分基础上，根据自身的资源及实力选择若干个细分市场作为目标市场，确定产品或服务在目标市场的形象定位。

## 一、市场细分

### （一）市场细分的概念

市场细分，相关概念是美国市场学家温德尔·史密斯于20世纪50年代中期提出的，是指营销者在市场调研的基础上，依据消费者的需要、购买行为和购买习惯等方面的差异，结合企业自身资源情况，把某一产品的市场整体划分为若干个细分市场的市场分类过程。每一个细分市场都是具有相似需求倾向的消费者构成的群体，而分属不同细分市场的消费者的欲望和需要存在明显差异。

### （二）市场细分的原因

1. 消费者需求的多元化。由于消费者的需求呈现多元化趋势，为了更好地满足其需求，创业团队在提供产品或服务的过程中也需要差异化地进行设计。

2. 创业团队资源的有限性。对于创业团队而言，受限于能力和资源限制，很难一开始就去满足全市场的需要，因为更适合聚焦特定的目标市场、针对性地加以满足，这样有利于创业团队集中分配人力、财力和物力，有效发挥自身的核心竞争力。

### （三）市场细分的原则

1. 可衡量性（measurable）：范畴明确，且市场规模及购买力都是可以估量的。
2. 可进入性（accessible）：营销活动可触达，竞争不是过分激烈。
3. 可盈利性（substantial）：当前以及未来的市场容量和规模足以保证盈利。
4. 可辨认性（differential）：不同的细分市场需求有差异，适用不同的营销组合。

### （四）市场细分的标准

一般而言，消费者市场细分可按照地理环境因素、人口统计因素、消费心理因素和消费行为因素4个维度进行划分。

1. 地理环境因素，指按照消费者所处地理位置、自然环境细分市场。具体变量有国别、行政省市、地理方位、城市规模、交通条件以及不同地区的气候与人口密度等。处于不同地区的消费者往往对同一类产品呈现出较大差别的需求特征。例如，每年冬季，南方人打开除湿机，而北方人打开加湿器，就是由于南北方气候及供暖情况不同导致的。

2. 人口统计因素，指按照各种人口统计变量细分市场，如性别、年龄、国籍、婚姻、职业、收入、教育程度、宗教、家庭规模和家庭结构等。不同的年龄和受教育水平使消费者在消费观念、消费习惯和审美观念等方面有很大差异。例如，青少年强调个性彰显；而老年人则更关注健康安全。由于人口统计因素易于测量，也容易预测消费者需要，因此根据人口因素划分市场是最受欢迎的一个影响因素，也是使用最普遍的一个划分因素。

3. 消费心理因素，指按照消费者的心理特征进行市场细分，包括价值观念、生活方式、个性特点、生活格调和社会阶层等变量。消费心理因素是区别市场的重要因素之一，例如马斯洛的需求层次理论，将人类需求描绘成金字塔内的五个等级，从层次结构的底部向上，分别为：生理需求、安全需求、社交需求、尊重需求和自我实现需求。

4. 消费行为因素，指按照消费者的行为特征细分市场，包括消费者进入市场的程度、追求利益、对产品的态度、品牌忠诚度、购买准备阶段、购买频率、使用率、支付方式等。例如，宝洁公司根据不同消费者群体推出四种不同诉求利益的洗发产品，分别是海飞丝——去屑；潘婷——营养发质；飘柔——柔顺光滑；沙宣——专业美发；伊卡璐——草本精华等。

### （五）市场细分的步骤

Step 1：选定产品的目标市场范围。创业团队根据自身的资源条件和经营能力确定进入市场的范围，如进入什么行业；生产什么产品；提供什么服务。

Step 2：列举潜在消费者的基本要求。根据地理、人口、心理等细分标准，全面列出影响产品市场需求和消费者购买行为的各项变量，作为下一步深入研究的基本资料和依据。

Step 3：分析潜在消费者的不同需求。公司应围绕前期列出的需求变量，对不同的潜在消费者进行抽样调查，初步划分细分市场，至少从中选出三个差异最大的细分市场。

Step 4：筛选合适的细分市场。根据有效市场细分的四个原则（可衡量性、可进入性、可盈利性、可辨认性），对所有细分市场进行分析研究，剔除不符合要求、无用的细分市场。

Step 5：为细分市场定名。为便于操作，可结合各细分市场中消费者的特点，用形象化、直观化的方法为细分市场命名。如某旅游市场分为商人型、舒适型、好奇型、冒险型、享受型、经常外出型等。

Step 6：进一步认识细分市场的特点。对细分后选择的市场进行深入调查研究，充分认识各细分市场的特点，本企业所开发的细分市场的规模、潜在需求，还需要对哪些特点进一步分析研究等。

Step 7：测定各个细分市场的规模，并选择与自身经营优势和特色相一致的细分市场作为目标市场。

## 二、目标市场

### （一）目标市场的概念

目标市场的概念是由美国市场营销学者杰罗姆·麦卡锡提出的，是指企业根据自身资源、技术、管理水平、竞争状况等因素，通过市场细分，选择进入对自己有利的一个或若干个细分市场。

### （二）评估细分市场

为了弄清细分市场是否值得进入及其程度如何，一般会围绕细分市场的吸引力、企业的目标和资源两个方面，展开细分市场评估。

1. 细分市场的吸引力。通常采用市场规模、市场增长率、市场稳定性和可测性、市场竞争状况、消费者购买力，以及消费者对产品的满意度等指标评价市场吸引力和未来潜力。

2. 企业目标和资源。在选择目标市场的时候，还必须考虑其是否符合企业目标和业务范围，企业是否具备获取该市场的必要的人力、物力、技术、资金等资源，如果不具备也无法付出相应成本，则需要舍弃该细分市场。

### （三）目标市场的模式选择

目标市场的选择，决定了企业为哪个或哪几个细分市场服务。通常有以下五种模式：

1. 市场集中化。企业选择一个细分市场，集中力量为之服务。市场集中化可以使企业深刻了解该细分市场的需求特点，采用针对性的策略，从而更好地满足消费者需求。由于能力和资源都相对有限，创业团队一般会选择一个有足够吸引力和差异性的细分市场，可以避免自己与其他企业挤在一起，集中优势力量进行产品的研发与优化，保证产品能够做到适销对路。但是，市场集中化相当于“鸡蛋放在一个篮子里”，隐含较大的经营风险，一旦该细分市场发生异动，对创业团队都有可能是灭顶之灾。

2. 选择专业化。企业选择几个细分市场，每一个对企业的目标和资源利用都有一定的吸引力。但各细分市场彼此之间很少或根本没有任何联系。这种策略能分散经营风险，即使其中某个细分市场失去了吸引力，企业还能在其他细分市场盈利。

3. 产品专业化。企业集中生产一种产品，并向所有消费者销售这种产品。例如，某鞋厂面向儿童、青年和老年消费者销售运动鞋，而不生产其他类型的鞋子。这样，企业在运动鞋赛道上可以打造自身的口碑。需要注意的是，一旦消费者偏好及流行发生转移，也可能带来巨大的威胁。

4. 市场专业化。企业专门服务于某一特定消费者群体，尽力满足他们的各种需求。例如，企业专门面向青年消费者提供各种类型的鞋子，这样能够在青年人群中建立良好的声誉。但一旦这一人群的需求潜力和特点发生突然变化，企业也要承担较大风险。

5. 市场全面化。企业力图用各种产品满足各种消费者群体的需求，即以所有的细分市场作为目标市场，如面向不同年龄层次的消费者提供各种类型的鞋子。一般只有实力强大的大企业才能采用这种策略（见图 7－7）。

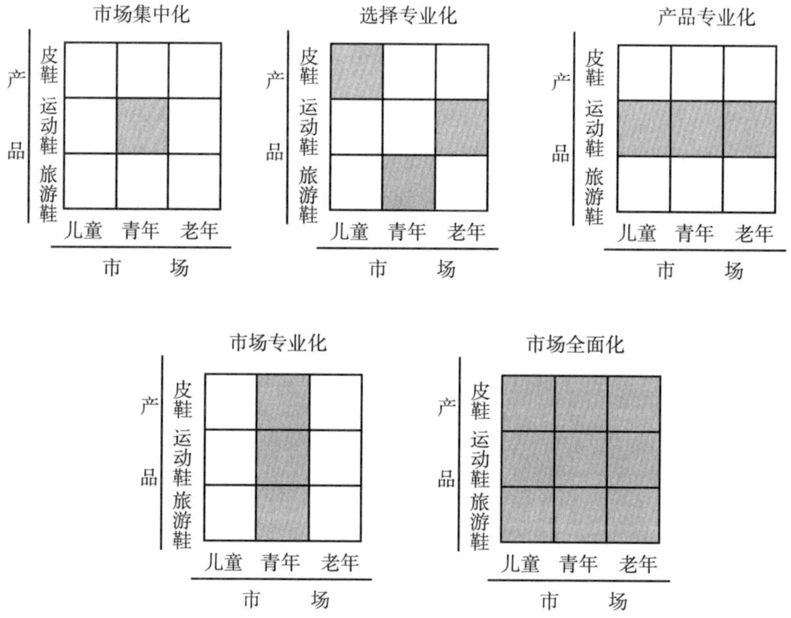


**图 7－7 五种目标市场选择模式**

（四）目标市场的营销策略

选择目标市场一般运用下列三种策略。这三种策略各有优缺点，创业企业需要综合考虑企业面临的各种因素和条件确定，如企业规模和原料的供应、产品类似性、市场类似性、产品寿命周期、市场竞争状态等。

1. 无差异性营销策略，是指企业把整体市场看作一个大的目标市场，不进行细分，只考虑市场需求的共性，而不考虑其差异，运用一种产品、一种价格、一种推销方法，吸引尽可能多的消费者。这种策略的优点是产品单一、容易保证质量、能大批量生产、降低生产和销售成本。但如果同类企业也采用这种策略时，必然形成激烈竞争。可口可乐公司自1886年问世以来，一直采用无差别市场策略，生产一种口味、一种配方、一种包装的产品满足世界156个国家和地区的需要，称作“世界性的清凉饮料”。由于百事可乐等饮料的竞争，1985年4月，可口可乐公司宣布要改变配方的决定，不料在美国市场上掀起轩然大波，许多电话打到公司，对公司改变可口可乐的配方表示不满和反对。可口可乐公司不得不继续大批量生产传统配方的可口可乐。可见，采用无差别市场策略，产品在内在质量和外在形式上必须有独特风格，才能得到大多数消费者的认可，在激烈的市场竞争中脱颖而出。

2. 差异性市场策略就是把整个市场细分为若干子市场，针对不同的子市场，设计不同的产品，制定不同的营销策略，满足不同的消费需求。例如，中国移动根据年龄、消费额度等要素，将市场分为三个，包括针对高端商务客户，打造知名度高、形象稳健的“全球通”品牌；针对大众消费者，打造便捷、实惠的“神州行”品牌；针对年轻人群，打造时尚、个性的“动感地带”品牌。针对每个子市场的特点，制定不同的市场营销组合策略。这种策略的优点是能满足不同消费者的不同要求，有利于扩大销售、占领市场、提高企业声誉。其缺点是由于产品/促销方式差异化，增加了营销成本、生产成本、管理成本及促销成本，使产品价格升高，减少了竞争优势。因此，创业团队在采用此策略时，要权衡利弊，即权衡销售额扩大带来的利益大，还是增加的营销成本大，从而进行科学决策。

3. 集中性市场策略就是在细分后的市场上，选择一个或少数几个细分市场作为目标市场，实行专业化生产和销售，以获取较高市场占有率的一种策略。采用集中性市场策略，能集中优势力量，有利于降低成本，提供较佳服务，提高企业和产品的知名度。但有较大的经营风险，因为它的目标市场范围小、品种单一。如果目标市场的消费者需求和爱好发生变化，或是有强有力的竞争者进入时，企业就可能因应变不及时而陷入困境。因此，许多中小企业为了分散风险，仍应选择一定数量的细分市场作为自己的目标市场。

## 三、市场定位

### （一）市场定位的概念

市场定位是由美国营销学者艾·里斯和杰克·特劳特于20世纪70年代提出的一个重要的营销学概念。所谓定位就是企业根据竞争者现有产品在市场上所处的位置，针对消费者或用户对该产品某种特征或属性的重视程度，强有力地塑造出本企业产品与众不同的、给人印象鲜明的个性或形象，并把这种形象生动地传递给顾客，从而使该产品在市场上确定适当的位置。其本质是企业在满足市场需求的同时突出特色，在消费者心目中留下特定形象，以便取得目标市场的竞争优势。

### （二）市场定位的内容

市场定位主要包括产品定位、企业定位、竞争定位、消费者定位四个方面。

1. 产品定位，侧重于产品实体定位，如质量、成本、特征、性能、可靠性、包装等。

2. 企业定位，侧重于企业品牌塑造，如创业团队形象、员工能力、可信度等。

3. 竞争定位，侧重于确定创业团队相对于竞争者的市场位置，如竞争者优势等。

4. 消费者定位，侧重于对创业团队的潜在消费群体进行定位，如年龄、性别、职业等。

### （三）市场定位的策略

市场定位中常使用避强定位、迎头定位、重新定位、创新定位 4 种策略。

该策略有利于迅速在市场上站稳脚跟，并在消费者心中树立起一定的形象。由于其风险较小，成功率较高，企业创业初期可以采取此种方式，以避免与强大的对手竞争。

1. 避强定位是指企业力图避免与实力更强的或较强的其他竞争对手直接竞争，而将自己的产品定位于另一市场的区域内，使自己的产品在某些特征或属性方面与强势对手有明显的区别。该策略优势在于可以迅速在市场上站稳脚跟，并在消费者心中树立起某种形象；劣势在于避强往往意味着企业有必要放弃某个更佳的市场方位，很可能使企业处于更差的市场方位。由于其风险较小，成功率较高，创业团队初期可以采取此种方式，以避免与强大的对手竞争。

2. 迎头定位是指企业依据自身实力，为占有较佳的市场方位，不惜与市场上实力较强的竞争对手发生正面竞争，从而使自己的产品进入与对手相同的市场方位。该策略可能引发激烈的市场竞争，具有较大的风险。但是竞争过程中往往引人注目，甚至引起轰动，帮助企业及其产品能够较快地为消费者所了解，实现建立市场形象的目的。例如，可口可乐与百事可乐之间持续不断地竞争，线上外卖早期经历的“百团大战”都是迎头而上、直面竞争的经典案例。

3. 创新定位寻觅新的尚未被占据但有潜在市场需求的位置，填补市场上的空缺，生产市场上没有的、具有某种特征的产品。选择尚未占据的市场位置，这种定位是通过识别出市场中尚未占据的市场空缺，然后占据这个市场空间。例如，RIO（锐澳），以威士忌、伏特加等为基酒，加入各种水果汁调制或酒精含量仅为 5% 的新型饮料。

它的定位就是夜场酒的消费革命。当时还没有预调酒概念，初期消费者因其酒精度低、口感好喝、瓶身彩色包装等元素选择 RIO，所以早期 RIO 的营销很成功，仅用两年时间销售额就突破 20 亿元。

4. 重新定位是指由于初次定位不准确、消费者需求偏好转移、市场需求减少，或者由于新的竞争选择与本企业相近的市场位置等，企业需要对其产品进行二次定位的情况。一般重新定位是企业摆脱经营困境、打开市场销路、寻求新的活力的有效途径。此外，企业如果发现新的市场范围，也可以进行重新定位。例如，王老吉在产品再定位时，通过开创“预防上火饮料”这一新产品品类，快速占据了市场空缺并取得了巨大的成功。

#### （四）市场定位的误区

在具体市场定位过程中，创业者常进入以下误区。

1. 定位不足。企业定位过于笼统、模糊，没有记忆点，无法和创业团队直接关联。

2. 定位过度。定位过于狭窄，导致市场容量不够大，实际执行过程中束手束脚。

3. 定位混乱。定位摇摆不定，东一榔头西一棒槌，看到什么火热就往那边跑，前后缺乏关联，无法坚持自己的风格，导致创业团队没能打造一个一致的形象。

## 主题三 营销策略组合

20 世纪至今，市场营销观念从“以企业为中心”向“以消费者为中心”再向“以社会长远利益为中心”进行演变，营销框架从 4P［即产品（product）、价格（price）、渠道（place）和促销（promotion）］到 4C［即消费者（customer）、成本（cost）、便利（convenience）和沟通（communication）］再到 4R［即关联（relevance）、反应（reaction）、关系（relationship）和回报（reward）］不断发展。由于篇幅有限，本章节重点围绕 4P 理论进行展开学习。

### 一、营销观念的演变

#### （一）营销观念的演变概述

1. 生产观念。19 世纪末至 20 世纪初，在市场需求旺盛、供应能力不足的卖方市场下，企业更重视产量和生产效率，典型思路是“我生产什么，就卖什么”。这种经营哲学不是从消费者需求出发，而是从企业生产出发。

2. 产品观念。面对消费者会喜欢高质量、高性能和多功能产品的背景环境，企业致力于提高产品质量，忽视顾客的需求，易陷入“营销近视症”。典型思路是“质量比需求更重要”。

3. 推销观念。20 世纪 30 ~40 年代，卖方市场向买方市场过渡阶段，致使部分产品供过于求。企业不得不运用推销与促销来刺激需求的产生，此时典型思路是“我卖什么，顾客就买什么”。这种观念认为，消费者通常表现出一种购买惰性或抗拒心理，企业必须进行大量推销和促销努力。

4. 市场营销观念。20 世纪 50 年代，在买方市场环境下，营销聚焦消费者需要，关键为“发现需求并满足需求”，典型思路是“顾客需要什么，就生产什么”。这种观念认为，要达到企业目标，关键在于确定目标市场的需要，并比竞争者更有效率地满足消费者的需求。

5. 社会市场营销观念。20 世纪 70 年代，随着社会问题日益突出，消费者权益运动的蓬勃兴起，制定营销策略时，要考虑三方面利益，即企业利益、消费者利益及社会的利益。

### （二）市场营销的新概念

1. 绿色营销是指企业在营销活动中，谋求消费者利益、企业利益与环境利益的协调，既要充分满足消费者的需求，实现企业利润目标，也要充分注意自然生态平衡。近年来，星巴克在地球日当天都会举办“自带杯、领咖啡”的活动，给消费者赠送咖啡福利的同时，倡导节约能源，低碳环保的理念，这已经逐渐成为星巴克的标志性活动。

2. 整合营销：是指为了建立、维护和传播品牌，以及加强客户关系，而对品牌进行计划、实施和监督的一系列营销工作。这些独立的营销工作包括广告、直接营销、销售促进、人员推销、包装、事件、赞助和客户服务等。整合营销必须考虑到如何与消费者沟通。

【例 7－3】2015 年，可口可乐推出的“台词瓶”就是一个极为成功的整合营销案例。

通过在可口可乐饮料瓶包装上进行个性化的台词设计，用一些经典、流行、走心、正能量的台词俘获年轻消费者们的感情。从其台词内容来看，涵盖了多种心情和场合场景，能够引发公众普遍的共鸣和好感。

为了更好地诠释“台词瓶”中所蕴含的品牌年轻化的内涵，可口可乐专门推出了几套不同风格的宣传海报，更为幽默有趣的视频也为这款新产品进行造势。从海报上来看，由真实、动人的真人和场景构成的小清新青春风海报，融入美好愿景和青春气息，植入可口可乐“台词瓶”，可以说是相得益彰，充满文艺气息和积极向上的精神；而搞怪、张扬的漫画风格，也迎合年轻消费者群体对于个性和表达自我的追求，配合上经典的台词，更戳中年轻人的内心。

此外，可口可乐同时发布《恐龙篇》短视频广告，新奇的脑洞和有趣的情节也凸显出“台词瓶”的特色。

资料来源：知乎，https：//www. zhihu. com/question/31955677/answer/1030919892。

3. 关系营销：关系营销是以系统论为基本思想，将企业置身于社会经济大环境中来考察企业的市场营销活动。中国企业实施关系营销的具体策略包括设立顾客关系管理机构、个人联系、俱乐部营销规划、顾客化营销、数据库营销、“退出”管理等。

【例 7 –4】本年度最成功的事件营销，莫过于鸿星尔克了！凭借 2022 年对河南洪灾的捐款 5 000 万元，一下子就霸占了抖音等各大自媒体的热搜榜，网友们纷纷对鸿星尔克做出的善举赞不绝口，以各种形式来支持鸿星尔克这种有担当、有责任的企业。

一时间，无论是鸿星尔克的线下店，还是线上直播店，都是人满为患，多款产品直接卖断货，生产工厂正在开足马力全力生产，但是也难以抵挡网友们的购买热情。甚至有些网友宣称，下单以后不需要企业发货，如果非要发货的话，直接发一个吊牌就可以。就连鸿星尔克的董事长都到直播间呼吁网友们“理性消费”，可惜网友们都不给面子，纷纷表示要用行动来为这样的良心企业点赞！

鸿星尔克的这波操作，既为灾民送去了救济物资，又为自己赢得了良好的口碑，可以称得上本年度最佳的事件营销案例了，让我们来复盘下鸿星尔克的操作吧。

鸿星尔克成立于 2000 年，是我国福建众多的鞋业企业之一，公司发展最好的时候在全世界有 7 000 多家店铺，产品远销中南亚、南美、非洲等地，品牌价值高达 219 亿元，2005 年在新加坡上市。但是，截至 2021 年第一季度，公司的负债 6 000 多万元，业绩更是惨不忍睹，公司股票更是暂停交易到现在也没有开盘。

就是这么一家经营惨淡的企业，如果没有这次灾情，相信很多的网友都不会去关注品牌度这么低的一个公司，更不会去购买鸿星尔克的商品。而恰恰是因为董事长向河南紧急捐赠 5 000 万元物资，人们的目光一下子就被鸿星尔克的这个善举吸引了，一下子就冲上了微博的热搜榜。

紧接着，鸿星尔克官网的这条微博被转发了 21 万多次，收获 853 万点赞。根据灰豚数据，鸿星尔克官方旗舰店淘宝直播间，在此前 6 天的日均直播观看次数仅为 1.1 万次，而 7 月 22 日晚直播间单场观看次数暴涨至 201.7 万次。与此同时，单场直播带货的销售额超 1 022 万元，是之前一周均值的 168 倍。

鸿星尔克的这次捐赠动机是什么？

无论是哪个企业，做慈善的目的都是要给企业留下一个好的口碑！鸿星尔克这次捐赠的物资是 5 000 万元，涉及的有增值税和企业所得税。按照《财政部 税务总局关于支持新型冠状病毒感染的肺炎疫情防控有关捐赠税收政策的公告》（财政部 税务总局公告 2020 年第 9 号）规定，单位和个体工商户将自产、委托加工或购买的货物，通过公益性社会组织和县级以上人民政府及其部门等国家机关，或者直接向承担疫情防控任务的医院，无偿捐赠用于应对新型冠状病毒感染的肺炎疫情的，免征增值税、消费税、城市维护建设税、教育费附加、地方教育附加。

因此，鸿星尔克这种紧急性捐赠的增值税大概率是不需要缴纳的，免除的增值税约为 13%。另外这种公益性捐赠在企业缴纳企业所得税之前可以全额扣除，可以减少 1 250 万元（5 000×25%）的企业所得税，因此综合计算，企业的这波操作，捐赠成本约为 3 200 万元。

但是鸿星尔克的收益仅在 7 月 22 日一天的线上销售额就达到了 1 022 万元，各地线下店的销售额甚至超过了平时销售额的 100 倍。鸿星尔克的线上直播间有 1 个主直播间，3 个分直播间，仅主直播间销售总额迄今为止已经达到了 5 亿元；分直播间也实现了 1 亿元的金额。按照目前事件营销的热度，加上各地线下实体店的销量，总销售额达到 20 亿元，也是有相当大的可能。

毫不夸张地说，鸿星尔克董事长的这波操作，真的能够让企业起死回生，让人不服不行！

资料来源：鸟叔笔记—讲述营销故事，https：//www. niaogebiji. com/article－168636－1. html。

4. 口碑营销。“口碑”被称为“被遗忘的免费广告媒体”。传统的口碑营销，是指企业通过亲朋好友之间的相互交流，将自己的产品信息或是品牌传播开来。许多研究和调查都表明，口碑传播在针对性和力度上大大优于传统广告的宣传方式。同类产品，对于广告宣传和朋友推荐的品牌，大多数人会接受朋友的建议。随着互联网的普及，口碑营销，经常与病毒式营销结合，利用公众的积极性和人际网络，让营销信息像病毒一样传播和扩散，营销信息被快速复制传向数以万计、数以百万计的观众。它是当今世界最廉价的信息传播工具，也是可信度最高的传播媒介，更是培养消费者忠诚度最快、最好的方法。其核心内容就是能“感染”目标受众的病毒体——事件，病毒体威力的强弱则直接影响营销传播的效果。又由于这种传播是用户之间自发进行的，因此是一种费用相对较低的网络营销手段。

【例 7－5】病毒营销案例：Hotmail

Hotmail 是由两个工程师“偷偷”做出来的。当时他们做了一个网页的邮件系统，孰料这个业余时间做的项目很快得到了投资，产品出来之后，究竟该如何宣传呢？当时，很多公司的宣传手法是做户外投放和电视广告。但是，初生的 Hotmail 并未延续老路，而是采用了一种比较讨巧的方式。他们会在每封 Hotmail 邮件之后附带一句话，“亲爱的，你也可以和我一样使用 Hotmail 的免费邮箱。”这个今天看来并不怎么高大上的宣传手法，在当年可是极具创新的经典病毒式营销。

利用这种病毒式营销的方式，Hotmail 用户量每天增长 3 000 人，仅仅 6 个月的时间，Hotmail 就完成了百万用户的积累；而第二个百万用户则更快，只用了 5 个星期。

当时业界流传着一个故事，创始人 Bhatia 给印度朋友发了一封 Hotmail 邮件，结果 3 个星期之后，Hotmail 的印度用户就高达 30 万！更为难得的是，这个增长势头一直保持了一年多的时间。一年半之后，当 Hotmail 被出售给微软时，用户量已经高达 1 200 万（当时全球的网民总数才 7 000 万）。

资料来源：大施品牌策划，http：//www. gongguanzhijia. com/article/80. html。

5. 体验营销：是指通过看（see）、听（hear）、用（use）、参与（participate）的手段，充分刺激和调动消费者的感官（sense）、情感（feel）、思考（think）、行动（act）、联想（relate）等感性因素和理性因素，重新定义、设计的一种思考方式的营销方法。此种思考方式突破传统上“理性消费者”的假设，认为消费者消费时是理性与感性兼具的，消费者在消费前、消费时、消费后的体验，才是研究消费者行为与企业品牌经营的关键。

【例 7 -6】宜家的沉浸式体验营销也是深入人心。通过打造全方位立体式的体验场景，在视觉上营造简洁、温馨、舒适的生活场景，运用艺术化的空间设计和装潢，整齐的家居商品打造出最佳的视觉效果，让进入门店的消费者能够在第一时间受到视觉上的冲击。此外，宜家会精心营造出产品真实的使用环境，在专门的样板间进行布置和搭配，让消费者能够对商品的合理搭配和使用效果一目了然，得到有用的参考。

除了视觉外，宜家还在产品的使用体验这一点上吸引了很多消费者的光顾和青睐。一般来说，在其他的家居品牌门店中，实物商品是只能看不能摸，更不能直接体验的，如沙发、床这类非常注重体感的商品，一般都会放上“样品勿坐”“损坏赔偿”等警示语。而宜家允许消费者对这类商品进行亲身的体验，消费者可以随心所欲地触碰所有商品。而且在交流上，需要时店员随叫随到热情答疑解惑，不需要时也不会在旁边打扰，为消费者带来了安静自由的体验环境。

宜家为消费者打造的不仅仅是舒适、全面的体验环境和服务，还借助体验场景突出了其品牌文化及其推崇的一种生活态度，让消费者在体验的同时感到满意，也对其文化氛围和生活态度产生认同，从而对其产品产生好感和信任，并将其转化为购买力。

资料来源：公关之家，http：//www. gongguanzhijia. com/article/3330. html。

## 二、4P 营销策略

1964 年，美国麦卡锡教授将市场营销学的研究对象概括为“4Ps”，既产品（product)、渠道（place)、价格（price)、促销（promotion)。它研究的是，如何选择最适当的时间、最适当的地点，以最适当的价格和方式，将最适当的产品供应给最适当的顾客。4P 理论是最为常见，也是最经典的营销策略组合。

（一）产品

产品是指能够通过交换满足消费者某一需求和欲望的任何有形物品和无形服务，是市场营销组合中的第一要素。产品整体由核心产品、形式产品、期望产品、附加产品及潜在产品等五个层次组成。

核心产品指消费者购买某种产品时所追求的产品的基本效用和基本功能。

形式产品/基础产品指核心产品借以实现的形式，即向市场提供的产品实体或外观，由质量、特征、样式、品牌和包装等基本特征构成。

期望产品是顾客在购买产品时期望的一整套属性和条件。

附加产品指顾客购买产品时所得到的附加服务和利益。

潜在产品指产品最终可能的所有增加和改变（见图 7－8)。

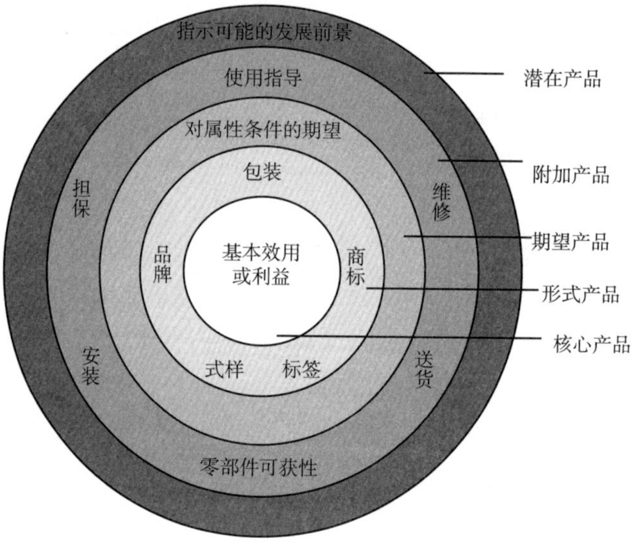


图 7－8 产品整体层次

根据产品整体层次理论，创业团队在制定产品策略时，必须明确消费者追求的核心利益，需要关注品牌形象、服务等方面的无形要素，打造差异化产品和产品组合，更应当重视各种售后服务。

1. 明确核心利益，产品是为了满足消费者需求诞生的。很多时候因为产品销量不好，而加大广告推广力度是本末倒置的，企业要先聚焦核心利益、改进产品、适应市场。

2. 关注无形要素，其中最为关键的是品牌。品牌简单地讲是指消费者对产品及产品系列的认知程度，是人们对一个企业及其产品、文化价值的一种评价和认知，是一种信任。创业团队可以通过情感导入、文化导入、专业权威等方式，树立自身形象，促进产品信息的迅速传播，提升产品附加值，以吸引众多的品牌忠诚者、使用者。例如，著名牙膏品牌“高露洁”，在广告宣传时强调是中华口腔医学会和中华预防医学会共同推荐，用权威专业的肯定认证，体现产品效果，增加信任感。

3. 打造产品差异，有时企业推出的不是单个产品，而是系列产品，因此还需要考虑产品线的组合问题。企业可以利用不同的产品线，满足企业的不同目标，来赢得市场竞争。例如，用哪些产品来打价格战提升市场份额；用哪些产品来获取高额利润；用哪些产品来塑造品牌形象、获得领先认知。

4. 重视售后服务，产品销售过程的服务包含售前、售中、售后三个环节。我们为什么选择重视售后呢？根据不完全统计，在获客流量成本越来越高的当下，挽留一个老客户比发展一个新客户节省 3～10 倍的成本！老客户对企业的黏性高，会为企业带来 80% 的利润刺激，产品售后便是提高客户满意度、激发客户长久黏性的关键环节。常见的售后服务包括三包（即包修、包换和包退）；电话回访或者直接上门回访；负责产品的售后维修服务；进行技术方面的指导；特定产品的安装及调试；回复消费者的问题，解答消费者的咨询，处理消费者的意见等。

【例 7－7】说到诺基亚这个手机品牌，相信对大多数消费者来说并不会陌生。当年诺基亚凭借着出色的品控和优秀的外观设计吸引了非常多的消费者争相购买，一度占据了全球市场 70% 的市场份额，成为名副其实的手机霸主。

随着智能手机在全球范围内的高速发展，诺基亚的市场霸主地位也被 iPhone 以及各种安卓手机所蚕食，可谓是一落千丈，直接退出了手机市场。诺基亚的领导地位被颠覆，不是品牌、质量以及价格出了问题，而是没能认清智能手机的趋势，是核心产品与消费者需求不再匹配的最终结果。

复盘现在的手机市场，我们发现，同一个市场下消费者需求千差万别，每个产品只要能满足一部分需求，就能吃到相应的细分市场份额。无论是号称极致设计的苹果、擅长顶层设计的华为、聚焦性价比的小米、主打充电拍照的 oppo 等，在市场竞争中都有其位置。

### （二）渠道

渠道是指商品从生产企业流转到消费者手上的全过程中，经历的各个环节和推动力之和。创业者在为产品设计渠道时，首要考虑的是你的理想和潜在客户在哪里，再思考可以通过什么渠道接触到他们？线上还是线下？线下的话，主要是哪些城市哪个商城？线上的话，同类产品在哪些平台比较活跃，你是否了解这些网络平台的优缺点和特性？一般来说，在创业初期，创业团队会选择最容易触达到消费者、最有能力把握的2～3个核心渠道，把它们集中精力运营好。等有了一定的客户和经验积累后，再考虑拓展新渠道。

1. 按照有无中间环节，可以分为直接渠道和间接渠道两种。

（1）直接渠道，是由生产者直接把产品销售给最终用户，主要形式有：生产者直接销售产品；销售人员上门推销；通过设店、设门市部销售；邮寄；电话、电视直销；网上销售；与用户、客户之间的合约销售等。

优点：①对于用途单一、技术复杂的产品，可以结合客户需求，针对性地安排生产；②生产者直接向消费者介绍产品，便于消费者更好地掌握产品性能、特点及使用方法；③由于直接渠道不经过中间环节，可以减少产品损耗、变质的损失，降低流通费用，掌握价格的主动权。

缺点：生产者还需要在产品销售上花费一定的人力、物力、财力，使销售范围受到较大限制，从而会影响销售量。

（2）间接渠道是指至少包括一个中间商的渠道，这也是消费品销售的主要渠道方式。近些年网红带货如火如荼，通过综艺《所有女生的OFFER》，我们可以发现，其实各类网红直播间，本质就是一个间接渠道，利用大量的粉丝资源和不同的品牌方进行谈判，从而获得较大讨价还价能力；又因为带货直播拿掉了大部分的运输仓储和人工费，也就大大降低了货物的价格，导致网红直播间的东西常常会打上“优惠”标签。

优点：①中间商的介入，使交易次数减少，节约流通领域的人力、物力、财力和流通时间，降低了生产企业销售费用和产品价格；②充分利用中间商的仓储、运输、保管作用，减少了资金占用和耗费，并可利用中间商的销售经验，进一步扩大产品销售；③中间商的介入，不仅使生产者可以集中精力搞好生产，而且可以扩大流通范围和产品销售，有利于整个社会生产者和消费者；④中间商庞大的销售网络，能收集大量信息，掌握市场动态。

缺点：由于中间商的介入，生产者和消费者不能直接沟通信息，生产者不易准确地掌握消费者的需求，消费者也不易掌握生产者的产品供应情况和产品的性能特点，生产者难以为消费者提供完善的服务。

2. 根据中间商的数量对传统渠道分类，直接分销渠道两端为生产者和消费者，没有中间商，称为零级渠道；间接分销渠道则根据中间环节的数量分为一级、二级、三级甚至更多级的渠道。例如，主打“青春小酒”的江小白，不同于传统渠道设有多级分销，层层代理。江小白采用扁平化策略，只设有一级渠道，偏远地区设有二级渠道，还有分销商。通过简单的分销让流通效率更高，无论是大型商超，还是街边小卖部，或者是街边小饭馆，基本上覆盖了消费者所有的活动范围，只要消费者想喝，随时随地都可以买到，这就是渠道选择的成功。

【例7-8】不同档次产品，渠道选择上存在差异性。为了满足世界各地消费者的多样化需求，欧莱雅打造了“金字塔”形的产品体系，并制定了与其密切配合的渠道策略。(1) 在高档的商店里，欧莱雅出售像兰蔻、赫莲娜、碧欧泉这样价格在300~800元之间高端产品；(2) 金字塔的中部，它拥有百元左右的巴黎欧莱雅以及只在药房中出售的价值150~250元的薇姿、理肤泉品牌，还有仅在专业发廊中出售的卡诗和欧莱雅护发系列；(3) 在大众消费品方面，也就是金字塔塔底，则是美宝莲、卡尼尔价格定位在几十元的大众品牌，这些在超市、百货商场等大众消费渠道销售。

（三）价格

价格是消费者购买产品所支付的代价或付款，包括货币数量、折扣、支付期限等。价格或价格决策直接关系到企业的利润情况。一般来说，影响定价的主要因素有三个，分别是市场需求、产品成本和行业竞争情况。

市场需求是影响企业定价的重要因素，也是制定产品价格的上限。同时，需求价格弹性也会对定价产生影响。需求价格弹性是指价格变动而引起的需求相应变动的比率，反映需求变动对价格变动的敏感程度。一般来说，产品与生活关系越密切，产品越独特，替代品和竞争品越少，需求的价格弹性越小。例如，大米、纸巾等日常生活必需用品，一般需求弹性比较小，消费者购买受价格影响较小。

产品成本，包括生产成本、销售成本、储运成本、机会成本等，成本决定了产品价格的下限，是商品价格构成中最基本、最重要的因素。为什么经济危机期间，牛奶卖不掉宁可倒掉也不送人？简单说是没办法“免费”送人，因为把牛奶送到人手里，需要中间的各种包装、运营、销售、人工等成本，即使牛奶原材料免费，这些交易成本消费者也承担不起。这样一来，倒掉反而是成本最低的选择。

行业竞争。产品的最高价格取决于市场需求，最低价格取决于该产品的成本费用，在最高价格和最低价格之间，企业能把这种产品价格定多高则取决于竞争者同种产品的价格。

在定价过程中，企业要根据不同的市场定位，思考以下问题：你能承受的最低价格是什么？你认为你的客户群能接受的最高价格是多少？你的客户群对于价格高低和变化是否敏感？有哪些竞争对手你希望价格比他们低，哪些你希望比他们高一些？根据定价核心依据不同，可分为以下三种定价方法。

1. 成本定价法是以产品的成本作为定价的基本依据，定价较少地考虑市场需求和竞争状况，直接在产品成本基础上增加一定利润额或是一定百分比的加价。加价可能按照行业内标准执行，也可由创业者自行决定。

这种方法的优势在于直截了当，较容易解释产品或服务的价格，能在一定程度上保证企业实现预期利润。它的劣势在于产品成本并不容易估计出来。而且，价格一旦确定就很难提价，即便是企业的成本不可预测地升高了。此外，成本定价法基于企业认为自己应该得到多少而定，并没有考虑市场认为产品或服务的价值是多少。若全行业采用，则避免价格竞争。

【例7－9】特斯拉的价格在全球市场都是一个标准：以原产地价格为基准点，计算运输、搬运成本，从表7－3特斯拉 Model 3 标准续航版历史价格变动可知，每一次价格调整大多是由于成本变动。这也是为什么特斯拉在欧洲价格比国内市场更高的原因，因为价格中还包括了运费与装卸费用。

**表7－3　特斯拉 Model 3 标准续航版历史价格变动**　　单位：万元

| 时间节点 | 价格 | 增减额 | 备注 |
|---|---|---|---|
| 2019年6月1日 | 32.8 | — | 发布价 |
| 2019年10月25日 | 35.58 | +2.78 | 预订价 |
| 2019年12月6日 | 33.10 | -2.48 | 获得国家补贴 |
| 2020年1月3日 | 29.90 | -3.2 | 配件价格调整 |
| 2020年4月24日 | 30.35 | +0.45 | 补贴新规 |
| 2020年5月1日 | 27.10 | -3.25 | 适应补贴新规 |
| 2020年10月1日 | 24.99 | -2.11 | 采用磷酸铁锂电池，成本更低 |
| 2021年5月8日 | 25.09 | +0.1 | |
| 2021年7月30日 | 23.59 | -1.5 | 成本进一步降低 |
| 2021年11月19日 | 25.09 | +1.5 | |
| 2021年11月24日 | 25.56 | +0.47 | 补贴退坡 |
| 2021年12月31日 | 26.56 | +1.0 | 缺芯潮、缺电池 |
| 2022年3月15日 | 27.99 | +1.4 | 俄乌危机材料涨价 |
| 2022年10月24日 | 26.59 | -1.4 | |

资料来源：作者结合网络资料整理。

2. 价值定价法。价格是在估计消费者购买产品愿意支付的金额基础上制定的，这取决于购买者对产品价值的感知和市场强度。有时，为了作出决定，企业必须通过测试来确定顾客愿意支付的价格。企业可通过定位、品牌和其他营销组合因素影响顾客的价值感知。

多数专家推荐价值定价法，因为这种方法取决于消费者产品或服务的感知价值，而不是忽略客户、在成本基础上直接加价。一位消费者在一小卖部喝一杯咖啡、吃一块点心要付1.5美元；在饭店的咖啡厅，同样的东西需要2.5美元；如果送到饭店的房间里享受，需要3.5美元，价格一级比一级高，这并不是由成本的增加而导致的，而是由于附加的服务和环境气氛为产品增加了价值，消费者对产品的感受、理解不同所致。

此外，大多数消费者在考察产品或服务的价格时，会进行价格—质量归因，即很自然地认为高价产品也是高质量产品。如果企业对产品定价较低，顾客可能由此判断产品质量较差。

3. 竞争导向定价法是以市场上相互竞争的同类产品价格作为定价的基本依据。可以尽可能多地采取竞争对手的价格作为数据样本，计算出这个领域的平均收费价格，和一定时间段的价格发展趋势来作为定价的判断。

如果企业在行业中已经处于领先地位，可以收取额外的费用，或者高于平均水平的费用。但是对于创业团队来说，当刚进入某一领域，特别是竞争比较激烈的领域时，一般会选择免费或是低价提供产品。强烈建议刚开始做个人品牌的创业者可以考虑免费输出内容，你馈赠给客户有价值的东西越多，客户就越有可能在未来回报给你。

（四）促销

促销是指企业将产品特征向目标市场传达，以促进其对企业的了解、信赖，并达到刺激需求、促成购买、扩大销售等目的的一系列活动。本质上是一种通知、说服和沟通活动，是卖方企业和潜在顾客之间进行信息沟通的过程。

在制定促销策略时，创业团队需要结合自身资源要素和产品特点，考虑到你的目标客户如何才能发现你？哪些是你的目标客户最主要的获取信息的渠道？哪些是比较理想的进行网络推广的时间和时期？哪些内容或信息是最有效的？最接近的一些竞争对手是如何进行推广的？

一般来说，促销组合包括广告、人员推销、营业推广和公共关系四个方面。

1. 广告是指广告主以付费的方式，通过报纸、杂志、广播、电视、网络等特定的媒体传播商品、劳务和理念等信息，以达到一定目的的一种信息传播手段。例如，电视中那句耳熟能详的广告词“今年过节不收礼，收礼只收脑白金”，通过不断重复将脑白金的用户场景定义得很清晰，在消费者心中把“过节、收礼”和“脑白金”关联起来，下次一想到给长辈送礼，就会想到脑白金。

2. 人员推销又叫人员销售，是指企业派出推销人员与一个或一个以上可能成为购买者的人交谈，说服和帮助消费者购买某种商品或服务的活动。人员推销优点在于可以双向沟通、合理剪裁信息、直接对消费者进行回馈；但是缺点也很明显，费用高、信息无法统一、销售团队与管理部门容易起争端、到达率低、面临潜在道德危机、对销售人员要求较高等。

3. 营销推广又叫销售促进，是指企业运用各种短期诱因鼓励消费者购买和促进经销商效率的非常规与非经常性的销售尝试。具体形式：陈列、展出与展览表演、有奖销售、赠品促销、廉价包装、折价购货券等。这种方法表现直观，促销效果显著；灵活多样，适应性强；一般用于短期促销，有一定的局限性和副作用。双十一的“买一赠一”“立减金”“膨胀金”“预售”等方式都是营销推广的一种方式。

4. 公共关系又叫公众关系，是指某一组织为改善与社会公众的关系，促进公众对组织的认识、理解和支持，达到树立良好组织形象、促进商品销售目的的一系列促销活动。一般通过利用新闻媒体、参与社会活动、组织宣传展览和塑造企业文化等方式实现。

【例7-10】从元气森林看年轻化的4P营销策略

这些年有个品牌火了，那就是元气森林。随着市场的更迭，年轻人成为消费的主力军，元气森林一直在随着市场更新换代，不断地契合年轻人的真正需求。事实上，让营销年轻化的方法只不过是改变4P的营销策略，逐步创造一套属于自己的新标准。

1. 产品（product）：自带传播且惊艳的产品。在品类上，元气森林最初专注于两大细分市场：一是在无糖茶领域，推出了燃茶，重点是“无糖、油腻、燃茶”；二是气泡水领域，介绍了汽水泡水这种饮料，重点是介绍了“0糖、0脂、0卡”的生产工艺。一方面抓住了想健康又舍不得美味的消费者的心态；另一方面，包装也符合崇尚个性和价值至上的年轻观众的审美。它的设计是否借鉴日本品牌，这里不多讨论。引用一位微博网友的话，这种相似性是一种“有既视感但你又不能说是抄的东西”。

2. 价格（price）：好用不贵且合理的价格。价格营销是指根据市场需求、合理制定价格，通过适当降低产品价格刺激市场销售。价格营销是企业营销组合的重要组成部分。消费者在购买商品时，价格的因素影响往往是决定商品能否成交的重大因素。对于元气森林来说，价格会比普通的产品稍微高一点，但是同时由于视觉设计效果分析和相关产品技术本身所带来的消费体验，以及社会消费的主流人群——年轻人群体来说，合理地使用了价格策略。

3. 渠道（place）：体验完美且便捷的渠道。元气森林的营销很投机取巧，恰逢互联网企业营销信息时代，通过年轻女性的“种草社区”——小红书精准广告投放关键词，获得一大波粉丝消费群体。通过直播互动，提升了流动性，改善了过去向报纸、杂志、问人的笨方法，充分把握互联网营销渠道，让消费者体验到完善便捷的品牌认知渠道，从而传播品牌认知，提高宣传质量。

4. 促销（promotion）：内容满满且个性的促销。产品与促销密不可分。在当前的市场发展形势下，内容营销可以更多地获得消费者的购买心理，通过一波流量明星背书和品种植入活力森林，成功激活品牌的年轻形象，并利用其背后的粉丝经济塑造品牌认知。例如，标题的综艺节目《元气满满的哥哥》，创新、活力的节目色调与森林的形象非常协调。除了花样百出的综艺节目植入，元气森林还跨界国民手游《和平精英》、螺蛳粉品牌“好欢螺”等，不断输出品牌新鲜感，圈粉年轻人，并进一步扩大企业品牌知名度。此外，元气森林并未放弃线下营销推广，大规模投放电梯广告，进入大众视野，成功刷过一波熟悉度。推广不是硬植入，对于元气森林来说，无论是品牌形象采用日本动漫风格，还是各种营销渠道的“种草”，年轻的营销思维充分显示出其差异化定位。

年轻化营销已经成为市场的流行趋势。在营销层面，准确分析当代年轻人的习惯，从内到外将产品、渠道、营销、品牌、消费者融为一体，规划一个从消费心理的构建到消费行为生成的完整闭环。因此，对于很多企业来说，品牌升级刻不容缓。

资料来源：知乎“校果”，https：//zhuanlan. zhihu. com/p/388145763？utm _ medium = social&utm _ oi = 616898429339701248&utm_psn = 1570673473277575168&utm_source = wechat_session。

## ▶ 项目训练

### 活动一　小组讨论——SWOT 分析

围绕选择的创业项目，小组讨论完成 SWOT 分析

1. 外部环境中有哪些机会？

______________________________

______________________________

______________________________

2. 外部环境中有哪些挑战（威胁）？

______________________________

______________________________

______________________________

3. 相较于竞争对手，创业团队有哪些优势？

______________________________

______________________________

______________________________

4. 相较于竞争对手，创业团队有哪些劣势？

______________________________

______________________________

______________________________

5. 根据上述分析，明确 SO、WO、ST、WT 相应象限适配的战略（见图 7－9）。

| 项目 | 优势（S） | 劣势（W） |
|---|---|---|
| 机会（O） | | |
| 威胁（T） | | |

**图 7－9　SWOT 分析模型**

## 活动二　思考训练——营销应用

（一）利用 STP 方法，明确目标市场及定位

1. 进行市场细分。

______________________________

______________________________

______________________________

2. 选择目标市场。

______________________________

______________________________

______________________________

3. 明确市场定位。

______________________________

______________________________

______________________________

（二）针对目标市场，结合创业项目属性和团队现有资源，制定下一步营销策略

1. 产品。

______________________________

______________________________

______________________________

2. 渠道。

______________________________

______________________________

______________________________

3. 价格。

4. 促销。

笔记区

# 单元八　创业前要做哪些准备

## ☞ 单元概述

古人云：凡事预则立，不预则废。即做任何事情，事先做好准备就会成功，否则就要失败。宜未雨而绸缪，毋临渴而掘井。事情要早做准备，不要事到临头才想办法。创业是靠自己的能力来撑起自己的一片天空，创业是许多人的梦想，是自己雄心壮志的体现，是大展拳脚的机会，也是扬名立万的机遇。所以，创业前的准备工作是少不了的。本单元给大家分享创业前需要做的准备工作。

## ☞ 学习目标

**知识目标：**

(1) 了解创业计划的特征；

(2) 了解创业计划书的作用及内容；

(3) 了解大学生创业法务和推介方法。

**技能目标：**

(1) 掌握创业计划书的编写原则；

(2) 掌握创业计划书的撰写要求和格式要求；

(3) 掌握大学生创业法务基本知识；

(4) 能够制订一份创业计划书。

**素养目标：**

(1) 通过撰写创业计划书，增强大学生创业团队的合作意识和团队凝聚力；

(2) 通过编写创业计划书和推荐创业计划，增加学生对创业教育的认同感；

(3) 通过对创业法务知识的学习，提高大学生法制教育效果，树立正确的创业观念。

## 主题一　全面认识创业计划书

在计划书中每一句感动你我的文字图表后面，有着我们真挚的情感和故事，有着我们一起努力的心血和倾诉。如果你想要创业，想要获得他人的投资，就需要把自己的创业想法和计划用书面的形式直观地展示给他人，这就需要我们会写创业计划书。对于创业者来说，创业计划书是进行融资的必备文件。近年来，创业融资的程序日益规范，作为投资公司进行项目审批的正式文件之一，创业计划书的编写已经成为越来越多创业者的“必修课程”。

## 一、创业计划书的概念

创业计划书又称商业计划书，是指按国际惯例通用的标准文本格式写成的项目建议书，是全面介绍公司和项目运作情况，阐述产品市场及竞争、风险、未来发展前景和融资要求的书面材料。

创业计划书是创业者叩响投资者大门的“敲门砖”，是创业者计划创立的业务的书面摘要。一份优秀的创业计划书往往会使创业者达到事半功倍的效果。

创业计划书是一份全方位的商业计划，其主要用途是递交给投资商，以便于他们能对企业或项目做出评判，从而使企业获得融资。它是用以描述与拟创办企业相关的内外部环境条件和要素特点，为业务的发展提供指示图和衡量业务进展情况的标准，通常创业计划是结合了市场营销、财务、生产、人力资源等职能计划的综合表述。

## 二、创业计划书的作用

创业计划书是创业的行动纲领和路线图，不仅能为创业者提供行动指南，也能为创业者与外界沟通提供基本依据，还能成为创业融资的基本工具。具体而言，体现在以下三个方面。

### （一）帮助创业者自我评价，厘清思路

在创业融资之前，创业计划书首先应该是给创业者自己看的。办企业不是“过家家”，创业者应该以认真的态度对自己所有的资源、已知的市场情况和初步的竞争策略作尽可能详尽的分析，并提出一个初步的行动计划，通过创业计划书使自己做到心中有数。另外，创业计划书还是创业资金准备和风险分析的必要手段。对初创的风险企业来说，创业计划书的作用尤为重要，一个酝酿中的项目，往往很模糊，通过制订创业计划书，把正反理由都书写下来，然后再逐条推敲，创业者就能对这一项目有更加清晰的认识。

### （二）帮助创业者凝聚人心，有效管理

一份完美的创业计划书可以增强创业者的自信，使创业者明显感到对企业更容易

控制、对经营更有把握。因为创业计划提供了企业全部的现状和未来发展的方向，也为企业提供了良好的效益评价体系和管理监控指标。创业计划书使得创业者在创业实践中有章可循。

创业计划书通过描绘新创企业的发展前景和成长潜力，使管理层和员工对企业及个人的未来充满信心，并明确要从事什么项目和活动，从而使大家了解将要充当什么角色，完成什么工作，以及自己是否胜任这些工作。因此，创业计划书对于创业者吸引所需要的人力资源、凝聚人心，具有重要作用。

### （三）帮助创业者对外宣传，获得融资

创业计划书作为一份全方位的项目计划，它对即将展开的创业项目进行可行性分析的过程，也在向风险投资商、银行、客户和供应商宣传拟建的企业及其经营方式，包括企业的产品、营销、市场及人员、制度、管理等各个方面。在一定程度上也是拟建企业对外进行宣传和包装的文件。

一份完美的创业计划不但会增强创业者自己的信心，也会增强风险投资家、合作伙伴、员工、供应商、分销商对创业者的信心。而这些信心，正是企业走向创业成功的基础。

## 三、创业计划的特征

### （一）创业计划涉及未来，因而应具有预见性

不论个人或组织，我们都必须在对未来进行充分估计的基础上行动。因此，运用科学的方法对未来进行预测，应是计划的一个基本组成部分。这些预测按内容分类，包括国家宏观经济前景及变动预测等。正确的预测将有助于创业者免于掉入灾难的陷阱。

### （二）创业计划涉及行动，因而需要有可行性

创业就是行动，没有具体的行动，创业就是一句空话，所以创业计划又可称为创业行动计划。它既指出了所要达到的目标，又指出了所要遵循的路线、通过的阶段和所使用的手段。因此，失去了可行性，就会失去指导行动的功能。

### （三）创业计划涉及许多复杂的环境因素及其变化，因此应具有灵活性

创业者受自身知识结构、所获信息数量和质量的限制，完全准确地看清未来是不可能的。因而对于不确定的未来，创业计划应是相当灵活的，能根据人们认识的深化

而调整。越是能在计划中体现灵活性，由偶发事件发生所造成损失的风险就越小。另外，创业的不同阶段，对计划的要求是不同的。一般说来，在创业的初期，要求计划更具有指导性；在创业的成长期，要求计划更为具体和详细；在创业的成熟期，要求制订长期的、具体的战略发展计划。

## 四、创业计划书的基本结构

一份完整的创业计划书由封面、目录、正文和附录四部分组成。

### （一）封面

封面也称标题页，此页可以放一张企业的项目或产品彩图或企业 logo，但还需留出足够的版面排列以下内容：创业计划书编号、标题、企业名称、项目名称、联系人及联系方式、公司主页、日期等。其中，标题明确了创业项目的名称，体现了创业企业的经营范围，一般在封面以醒目的字体标示出来，如《××创业计划书》。

### （二）目录

目录是正文的索引，需要按照章节顺序逐一排列每章大标题、每节小标题，以及各章节对应的页码。初步写完创业计划书后，要注意确认目录页码与内容的一致性。

### （三）正文

正文是创业计划书的主要内容，包括摘要、主体和结论三大部分。

1. 摘要。摘要是整个计划书的精华和亮点，也是整个计划书的灵魂。摘要是对企业的基本情况、竞争能力、市场地位、营销战略、管理策略，以及创业项目的投资前景及风险预测等方面的综合概述。摘要是对整个创业计划书做出的精华式的总结，所以通常在计划书的主体完成后编写。一份出色的摘要应简短而精练，1~2 页纸即可。

2. 主体。主体是对摘要的具体展开。为了让读者一目了然，一般采取章节式、标题式的方式逐一描述。主体的内容具体包括企业介绍、市场分析、组织结构介绍、前景预测、营销策略描述、生产计划展示、财务规划和风险分析等。

3. 结论。结论是整个创业计划书内容的总结式概括。它和摘要首尾呼应，体现了文本的完整性。

### （四）附录

附录是对主体部分的补充。受篇幅限制，不宜在主体部分过多描述的，不能在一个层面详细展示的，或需要提供参考资料、数据的内容，一般放在附录部分，以供参考。创业计划书的附录一般包括以下内容：企业营业执照、审计报告、相关数据统计、财务报表、新产品鉴定、商业信函、合同等；相关荣誉证书等。

# 主题二　编制创业计划书

培根说："写作使人精确"。认真撰写商业计划将会使你对创业项目有更深刻的认识，写作过程可以有效检验思想的逻辑性和一致性。

了解创业计划书的内容后，创业者还应掌握创业计划书的编制原则和要求，然后基于对行业、市场的充分研究，编制创业计划书。需要注意的是创业计划书的措辞要准确，行文要条理清晰，内容要简明扼要。

## 一、创业计划书的编写原则

创业计划书是市场营销、财务、生产、人力资源等职能计划的综合，创业者在所有计划书中呈现企业的竞争优势以及投资者可以获得的利益，并尽可能地提供较多的客观数据来加以佐证，这样才能打动投资者。在具体编制过程中，创业者应把握以下原则。

### （一）客观实际原则

要写一份较为完善的创业计划书，创业者需要收集和利用大量的信息，并对所有信息进行筛选和综合分析，尽量客观、实际，切勿凭自己的主观想法进行判断。

### （二）文字精练原则

创业计划书要简洁明了，避免出现与主题无关的内容，应开门见山、直奔主题。投资者没有时间，也不愿意花过多的时间来阅读一些对他们来说毫无意义的东西。因此，文字精练、观点明确的创业计划书较容易引起投资者的注意和兴趣。

### （三）内容完整原则

一份好的创业计划书应尽可能地充实完善。为投资者展示一个完整的企业发展蓝图。

### （四）展示优势原则

为了打动投资者，创业者在创业计划书中应尽可能地呈现出企业的竞争优势，显示出经营者创造利润的强烈愿望，并明确投资者预期可以获得的报酬，但是不能一味地强调投资的优势和机遇而忽略潜在的不足与风险。

（五）前后一致原则

创业计划书要内容完整，尽量提供各项材料及佐证资料，并使预估与论证相互呼应、前后一致，具有较强的逻辑性。

## 二、创业计划书的编制要求

创业计划书的编制是一项复杂的工作，创业者必须按照科学的逻辑顺序对诸多可变因素进行系统的思考和分析，才能得出相应结论。为了撰写出一份内容真实、有效并对日后的生产经营活动有帮助的创业计划书，创业者应遵循以下要求。

（一）信息的准确性和可靠性

创业计划书的首要要求就是信息的准确性和可靠性，建立在错误信息上的结论通常也是错误的。创业者可以通过多个渠道来收集信息，并对所有的信息进行综合分析，以确定这些信息的可靠程度。真实、可靠的信息不仅可以保证创业计划书的实用性，而且还可以让投资者更加信服。

（二）内容的全面性和条理性

创业计划书要尽可能全面地涵盖企业经营的各个方面。创业计划书有一些固定的模式，按这些模式来设计就不会让潜在的投资者在看创业计划书时找不到他重点关注的内容。除此之外，创业者还需要将涉及的每一个问题以及所需要的信息清晰、有条理地展示出来。

（三）叙述的简洁性和通俗性

简洁性是指创业计划书在叙述语言上应当平实，最好开门见山，让投资者明白创业者想要做什么，不使用过于艳丽的图片和过于夸张的版式。通俗性是指创业计划书中应尽量避免使用专业术语，做到通俗流畅。

（四）计划的可接受性和实施性

在创业计划书中，创业者要明确计划所需投入资源的种类与数量，确保计划的可行性，这样才能让投资者接受这一计划。

## 三、创业计划书的编制步骤

### （一）经验学习

初创企业的创业者并没有撰写创业计划书的经验。此时，可以先收集国内外较为成功的创业计划书范文、模板及相关资料。研究这些资料所包含的内容、结构和写作手法后，吸收其中的精华，理清自己写作的思路。

### （二）创业构思

一个成功的企业源于一个优秀的企业构思。如果构思就不正确，企业后期必将经营困难，甚至破产倒闭。因此，成熟的创业者应具有较为完整的创业构思，单纯的只是看别人的生意好就跟着学，容易导致失败。

创业者在进行创业构思时，要冷静分析、谨慎决策，考虑多方面的问题，如企业的名称是什么？怎么寻找合适的创业模式？企业的产品或服务如何？怎样找到投资者？怎样预见可能遇到的各种问题？

### （三）市场调研

市场调研就是市场需求调查，是指通过运用科学的方法，有目的、有计划地收集、整理、分析有关供求、资源的各种情报、信息和资料。市场调研是展现现有市场和预测未来发展趋势的调研活动，它为创业者制作营销策略和企业决策提供了正确、有效的依据。市场调研的主要内容包括市场环境调查、市场需求调查、市场供给调查、市场营销调查以及市场竞争调查5个方面。

1. 市场环境调查。市场环境调查主要包括政治法律环境调查、社会文化环境调查、经济环境调查以及自然地理环境调查等。具体的调查内容可以是国家的方针政策、法律法规、经济结构、市场购买力水平、风俗习惯、气候等各种影响市场营销的因素。

2. 市场需求调查。市场需求调查的主要目的是估计某个产品市场规模的大小及产品潜在的需求量。市场需求调查的具体内容包括消费者的需求、消费习惯、消费者关注的产品属性以及市场需求量、市场价格水平等。

3. 市场供给调查。市场供给调查主要包括产品生产能力调查、产品实体调查等，具体调查内容包括产品产量、生产周期、铺货渠道、市场接受度以及产品使用寿命等。

4. 市场营销调查。市场营销调查是指针对目前市场上经营的某种产品或服务的促销手段、营销策略和销售方式等进行调查，包括促销方式、折扣水平、宣传手段等。

5. 市场竞争调查。市场竞争调查是通过一切可获得的信息来查明竞争对手的策略，具体调查内容包括竞争对手的规模、数量、营销策略以及分布与构成等。市场竞争调查是创业者制定营销战略的重要参考。

### （四）方案起草

收集到足够的信息后，创业者即可开始起草创业计划书。由于创业计划书中包含的内容众多，创业者在计划时要明确各个部分的作用，做到有的放矢。创业者可以制定一个任务表，在表格中将需要完成的各项任务细化出来，标明其先后顺序、负责人等。

同时，在撰写创业计划书的过程中，创业者还需咨询律师或顾问的意见，确保计划书中的文字和内容没有歧义，不会让人产生误解。

### （五）修饰

在撰写创业计划书的过程中，大学生创业者要注意控制篇幅。简要的创业计划书一般为 5 ~ 15 页，全面翔实的创业计划书一般在 40 页以内。创业计划书的封面要简洁有新意。封面的纸质要坚硬耐磨，尽量使用彩色纸张，以增加文件外观的吸引力，但颜色不要过于花哨。版本装订要精致，要按照资料的顺序进行排列，并提供目录和页码，最后还要附上计划书中相关材料的复印件。

### （六）检查

对创业计划书文本和内容进行检查，以保证计划书的正确和美观。创业者对文本进行检查时主要是查看文字描述、语言措辞、数据运算等是否准确；表格图形、资料引用、模型格式、数据处理等是否存在不合理之处；格式排版是否美观。内容检查则是从阅读者的角度进行审视，对创业计划书所反映内容的完整性、科学性和合理性等进行核查。

## 四、创业计划书的内容和编制方法

### （一）创业计划书封面

封面是创业计划书的脸面，如同大学生的求职简历，它会首先呈现在投资者面前，因此一定要有独特的风格。创业计划书的封面重在设计，要求设计者要有一定的审美能力和艺术天赋。

### （二）计划摘要

计划摘要是创业计划书内容的精华，计划摘要涵盖计划的要点，应做到一目了然，以便投资者能在最短的时间内评审计划并作出判断。一般而言，计划摘要包括项目亮点概述、产品或服务介绍、行业前景介绍、竞争对手分析、团队介绍、财务分析和融资说明等内容。计划摘要应尽量简明、生动，特别要说明所创办企业与同行业其他企业的不同之处，以及创业企业能够在市场中获取成功的主要因素。

1. 项目亮点概述。采用最具诱惑力的话术来解释为什么该项目是一个商机，通常可以直接、简练地描述解决某个重大问题的方案或产品。

2. 产品或服务介绍。清晰地描述消费者当前面临或未来将会面临的某个重大问题，并说明该项目将怎样解决这个问题。

3. 行业前景介绍。用科学、客观的语言来简要描述市场规模与增长趋势，以及美好前景。行业前景介绍要有调查、有结论、有数据，避免使用空洞、宽泛的语句。

4. 竞争对手分析。主要描述该项目的竞争优势和核心竞争力，以及当面对竞争对手时创业团队预先设计的各种解决方案。此外，对于如何保持该项目的核心竞争力也应该进行简短描述。

5. 团队介绍。用简洁的语言来展示创业者和核心管理团队的背景及成就，突出团队的专业性和未来前景。

6. 财务分析。一般使用表格（如现金流量表、资产负债表、利润表）来展现未来1~3年的核心财务指标。

7. 融资说明。陈述该项目期望的融资金额、主要用途以及使用计划等。

以上只是一个基本的模板，创业者还需要以自身实际情况来决定撰写计划摘要需要涉及哪些内容以及各个部分的详略。

【例8-1】优秀的计划摘要

张三是一名大三的学生，在临近毕业前他参加了本地各高校联合举办的创新创业大赛。在大赛上，张三通过创业计划书展示了他和同学共同研发的室内绿化项目。风险投资者在看到他提交的创业计划书时，仅凭一页计划摘要就对项目产生了浓厚的兴趣。张三计划摘要的内容如下。

项目简介：本公司着力打造"人与自然"和谐共处的居住理念。随着社会经济的发展，人们的居住条件得到了改善，但生存环境在不断恶化，尤其是装修污染问题日益严重。

目前，新装修的房屋绝大部分室内环境达不到国家环保的标准，而由于室内空气污染引起的支气管炎、肺癌、呼吸道疾病以及白血病患者的数量在不断增加。如何通过室内绿化来美化环境、消除污染将成为人们装修时最关注的问题。

项目进展：项目初始投资100万元。经过3年的发展，公司营业收入及利润将每年递增，到第3年营业收入将达到460万元，税后利润达到120万元。

竞争优势：绿色环保产业是国家重点扶持和重点发展的产业。目前，市场上还没有将室内绿化设计与植物的特效功能（如清除有害气体等）联系在一起的公司，该领域尚处于市场空白阶段。另外，各地方政府对该产业有相关的补贴政策。

产品介绍：通过室内绿化项目，消费者可以在健康与舒适的环境中生活，同时能降低因室内空气污染而引发疾病的风险。

团队介绍：创业团队由一群充满激情与创新精神的大学生组成。该团队拥有园林植物、观赏园艺专业的学生还有技术经济及管理专业的学生。其中，团队创始人还取得了室内绿化装饰师证书。

启示：张三的项目之所以能够吸引风险投资者的目光，不仅是因为创业计划书非常详细，还在于计划摘要简洁明了。一页计划摘要就清楚地介绍了所提供的产品，以及该产品是如何解决消费者的问题的，让投资者明白了该项目的商业价值。

### （三）企业介绍

企业介绍是对创业团队拟成立企业总体情况的说明，明确阐述创业背景和企业发展的立足点，以及企业理念、经营思路和企业的战略目标等。

### （四）产品或服务介绍

投资者最关心的问题之一就是产品或服务是否具有新颖性、先进性、独特性和竞争优势，以及该产品或服务能否以及在多大程度上解决现实生活中的问题。产品或服务介绍应提供所有与企业产品或服务有关的细节，以及企业所实施的所有调查内容，包括产品或服务的概念、性能及特性；主要产品或服务介绍；产品或服务的市场竞争力；产品或服务的研究和开发过程；发展新产品或服务的计划和成本分析等。

【例8－2】产品或服务介绍示例

产品介绍

1. 产品的用途、功能。

“鲜果一号”是一种可应用于果蔬类产品的生物性保鲜剂。鲜果一号喷洒在果蔬上可以明显地延长保鲜时间，具有绿色、无毒、热稳定、高效等特性。

2. 客户价值。

采用鲜果一号可为消费者提供绿色、新鲜的产品。同时，果品保鲜过程中腐败率的降低可为客户增加利润、减少损失。

3. 产品使用方法。

产品兑水喷洒能起到防腐作用。对于数量多的果蔬，可通过隔板旋转喷洒及冷链相结合的方式，达到保鲜的效用。其作用原理是在水雾周边形成一定区域的抗菌区，从而起到防腐的效用。以下是其可适用的3种情形。

（1）果篮采摘过程。在果篮的采摘过程中即可进行喷洒，以延长销售与储存过程中果蔬的保鲜时间，有利于获得最高的效益。此种做法对于普通农户来说，可以大幅度地延长产品从采摘到落果后产品的保鲜时间，使农户有更多的时间选择合适的经销商，从而在确保农户赚钱的同时，增加本公司的盈利，做到互利共赢。

（2）果篮储存过程。将保鲜剂按合理比例勾兑后即可对果蔬进行大批量喷洒，从而达到果蔬保鲜的效果。小商贩在售卖过程中，通过喷洒本保鲜剂，使产品新鲜如初。同时，公司也可为农户及电商平台在农贸产品的储存过程中提供产品与方案的保障，提高经济效益。

（3）果蔬运输过程。果品行业的突出重点是在果蔬运输过程中的产品保鲜，针对所运输果蔬的价值高低及客户的要求，亦分为不同的方案进行运输。对于低价值的果蔬产品及小客户，公司采用独有产品——广谐抗菌肽进行保鲜运输，满足所需的基本要求，即果蔬的保鲜。针对高价值的产品和大客户，则采用广谱抗菌肽与冷链技术结合的技术进行运输。同时，采用隔板喷洒技术，提高果蔬的保鲜率，减少坏果率。

启示：创业者要对产品或服务进行详细的说明，并且说明要准确，也要通俗易懂，尽可能少用专业术语，从而使非专业人员的投资者也能看懂。同时最好附上产品原型、图片或其他介绍等内容。

### （五）行业分析

在行业分析中，创业者应该正确评估所选行业的基本特点、竞争状况以及未来的发展趋势等。以下内容是创业者应该仔细思考并写进创业计划书的。

1. 简要说明企业所涉及的行业。企业如果涉及多个行业，应该分别进行说明。

2. 说明该行业的现状。这一部分尽可能多用数字、图表等形式来展示所要传达的信息，如行业增长率、销售百分比等。

3. 说明该行业的发展趋势和前景。在预测行业的发展趋势时，创业者不仅要考虑到微观的行业环境变化，还要考虑整个行业乃至整个社会经济的发展状况，并在此基础上对行业前景做简短的说明和预测。

4. 说明进入该行业的障碍以及克服障碍的方法。

### （六）市场预测与分析

行业分析即为分析企业所涉及的行业领域，而市场预测与分析是将产业细分，并瞄准企业所涉及的细分市场，市场预测与分析应包括以下 4 个方面的内容。

1. 市场细分和目标市场的选择。在创业计划书行业分析的基础上，创业要找到企业具体的目标市场，目标市场可以是一个细分市场，也可以是两个甚至更多个细分市场。在撰写创业计划书时，创业者要对每一个细分市场都进行详细的分析和说明。

2. 消费者行为分析。消费者行为分析是专门针对目标市场的消费群体所进行的分析。只有对目前市场的消费群体进行深入了解后，企业提供的产品或服务才更能满足他们的实际需求。在创业计划书中，这一部分一般采用调查问卷的形式对消费者行为进行分析。

3. 竞争对手分析。对市场的竞争情况进行分析也就是确定自己的竞争对手，分析竞争对手所采用的销售策略及其所售产品或服务的优势等。对竞争对手的详细分析有助于创业者了解竞争对手所处的位置，使企业更好地把握市场机会。

4. 销售额和市场份额预测。市场预测与分析的最后部分是销售额和市场份额预测。创业者需要用各种方法取得当前的行业数据，并以此对企业未来的销售额和市场份额进行预测。

### （七）营销策略

营销策略会受到消费者特点、产品特征、企业自身状况以及市场环境各方面因素的影响，是创业计划书中最具挑战性且非常重要的部分。创业计划书中的营销策略应当包括总体营销策略、定价策略、渠道与销售策略、促销策略等内容。

1. 总体营销策略。这部分简单介绍企业为销售其产品或服务所采用的总体方法。

2. 定价策略。企业定价的目标是促进销售，获取利润，这就要求企业既要考虑成本，又要考虑消费者对价格的接受能力。定价策略的类型有折扣定价、心理定价、差别定价、地区定价、组合定价以及新产品定价 6 种。

3. 渠道与销售策略。渠道与销售策略部分主要说明企业的产品或服务如何从生产者到达消费者手中。通常使用的渠道与销售策略是通过中间商和发展自己的销售网络两类。

4. 促销策略。促销策略即企业打算采用什么方法来促进自己的产品或服务。常用的促销方式包括广告、人员推销、公共关系以及营业推广 4 种。在实际经营中，以上 4 种促销方式都是结合使用的。因此，促销策略又称为促销组合策略。

### （八）经营管理计划

经营管理计划旨在使投资者了解产品或服务的生产经营状况。因此，创业者应尽量使经营管理计划的细节更加详细、可靠。经营管理计划一般包括生产工艺/服务流程、设备的购置、人员的配备、新产品投产的计划、产品或服务质量控制与管理等内容。

### （九）人员及组织结构

人是企业的核心，投资者也会关注企业的人员及组织结构。创业者在创业计划书中应该对主要管理人员加以介绍，介绍他们的能力、他们在本企业中的职务和责任、他们过去的详细经历及背景。

此外，创业计划书中还应简要介绍组织结构，具体包括公司的组织结构图、各部门的功能和责任，各部门的负责人及主要成员、公司的报酬体系、公司的股东名单（包括认股权、比例和特权）、公司的董事会成员、各位董事的背景资料等。

### （十）财务规划

投资者根据财务规划来判断企业未来经营的财务状况，进而判断其投资能否获得理想的回报。财务规划的重点是编制现金流量表、利润表以及资产负债表。

1. 利润表。利润表反映的是企业的盈利状况，即反映企业在一段时期内的经营成果。

2. 现金流量表。现金流量表是反映企业在一定会计期间内，现金和现金等价物流入和流出的报表。现金流量表能够反映企业在一定期间内经营活动、投资活动和筹资活动产生的现金流入与现金流出情况，能够为企业提供在特定期间内现金收入和现金支出的信息，以及为企业提示该期间内有关投资活动和理财活动的信息。

3. 资产负债表。资产负债表反映企业在一定时点的财务状况。投资者可查看资产负债表来得到所需数据值，以此来衡量可能的投资回报率。

### （十一）风险与风险管理

创业者需要在创业计划书中如实地分析企业可能面临的各种风险，同时还应阐明企业为降低或防范风险所采取的各种措施。投资风险被描述得越详细，交代得越清楚，就越容易引起投资者的兴趣。

企业面临的风险主要有战略风险、市场风险、管理风险、竞争风险、核心竞争力缺乏风险以及法律风险等。在创业计划书中，创业者需要阐明这些风险中哪些是可以控制的；哪些是不可控制的；哪些是需要极力避免的；哪些是致命的或不可管理的。创业者不能因为风险发生的可能性小而将其忽略不计，更不能为了增加获得投资的机会而刻意隐瞒风险因素。

【例 8－3】商业计划书到底如何写

按照我个人的理解，创业者通过商业计划书向投资人路演时，无非是想要传递如下这个三段式逻辑：市场很大；我们很牛；我们能帮你赚很多钱。因此，商业计划书的内容应尽量围绕这个逻辑来展开具体内容，以达到吸引投资人注意的目的。

具体来说，商业计划书要写哪些内容？毫无疑问，主要的关键成功因素都应该充分考虑。除了那些完全不应该披露的核心商业机密外，其他关乎总体逻辑层面的东西都应该充分披露。不太建议创业者以保护商业机密为由故弄玄虚，使商业计划书不知所云。

对于面向投资人的商业计划书，建议用 PPT 格式。通常来说，天使阶段的项目商业计划书可以相对简单一点，重点可以放在需求、产品和团队三个方面。而对于 A 轮及以后的项目，建议可以参照以下结构进行展开。

1. 项目概况。简短地汇总介绍以下几个方面：战略定位、市场概况、服务及产品、营销推广、竞争优势、核心团队、运营现状及发展规划、融资金额及用途。

2. 战略定位。用简单的语言描述公司的战略定位（我们做什么，不做什么）和愿景（我们未来会是什么）。这部分内容很多创业者很容易忽略，从而起不到“画龙点睛”的作用，看不清项目未来的走向是什么。毫无疑问，战略是随着外部环境动态调整的，但是大的主线创始人肯定要想清楚。用联想之星执行董事王明耀先生的话来说，就是“试错和快速迭代，可以用于产品改善，但不适用于模式改变”。退一步来讲，模式可能也会有调整，但对项目未来可供选择的战略定位，创始人最好能够大致想清楚。

关于项目定位的选择，我发现了一个有意思的现象（暂且叫作“薯片理论”），理解这个理论背后所表达的产业演进规律，对于我们选择创业的切入点可能会有帮助。

个人观察发现，在某一个产业（领域）发展早期，首先是出现横向的分工，而纵向分工尚不明显，这是最初的“横向重度垂直”的创业机会。此时的市场格局是万马齐奔、“大市场、小作坊”。而随着产业发展相对成熟，产业内垂直领域的横向分工逐渐模糊，此时已经开始初步实现同一个“片层”内的范围经济效应（横向扩张）。同时，出于效率进化的需要，产业链上下游之间的纵向分工开始相对显著，即原来不得不由自己同时完成的产业链上下游几个职能中的一个或几个职能被分离出去，市场上出现某一个“片层”内的专业供应商。此时的市场格局是同一个“片层”内已经出现规模较大企业，而最终的纵向一体化尚未开始，这是产业内第二波纵向“纵向重度垂直”的机会。近年出现的达达配送、同城货运等项目均是这种产业规律的体现。而到产业后期，范围经济效应会引导这种产业链上下游的联动和协同，部分规模巨大的企业会朝着纵向一体化的趋势发展，如从事物流快递的顺丰切入电商。

引导这种产业演进的本质规律其实是背后那只无形的手——社会综合交易成本最小化。用科斯的理论解释则是，用组织替代市场（内部化）还是用市场替代组织（市场化）是由综合交易成本决定的，交易成本（契约成本和组织管理成本）的高低决定了市场组织的边界（可参阅科斯写的《企业的性质》一文）。显然，当市场存在“公有云”服务的选择时，把企业内部的服务职能甩给市场的专业机构来做可能更有效率。就效率而言，通常存在这样的规律，资产专用性（资产或服务被某个部门或机构专用）不如“私有云”（资产或服务被某一个区域内的一大批企业使用）来得更有效率，而“私有云”又不如“公有云”（资产或服务被更大范围内的更多企业使用）更有效率。

产业演进的终极状态通常是，整个社会的要素在同一个“片层”内整合以实现最大程度规模经济效应，为产业下游提供最富效率的“公有云”服务，而整个产业就如同一串被串起来的薯片，其中只有少部分规模巨大的企业可以实现纵向一体化，而他们一般通过并购来实现，也是留给创业者的机会。

在今天的“互联网 +”领域，创业或投资，就要寻找这样潜在的“薯片”机会。当产业发展还处在非常分散或者“私有云”状态，就存在着利用互联网来进行整合形成一个完整高效的“薯片”机会。

顺便说一句，很多项目纠结到底是自营模式还是平台模式，思考逻辑其实很简单。从终极思维的角度来看，比较一下两种模式的管理成本和契约成本，尤其是实现规模化以后，或者说哪一种模式更容易突破“规模—质量—成本”的铁三角。

3. 市场分析。对项目所处的行业细分市场情况进行分析：市场容量（以及增长速度）、行业发展趋势、目标客户及需求痛点。这部分内容的分析非常重要，也是整个项目的逻辑起点。在对需求进行分析时，要着重从目前未被满足的痛点需求出发，分析目标市场及目标客户的核心需求。这部分内容的分析构成了“干柴烈火”投资逻辑的“干柴”。创业者在分析这部分内容时，最好能够以第三方权威数据引用和实际调研数据为准，以图文并茂的方式进行展示。值得注意的是，要注意区分找到的需求属于“雪中送炭”还是“锦上添花”。经常发现有些创业者容易根据自身的经验及感受对需求痛点进行了过分的自我强化，或者找到的只是小众需求，或者需求并不显性而需要顾问式营销，或者需求过于低频且单价不够高，那么这样的创业项目从一开始就需要特别注意后续的发展延伸路径。因此，在分析需求时，建议参考九轩资本提出的“普遍、显性、刚需、高频”的八字诀。

周鸿祎提到要有“用户思维，而不是客户思维”，其实就是这个意思。如何将用户对“工具”的使用延伸至高频的使用场景，从而实现流量变现才是关键。否则，客户只是客户，想着羊毛出在猪身上，舍弃了羊毛却不知道猪在哪里，很多工具属性过强的智能硬件和 App 工具一般都有这个问题，如智能家居产品、手电筒 App，名片工具、词典工具、天气工具、闹铃工具等。因此，产品八字诀的前三点是客户思维，最后一点是用户思维。

这部分论述要达到的目的是要说明“跑道足够长”“干柴有很多”。

4. 服务及产品。这部分内容要说明：我们提供的产品及服务（形态）是什么？针对的目标客户有哪些主要的特征？产品或服务解决的用户的核心需求是什么？产品或服务具有哪些核心价值？

根据我个人的总结，严格意义上的“产品”和“服务”是不同的。虽然实际中产品和服务很难严格区分开，并且在实际形态中二者往往是混合在一起的，但在战略思考层面进行区分非常有必要。因为不同的产品或服务形态决定了在实际价值交付环节的边际成本是不一样的，从而也决定了项目最终能够做多大规模。

严格意义上的“产品”具有如下几个特点：生产、交付和使用三个环节异步（可分离）；可异地交付；可大规模复制。严格意义上的“服务”则具有以下几个特点，生产、交付和使用三个环节同步（不可分离）；属地化交付；高度依赖人，复制性差。

这部分论述要达到的目的是要说明“产品足够尖叫”“烈火很烈”。

5. 商业模式。这部分要说明近期和远期的盈利模式分别是什么？核心的业务流程是什么？拥有什么核心资源？

前面谈到，一切商业模式的本质是利润 = 收入 - 成本。所以，商业模式要考虑的问题是，项目的收入结构及成本结构在时间序列上是如何展开和延伸的。

由于我们带着常识和逻辑去解构商业的本质，因此我本人拒绝一切商业模式神秘主义，说不清楚的商业模式一定不是好的商业模式。当然，有些项目当前不需要商业模式，但至少眼下的产品有足够的“替代性拐点”，必须是个“金钩子”。

互联网本身没有创造任何新的东西，互联网的本质是改变了世界“连接”的方式。借用一个经济学的术语来说则是，由于借助互联网的连接，交易成本被大大降低了。原本无法发生的交易现在可以发生了。简单来说，互联网释放了更多的可能性，这便是互联网带给我们的信息红利。

互联网是如何改变人与人、人与物、人与服务、人与信息之间的连接的呢？通常，大部分的互联网产品切入市场的第一属性都是“工具属性”，即通过这个钩子吸引大量的用户，然后通过各种法子留住用户，最后拼的是转化率。

就成本结构而言，不同产品的属性决定了不同的边际成本。切中用户需求的点位不同以及产品自身的属性不同，决定了其在用户流量聚集方面是“大漏斗”“中漏斗”还是“小漏斗”。对于互联网产品来说，如果其自身的产品特性能够越过用户的“替代性拐点”而持续地黏住用户，并且能够实现网络效应而自动自发地实现病毒式营销（如微信），那么这个产品就有机会打造一个“大漏斗”，从长期来看，就越容易形成内源性（或自源性）流量，其成本结构中，每新增加一个用户或者收入的边际成本就会比较低，那么这样的项目其流量聚合及转化效率就会较高。相反，一个项目如果一直需要外源性流量支撑，除非项目本身的服务非常具有黏性和增值能力，否则你看不到这个项目存在的理由。通俗一点讲，用户流量就像河道里的水，哪条河道的河床低，水就往哪流。

就收入结构而言，互联网项目的收入计费方式不外乎以下几种：按点击付费（CPC）、按千次展示付费（CPM）、按下载付费（CPA）、按时间付费（CPT）、按交易佣金付费（CPS）。很多情况下，这几种收费模式可以并行组合。但大体上讲，越是能够管成“大漏斗”的平台，越是可以容许 CPC、CPM、CPA、CPT 等付费方式的存在。如果只能做成“中漏斗”或者“小漏斗”，则最好是能够形成交易闭环，按照 CPS 方式付费。

同一个项目，其成本结构和收入结构放在时间序列上来看，就构成了其长期盈利性表现。只是不同的产品属性组合决定了不同的成本结构，同时也决定了后续盈利模式的选择空间。

就我个人理解来说，机器生成内容（machine generated content，MGC）的本质是工具属性，人机互动，如万年历；用户生成内容（user generated content，UGC）的本质是社交属性，人人互动，如社区；专业生产内容（professionally generated content，PGC）的本质是媒体属性，人专互动，如自媒体。无论 MGC、UGC 还是 PGC 都是吸引用户的手段，不同的是，如何能够将用户自然地延伸到第二场景并持续高频地黏住用户才是流量变现的关键。

对于互联网 App 项目而言，如果切入点是工具属性，通常这类项目需要闯过两道关：第一道关，是如何通过 MGC、UGC 或 PGC（或其组合）来实现足够低成本的内源性流量；第二道关，则是如何将这些流量引导至交易环节从而实现变现（建议参阅《从工具到社区到电商到底有多远?》）。

对于切入点直接是交易属性（电商）而言，前期肯定是依靠外源性流量，而后期则是考验整个体系的供应链、规模效应、服务体验等综合实力，逐渐形成口碑和品牌，从而过渡到内源性流量。如果一个电商网站永远依靠外源性流程，肯定是有问题的。

既然互联网的本质是连接，那么考验一个平台的连接效率（或者流量效率）就成为项目是否能够持续下去的关键。对于最终需要靠交易来变现的互联网项目而言，其商业模式的本质就是“获客成本、活跃率（留存率）、转化率、客单利、复购率”这五个参数的函数。从长远来看，如何使得这五个参数的运行越过正向的拐点并走出一个“大开口”的收入成本曲线才是决定投资逻辑是否存在的根本。所以说，商业模式最简单的理解就是：利润 = 收入 − 成本。只不过对于互联网领域来说，这个公式要从一个相当长期的视角来考察。也就是说，你的项目现在可以不赚钱，但不可能永远不赚钱。创业者要想清楚并向投资人传递的是，为什么未来能够赚钱，并且能够赚大钱。

一句话，商业模式部分需要展示企业未来如何赚钱，以及为什么现在的产品形态及发展趋势能够支撑未来的盈利模式。

6. 竞争分析。如果说以上的分析根据常识和逻辑就可以得出分析结论的话，那么本部分的分析则取决于我们的视野（“常识、逻辑、视野”这六个字恰好也是九轩资本的投资哲学）。

对于竞争对手的分析，应该从对用户需求满足的可替代性选择的角度进行。打个通俗的比方，在同一条街上，卖河南拉面和兰州拉面的固然是竞争对手，其实旁边那家卖湖南木桶饭的也同样是竞争对手。当然，在项目发展早期，可以只选择那些最直接的竞争对手进行分析。

分析竞争对手时，最好是以表格方式列出细分行业内最主要的竞争对手，以本项目的关键成功因素作为比较维度，针对本项目与潜在竞争对手进行对比分析，例如可以从技术壁垒、核心团队、用户数据、资源优势、运营策略、融资情况等方面进行比较分析。

值得说明的是，项目面临的市场机会和选择的商业模式本身不可以作为竞争优势。

这部分内容重在说明“烈火”为什么“烈”。

7. 营销推广。这部分重点阐述公司已采取或拟采取的市场推广策略及竞争策略，公司具有哪些核心资源或合作伙伴，使用哪些渠道和方法。

酒香也怕巷子深。除了极少数互联网产品通过产品本身的设计以及越过临界点之后可以获得爆发式增长外，大部分的产品前期还是需要大量营销推广的，即便是融到了大笔资金，优秀的营销推广经验及行业资源依然至关重要。

这部分内容重在说明为什么“星星之火，可以燎原”。

8. 核心团队。简单介绍核心团队的从业经历及擅长的领域，除了核心创业人之外，最好还需要包括技术（或产品）、销售、运营等方面的核心骨干成员。重点强调团队成员的从业经验，团队的互补性和完整性。

9. 运营现状。本部分需要介绍公司现有激活用户、注册用户、日活用户、日活率、留存率、日订单数、客单价、毛利率、近期销售收入、往年和本年销售收入以及各项指标的增长率等。

这一部分所提供的数据，实际上是反映公司目前所设定的产品定位及商业模式得到市场初步验证的情况。投资人会根据这部分数据“管中窥豹”。

创业者可以根据自身考虑的保密性要求选择适当披露。

10. 发展规划。本部分需要在假设融资到位的情况下（特别注意此假设），公司未来3~5年的发展规划，以图表的形式直观说明公司在各阶段的目标市场、拓展区域、商业模式等战略计划。

对于A轮以后的项目，最好能够另外制定一个规范的财务预测模型来反映项目在后续扩张过程中的收入及成本曲线走向。财务预测模型实际上是一个基于时间序列而展开的收入及成本算法模型，其中包括收入及成本的计算方法、参数假设、增长预测等。财务预测模型通常包括收入预测、成本预测、固定资产投入、人力资源投入等基本表格，也包括基于以上预测所产生的利润表、资产负债表。通过跨表格的引用，这些表格通常形成了一个“连通器”式的整体。

投资人通常会根据财务预测模型所提供的计算方法、参数假设、增长预测等数据，来判断项目发展后期运营数据实现的可能性，从而判断项目引入融资之后的理论增长情况。

当然，模型永远是模型，没有一个投资人会完全根据模型来作决定。但是一份严谨测算的财务预测模型可以有效地帮助投资人将“拍一次脑袋”分解为“多拍几次脑袋”，从而提高决策效率。同时，通过财务预测模型，创业者也可以更好地模拟剖析项目发展演进的关键因素。

11. 融资金额及用途。充分说明以上各部分内容，并且能够让投资人认可之后，基本上说明“我什么都不缺只缺钱了”。那么在本部分需要向投资人说明你的融资计划，具体包括两个重要内容：第一是本轮融资金额是多少，最好说明人民币或者美元；第二，需要重点说明本轮融资的具体用途，最好能够细化到具体项目。这部分内容需要创业者根据审慎思考的业务拓展计划制定具体的资金分配方案，需要充分体现创业者的战略规划能力，同时也需要体现创业花钱的能力。

## 主题三　有效推介你的创业计划

假如你完成了创业计划书，下一步任务就是如何使用创业计划书。如果你的创业计划书能引起一位投资人或银行家的兴趣，或者参加创业计划大赛，你通常需要对自己的创业计划书进行口头介绍。这时，你应该做好充分准备，利用 5 分钟分享并推广那些有价值有意义的创意灵感（一个值得分享的观点，一个激励人心的想法），号召听众做出行动，让世界和生活越来越好。

### 一、如何推介你的创业计划书

当你向他人口头介绍自己的创业计划书时，首先要考虑如何准备这项任务以及如何进行一次精彩的演讲。你怎么向他人展示自己以及你与演讲对象的互动方式，与计划书本身一样重要。当你向他人推荐你的创业计划时，你的观众不仅仅只关注你的计划书，他们同样关注你和你的团队。你怎样推荐自己、你的面部表情、你的幻灯片是否清晰、你怎样应对困难问题以及其他一些特征，对于你的观众或评委来说，都是评价你是否为一个有效经营者的线索。所以，如何有效地准备和推介创业计划书至关重要。

准备创业计划书演讲要注意以下三个方面。

1. 尽可能多地收集演讲对象的信息。对于风险投资者来说，关注的可能是创业项目的发展速度及预期收益率；对于银行家来说，关注的往往是企业的现金流是否可以预测，以及怎样最大限度地降低风险；如果是一个天使投资人，可能关注别的问题。

2. 了解有关演讲时的注意事项，如发言时间限制、着装要求、名片、演讲场地情况等。

3. 精心制作 PPT。

## 二、创业计划书的推介方法

进行创业计划书推介的一个重要指导思想，就是不仅要向你的观众传达信息，而且要感染鼓舞他们，既可以用明显的方式，也可以在不知不觉中感染他们，如通过介绍个人经历或传奇轶事向观众表明，为什么你认为你的事业如此重要，并全身心致力于它的成功。

许多商务演讲的专家学者都给出过一些创业计划书演讲的模板。这些模板清楚地说明了 PPT 的数目、顺序以及每页所覆盖的内容。虽然在不同的演讲者之间可能有所差异，但是演讲应包含的内容大体并无二致。接下来的演示是集合不同方法的一个公用范例，你必须根据计划书的内容和要面对的演讲对象进行调整，采用合适的方法。很显然，你不可能在短短十几分钟的演讲里传递一份 25 ~ 40 页创业计划书中所有的信息。创业者通常犯的错误是准备了太多的 PPT，他们在 15 分钟陈述期间紧张地翻阅图片。所以，你必须把重点放在观众认为最重要的部分。创业计划书演讲包含的主要内容如表 8 – 1 所示。

**表 8 – 1　创业计划书演讲包含的主要内容**

| 主题 | 解释 |
| --- | --- |
| 标题 | 介绍公司名称、创建者名字、公司图标，开始陈述 |
| 问题 | 简述创业项目要解决的问题或满足的需求 |
| 解决方案 | 解释企业如何解决问题，或如何满足未实现的需求 |
| 机会与目标市场 | 阐明特殊的目标市场，讨论推动目标市场发展的业务环境趋势 |
| 技术（供选用） | 讨论技术、产品或服务的独特方面，注意不要过分以技术方式来讨论，让描述简单易懂 |
| 竞争 | 着重解释企业的市场竞争优势，企业如何与竞争对手展开竞争 |
| 营销与销售 | 描述总体的营销战略；讨论销售流程；如果你已经进行了购买意愿调查或其他的产品初步调研，在此要汇报调查结果 |
| 管理团队 | 描述现有的管理团队，解释团队如何构建，他们的背景与技能如何对企业成功至关重要 |
| 财务规划 | 简要讨论财务情况，强调创业项目何时获得利润，企业达到盈利需要多少资本，现金流何时达到盈亏平衡 |
| 当前状况 | 描述企业当前的情况，不要忽视已有成绩的价值 |
| 融资需求 | 说明你要寻找多少融资，你如何使用这笔资金 |
| 总结 | 结束陈述，概述创业项目与团队最重要方面，征求群众反馈 |

一些日常接触过许多创业者及其创业计划书和演示的风险投资者，建议在准备创

业计划书 PPT 时应遵循“10－20－30 法则”。具体而言就是：创业计划书 PPT 不超过 10 页；演讲创业计划书 PPT 不超过 20 分钟；演示创业计划书 PPT 使用的字体不小于 30 号。这个法则用一个词来概括就是简洁。

## 三、项目路演

项目路演，是项目方就整体项目运作与投资人进行有效沟通的互动过程。目前从形式上一般分为线下和线上两种类型。

### （一）线下路演

1. 精准度私密度最高的一对一模式。从投递创业计划书，到被投资机构代表约谈，至投资人受邀参观企业深度沟通，到投资机构邀约创始人至投资办公室，这种模式以一对一、私密性、节奏性为代表，尤其是优质项目，更是快马加鞭、三步并成一步快速促成项目的成交。

2. 精准度私密度较高的私董会模式。三五联投的基金或偏好一致的垂直细分行业的机构，将精挑细选的项目组织起来，类似于私董会一般，结合不同的基金投向侧重点，由合伙人、投资总监发问，问题往往非常尖锐，从业务进展、市场开拓方式、成本结构、资本结构到配偶是否支持创业，不一而同。当然，效果也是非常明显的，一般有机会上会的案子，质量都非常高，被投的概率非常大。这种圈子，非圈内浸淫多年的投资人和创业者不得而入。而这种形式也往往以桥牌俱乐部、高尔夫俱乐部、户外俱乐部、投资俱乐部的形式呈现，私密而高端。

3. 由政府部门、知名机构或平台线下组织的项目路演会或专场路演会。随着各地招商热情一路高涨和孵化器的密集涌现，当地政府或科技部门、当地机构也会定期组织一系列的项目路演，有的孵化器也冠之为毕业季。这种情形下的项目演示，相较而言，有机构背景或机构托管运营的孵化器承办得更有优势，因为大家都在同一个圈子里，硬伤太过明显的一般也不会拿出来，所以相当于提前过了一遍筛子。而在路演准备、路演形式方面大多也会做一些辅导。所以，创业者在演示项目过程中比较专业，创投双方对频非常的容易，减少了很多沟通成本。

4. 带有大赛和推广性质的创业大赛或创业 TV 秀模式。因为组织的目的不同，所以参会的企业目标有三个：求名次，有奖金或奖励；求名声，免费的品牌传播；求资金，遇到对路的资金方。这种路演往往会历经海选和优选环节，所以登台的项目普遍质量较高。例如，一档全媒体创投节目《跃龙门创客赢》就是对项目层层过筛子并对项目进行辅导和优化，到项目登台亮相时基本都有机构锁定了，创投双方都有极大的收获。所以马太效应显现，越来越多的优质项目和顶级的投资机构聚拢过来。在这种平台上，对创业者而言可以名利双收。

### （二）线上路演

随着视频技术和移动互联网的应用，这两年许多项目路演也搬到了线上，之前的QQ群、YY群、电话会议、远程视频路演，现在的微信群路演，但谈到体验和互动还是目前的微信群路演更佳。线上路演时，创业计划书都会被提前发布，在语音互动时候根本不给创业者以组织、修饰的时间。投资人通过这种直接的干货对撞类似于头脑风暴般，判断出是否跟进这个项目。毕竟创业计划糟糕的项目，群内是万籁俱寂的，只有好的项目才会触动投资人。这时，创业者要学会判断对你感兴趣的投资人，以期转移到线下，继续沟通。这种线上路演还有一对一的模式，例如领路、聚份子；有些还打通了线上线下环节。创业者有机会借用这些知识和问答平台来约见投资人，畅聊项目和答疑解惑。

以上线下线上两种类型的路演形式都随着跨界、技术、共享等领域的发展而不断进化更迭，呈现不同的模式。但这些变体最终还是服务于创投双方的高效对接，实现彼此的期望：投融资对接成功！

不管是线下路演还是线上路演，创业者都应注意以下几点。

1. 选择合适的路演平台。无论是为了推广产品做品牌推广，还是参加创业大赛，或者是参加科技评审，抑或是针对投资人路演，不要不做区分和筛选地去盲目参加，要结合项目发展的不同阶段来进行针对性的选择。同时，如果在一些平台上见到了对项目感兴趣的投资机构或投资人，切记不要再在其他的类似平台上多出现和碰面。不同于投资机构的赶会模式（投资机构的项目源渠道之一），创业者如果频繁参加项目路演，会打上跑会不专注主业的标签。

2. 准备好路演创业计划书。一般是准备PPT、PDF版的创业计划书和纸质版打印的创业计划书（内附名片），这时团队情况（过往经历、合作分工、股权结构、期权池）、商业模式、业务进展、成本结构、融资规划，结合接下来的业务进展制定的未来三年经营预测、上市计划或退出计划等内容就要相对细化，坚决摒弃简版、大字、需要人充分联想展开的创业计划书。

3. 做足功课，内部演练。请懂行的投资人或孵化器给予指导，框架和重点要突出，在公司内部进行演练，毕竟在踏入资本市场后，路演就成了创业者的基本功。对于项目路演多与举办方沟通，了解参会投资人的背景和投向，识别真假投资人，选择靠谱投资机构（投资逻辑清晰专业，有投资或孵化案例，有退出案例，业内名声靠谱）。

4. 一把手工程。项目主讲人最好是企业创始人或联合创始人，如果参加创业大赛则可安排形象代言人。但现在大赛的评审创投机构比例增大，还是建议创始人参加，毕竟投资就是投人，投的是以创始人为核心的运营团队。

5. 异议处理。嫌货才是买货人，不要把问题当成挑战，投资人发问或质疑说明投资人对这一部分不是很了解，正是符合好项目的标准之一。大赛评审过程中，许多参赛者把投资人的评审意见当成是质疑和否定，下场之后就走掉了，更是不可取。应该利用信息不对称和误解，拉近与投资人的距离，促进双方的深度了解和合作。

【例 8-4】“电梯演讲”的起源

“麦肯锡 30 秒电梯理论”来源于麦肯锡公司一次沉痛的教训：该公司曾经为一家重要的大客户做咨询。咨询结束时，麦肯锡的项目负责人在电梯间里遇见了对方的董事长，该董事长问麦肯锡的项目负责人：“你能不能说一下现在的结果呢?”由于该项目负责人没有准备，而且即使有准备，也无法在电梯从 30 层到 1 层的 30 秒内把结果说清楚。最终，麦肯锡失去了这一重要客户。

从此，麦肯锡要求公司员工凡事要在最短的时间内把结果表达清楚，凡事要直奔主题、直奔结果。麦肯锡认为，一般情况下人们最多记得住一二三，记不住四五六，所以凡事要归纳在三条以内。这就是如今在商界流传甚广的“麦肯锡 30 秒电梯理论”或称“电梯演讲”。

资料来源：https：//baike. so. com/doc/4231048-4432833. html。

## 四、创业计划书路演技巧

### （一）充分的准备工作

汇报人一定要提前熟悉几遍 PPT 的内容，保证汇报时内容的连续性和完整性，以防在答辩现场出错。路演一定要预估好时间，简单明了说明产品的目标用户和满足了用户的哪些需求，产品的市场容量和盈利模式，团队成员和目前项目所处的状态。

### （二）饱满的精神状态

以良好的精气神展示你的热情，充满自信心。如果演讲人自己都不够自信，那凭什么要求投资人投资呢？要不断告诉自己一定能成功，将信心传递给评委和投资人。

### （三）汇报时抓重点、明诉求

汇报时一定要说到点子上，突出企业或项目的亮点和高度，对于产品的运营方式需要思考清楚，如何通过亮点去吸引用户，如何通过差异化的体验去打败对手。避免将过多的时间花在陈述材料上，否则时间一定是不够用的。对于成立时间不长的企业，企业发展历程不容易讲，但可讲述企业成立的前期背景和基础，同时把重点放在团队成员、项目的创新性（技术、模式等）以及市场前景上，给人以很大的想象空间和可行性。

### （四）巧妙回答专家的问题

一般而言，企业在大赛路演时会提到诸如团队、财务、市场、产品、竞争等方面能达到什么程度，专家关心的是为什么你能做到、你是怎么做到的。所以对专家的问题在实事求是回答的同时，要有一定的闭环逻辑性和技巧性，对这类问题要有相对明确的解决方案。

### （五）路演之演讲框架

（1）一句话定位你的公司到底是做什么的；（2）重点数据和目前形态（盈利如何？用户量如何？关键亮点和数据？等等）；（3）市场痛点和市场规模；（4）产品亮点和业务优势；（5）有力结尾，邀请关注。

【例 8－5】美国 YCombinator 的路演样本

大家好，我是 Mattan，这是我的合伙人 Chris。我们是 One Month Rails。（一句话总结自己是做什么的）

我们教人们在一个月内学会线上编程。（重点数据和目前形态）

One Month Rails 目前已经盈利，而且销售额呈快速增长的态势。在过去的 4 个月，我们的收入从 1 000 美元/月跃升到 40 000 美元/月。每一门课有 50 万的流量。（优势和亮点）

我们如此成功的原因是用户能在这里创建真实生活用的软件产品和应用。图中是一个叫 Sheidon 的学生在我们平台上做的一个真实社交网站。当有真实的产品时，我们的用户将会得到升职机会、工作机会，甚至创建自己的公司。我们发明了一个线上视频、社交互动的一个类似可汗学院的教学模式。（团队和经历）

Chris 和我都是线上教育专家。Chris 过去的两年在 General Assembly 设计并运营顶级的课程。而我创设了在 SkillShare 上迄今为止最受欢迎的两个课程。我们总共设计过数百项课程并在 Bloomberg、哥伦比亚大学、American Express Open 等机构教授。所以我们懂教育。（战略以及发展）

在接下来的 6 个月，我们将上线发布已经在线下成功测试的 4 大模块课程。这个月是 Ruby；下个月是 Lean Marketing；再下一个月是 HTML&CSS；再到 APIs。

在 10 个月内，我们就会有十多个模块课程，从 OS 系统到 Python，在当中就能产出多于 500 万美元的年收入。但是仅仅就是这样吗？我们之所以选择编程课程这个垂直领域，是因为我们能很快地进入和占领这个市场。但是这样的模式能否在其他的垂直领域复制，用户是否会愿意支付能在一个月内产生出真实产品的教学。

资料来源：http：//www.360doc.com/content/15/0710/00/22446281_483914840.shtml。

## 主题四 熟悉创业法务

创业，不只是做出受用户喜欢、能带来盈利的好产品，它还意味着创业者要运营好一家公司，要管理好一支规模不小的员工队伍，要和工商、税务等行政系统打交道。创业离不开法律，创业涉及的基本法律常识是创业者必须知道的：创业者市场主体（企业）的确立、公司治理与终止以及创业者之间的权利义务关系、企业与员工的关系、企业运营中的风险防范等。本主题将把创业法律问题展现给您，帮您规避法律风险，为您的创业之路保驾护航。

### 一、新企业组织形式的选择

企业的组织形式是指企业存在的形态和类型。根据我国法律法规的规定，我国的企业组织形式很多，包括有限责任公司、股份有限公司、外商投资企业、中外合资经营企业、中外合作企业、集体企业、股份合作企业、个人独资企业、合伙企业、个体工商户、加盟连锁等。创业者可以根据自己的情况，选择适合自己创业的组织形式（见表8－2、表8－3）。

表8－2 企业法律形式的比较

| 项目 | 独资企业 | 合伙企业 | 有限责任公司 |
|---|---|---|---|
| 法律依据 | 《个人独资企业法》（自2000年1月1日起实施） | 《合伙企业法》（自1997年8月1日起实施） | 《公司登记管理条例》（自2016年3月1日起实施） |
| 法律基础 | 无章程或协定 | 合伙协议 | 公司章程 |
| 责任形式 | 无限责任 | 无限连带责任 | 有限责任 |
| 投资者 | 完全民事行为能力的自然人，法律、行政法规禁止从事营利性活动的人除外 | 完全民事行为能力的自然人，法律、行政法规禁止从事营利性活动的人除外 | 无特别要求，法人、自然人皆可 |
| 注册资本 | 投资者申报 | 协议约定 | 最低3万元 |
| 出资 | 投资者申报 | 约定：货币、实物、土地使用权、知识使用权或者其他财产权利、劳务 | 法定：货币、实物、工业产权、非专利技术、土地使用权 |
| 出资评估 | 投资者决定 | 可协商确定或评估 | 必须委托评估机构 |

续表

| 项目 | 独资企业 | 合伙企业 | 有限责任公司 |
|---|---|---|---|
| 章程或协议生效条件 | 无 | 合伙人签章 | 公司成立 |
| 财产权性质 | 投资者个人所有 | 合伙人共同所有 | 法人财产权 |
| 财产管理使用 | 投资者 | 全体合伙人 | 公司机关 |
| 出资转让 | 可继承 | 一致同意 | 股东过半数同意 |
| 经营主体 | 投资者及其委托人 | 合伙人共同所有 | 公司机关 |
| 事务决定权 | 投资者个人 | 全体合伙人或遵从协议 | 股东会 |
| 事务执行 | 投资者或其委托人 | 合伙人权利同等 | 公司机关，一般股东无权代表 |
| 利亏分担 | 投资个人 | 约定，未约定则均分 | 投资比例 |
| 解散程序 | 注销 | 注销 | 注销或公告 |
| 解散后义务 | 5 年内承担责任 | 5 年内承担责任 | 无 |

**表 8－3　各种组织形式的优势与劣势**

| 组织形式 | 优势 | 劣势 |
|---|---|---|
| 独资企业 | ①企业设立、转让和解散等行为手续简便，仅向登记机关登记即可，且费用低；②创业者拥有对企业的控制权；③企业经营灵活性强，可迅速对市场变化作出反应；④利润归创业者所有，不需要与他人分享；⑤只需缴纳个人所得税，无须双重纳税；⑥在技术和经费方面易于保密 | ①创业者承担无限责任；②不易从企业外部获得信用资金，筹资困难；③企业寿命有限，易随着创业者的退出而消亡；④企业的成功更多地依赖创业者的个人能力；⑤创业者投资的流动性低 |
| 合伙企业 | ①企业设立较简单和容易，费用低；②企业经营具有高度的灵活性；③企业资金来源较广，信用度较高 | ①合伙人承担无限连带责任；②财产转让困难；③融资能力有限，企业规模受限；④企业往往因关键合伙人的意外或退出而解散；⑤在合伙人对企业经营有分歧时，决策困难 |
| 有限责任公司 | ①股东对公司只承担有限责任，风险小；②公司具有独立寿命，易于存续；③公司所有权与经营权分离，聘任经理人管理，更能适应市场竞争；④以出资人的出资额为限承担公司的经营风险；⑤促使公司形成有效的治理结构；⑥多元化产权结构有利于科学决策；⑦可吸纳多个投资人，促进资本集中 | ①公司设立程序比较复杂，费用较高；②税收负担较重，存在双重纳税问题；③不能公开发行股票，筹集资金的规模与渠道受限；④产权不能充分流动，资产运作受限 |
| 股份有限公司 | ①股东只承担有限责任，风险小；②公司具有独立寿命，易于存续；③公司产权可以股票形式充分流动；④可聘任职业经理人管理，管理水平较高；⑤筹资能力强 | ①公司创立程序复杂，费用高；②税收负担较重，存在双重纳税问题；③政府限制较多，法规要求比较严格；④因公司要定期报告其财务状况，使公司的相关事务不能严格保密 |

### （一）有限责任公司

有限责任公司是指根据《公司登记管理条例》登记注册的，由 50 个以下的股东出资设立，每个股东以其所认缴的出资额对公司承担有限责任，公司以其全部资产对其债务承担责任的经济组织。有限责任公司包括国有独资公司以及其他有限责任公司。

相对于承担无限责任的组织形式来说，组建有限责任公司的法律风险较小。有限责任公司对外承担有限责任，限定了创业者承担的法律风险不会超过注册资本金。但有限责任公司的组建及运作过程仍会存在风险。创业者在组建有限责任公司的过程中，应当根据法律的规定，规范股东之间的股份分配、权利义务，规范公司的运作，以降低法律风险。在法律实践中，有些创业者为注册有限责任公司的需要，采取隐名股东、实际投资人与股东名册不一致的方式。我国法律法规不支持隐名股东的做法，隐名股东的利益往往得不到保障。

### （二）股份合作企业

由于有限责任公司的股东最高限额为 50 人，在共同创业者较多、无法组建有限责任公司的情况下，共同创业者可以自愿入股，组建股份合作企业。股份合作企业的组织形式、股东的责任类似于股份有限公司，共同创业者都可以成为企业的股东。

股份合作企业是指以合作制为基础，由企业职工共同出资入股，吸收一定比例的社会资产投资组建，实行自立经营，自负盈亏，共同劳动，民主管理，按劳分配与按股分红相结合的一种集体经济组织。股份制合作企业股东众多，容易产生分歧，因此，规范股东之间的股份分配、利益分配、管理权力分配、企业决策程序、股东权利义务等问题更加重要。共同创业者签订详尽的合作协议，可以最大程度上降低法律风险。

### （三）组建合伙企业

合伙企业是指依照《合伙企业法》在中国境内设立，由各合伙人订立合伙企业协议，共同出资、合伙经营、共享收益、共担风险，并对合伙企业债务承担无限连带责任的营利性组织。根据《合伙企业法》的规定，合伙企业有三种形式：普通合伙企业、特殊的普通合伙企业、有限合伙企业。

普通合伙企业由普通合伙人组成，合伙人对合伙企业债务承担无限连带责任。以专业知识和专门技能为客户提供有偿服务的专业服务机构，可以设立为特殊的普通合伙企业。特殊的普通合伙企业，一个合伙人或者数个合伙人在执业活动中因故意或者重大过失造成合伙企业债务的，应当承担无限责任或者无限连带责任；其他合伙人以其在合伙企业中的财产份额为限承担责任，合伙人在执业活动中非因故意或者重大过失造成的合伙企业债务以及合伙企业的其他债务，由全体合伙人承担无限连带责任。

有限合伙企业由普通合伙人和有限合伙人组成。普通合伙人对合伙企业债务承担无限连带责任，有限合伙人以其认缴的出资额为限对合伙企业债务承担责任。合伙企业没有最低注册资金的限制，允许以劳务出资，注册方便，特别是有限合伙企业形式，可以吸引有资金但不想承担无限责任的投资者，对缺乏资金，有专业特长的创业者来说，是不错的选择。

### （四）个人独资企业

个人独资企业是指依照《个人独资企业法》在中国境内设立，由一个自然人投资，财产为投资人所有，投资人以其个人财产对企业债务承担无限责任的经营实体。

相对有限公司和合伙企业而言，个人独资企业更能满足资金缺乏、又不愿与人合股或合伙的个人进行创业。但个人独资企业对外债务承担无限责任，尤其是个人独资企业解散后，原投资人对个人独资企业存续期间的债务仍应承担偿还责任（注：债权人在 5 年内未向债务人提出偿债请示的，该责任消灭）。因此，如果选择个人独资企业进行创业，更应注意加强控制企业的各类风险。

### （五）个体工商户

如果创业者从事的创业活动（如小商品零售、餐饮、理发、报纸、期刊零售等）主要以本人或家庭成员的劳动为基础，可以申请登记成为个体工商户。个体工商户资金没有法定要求，注册方便，其经营收入归公民个人或家庭所有。但个体工商户不属于经济组织，不具有法人资格，要对债务承担无限连带责任，也应当注意控制风险。

### （六）加盟连锁经营

加盟连锁经营，可以直接享受知名品牌带来的影响，可以利用他人的成功经验，降低运营成本，对创业者来说，也是不错的选择。但加盟连锁经营尤其是其中的特许经营模式不但涉及合同问题，还涉及商标法、著作权法、公司法、税收征收管理法、消费者权益保护法等大量的法律问题。而这些问题，不光是创业者没几个能明白的，就是连锁运营商也不是很明白。法律实践中，加盟连锁经营合同是连锁运营商起草的格式文本，合同中最大程度保护运营商的利益，而对于加盟者的利益，没有多少保障。对加盟者来说，一旦连锁经营商经营失败或抽逃资金，将无法收回投资，风险较大。

总之，创业者可以根据自己的情况，选择适合自己的组织形式，但应当注意防范法律风险。

## 二、新企业的注册流程

选择好了企业的组织形式，我们就可以去注册公司。我们先来看一下新企业注册的基本流程（见图8－1）。

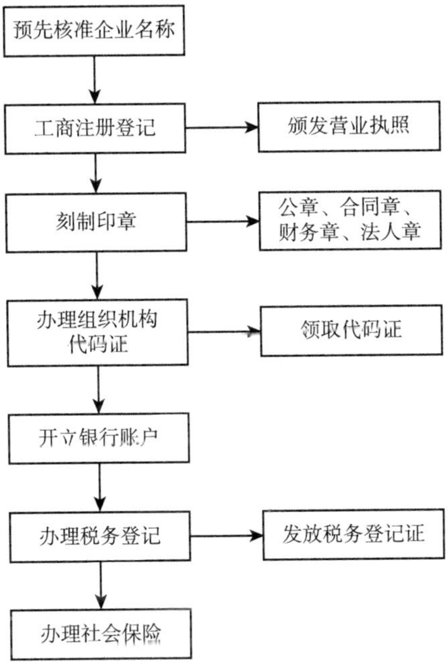


**图8－1　注册公司的一般流程**

（一）预先核准企业名称

我国在公司登记工作中实行公司名称预先核准制。

核准申请提交的文件：（1）有限责任公司的全体股东或者股份有限公司的全体发起人签署的《公司名称预先核准申请书》。（2）股东或发起人的法人资格证明或者自然人的身份证明。（3）公司登记机关要求提交的其他文件。

（二）工商注册登记

1. 填写登记申请书。申请人应当按照国家市场监督管理总局制定的申请书格式文本提交申请，并按照企业登记法律、行政法规和国家市场监督管理总局规章的规定提交有关材料。涉及企业登记前置许可项目的，申请人应当提交法定形式的许可证件或者批准文件。

2. 颁发营业执照。营业执照是指市场监督管理机关发给工商企业、个体工商户的准许从事某项生产经营活动的凭证。

### （三）刻制印章

我国法律法规规定任何机关、组织、社会团体、企事业单位、公司及其他法人等刻制公章，必须经主管部门同意，凭有关证明文件向当地公安机关申请，经公安机关审查同意后，到指定的刻制单位刻制。完成刻制后，还需在公安机关及相应的主管部门进行印鉴备案。印章包含公章、合同专用章、财务专用章、法人章、发票专用章。

### （四）开立银行账户

银行账户是各单位为办理结算和申请贷款在银行开立的户头，也是单位委托银行办理信贷与转账结算及现金支付业务的工具，它具有监督和反映国民经济各部门、各单位活动的作用。根据《银行账户管理办法》，银行账户分为基本存款账户、一般存款账户、临时存款账户和专用存款账户，各类账户均有不同的设置和开户条件。

【提示】企业开立银行账户的程序：

（1）向中国人民银行办理银行开户许可手续，取得开户许可证。

（2）企业选定开户银行，向该银行领取开户申请书，如实填写并由主管部门审核盖章后，附上银行开户许可证、营业执照正本及复印件交开户银行审核。

（3）银行同意开户后，送交预留印鉴，包括企业财务章、法人章。

按结算要求，企业只能开设一个基本账户。根据业务需要，企业可以向开户银行购领有关结算凭证，如现金缴款单、支票等，所需款项可用现金支付，也可由银行转账。

### （五）办理税务登记

依法纳税是每个创业者必须承担的社会责任。企业、企业在外地设立的分支机构和从事生产、经营的纳税人应当自领取营业执照之日起30日内向生产、经营地或者纳税义务发生地的主管税务机关申报办理税务登记，如实填写税务登记表并按照税务机关的要求提供有关证件、资料。上述规定以外的纳税人，除国家机关和个人外，应当自纳税义务发生之日起30日内持有关证件向所在地的主管税务机关申报办理税务登记。税务机关应当自收到申报之日起30日内审核。

【提示】申报办理税务登记的一般流程如下：

第一，由纳税人主动提出申请登记报告，并提供营业执照，有关合同、章程、协议书，银行账号证明，居民身份证、护照或其他合法证件，以及税务机关要求提供的其他有关证件、资料。第二，如实填写税务登记表。第三，税务机关审核。

（六）办理社会保险

根据《社会保障费征缴暂行条例》，创业企业注册后还必须办理社会保险。根据《社会保险登记管理暂行办法》，对从事生产经营的单位自领取工商营业执照之日起30日内、非生产经营性单位自批准成立之日起30日内，到所在地社会保险经办机构申请办理社会保险登记。

## ▶ 项目训练

### 活动一　编制创业计划书

优秀的创业计划书能够吸引投资者的目光，增加创业者创业成功的概率。请结合自身所学专业，或者紧密联系当地经济发展热点，根据创业计划书的编制原则，完成一份创业计划书的编制，将创业点子发展成为创业项目的策划方案。创业计划书要包含基本要素与内容，文字简洁、语言流畅。

具体操作流程如下：

1. 分组。请同学们自行分组，以小组的形式进行编制，并如实填写分组信息。

（1）小组人数（不超过7人）：________________________

（2）小组组长：________________________

（3）小组成员：________________________

2. 创业计划构想。每支创业团队经头脑风暴后形成各小组的创业构想，并对创业构想进行细化，形成一个比较完善的创业项目。

3. 收集材料。小组成员自主收集相关资料，整理出撰写创业计划书需要的资料，具体要点可参考以下几点。

（1）创业目标：________________________

________________________________________

（2）创业愿景：________________________

________________________________________

（3）产品和市场定位：________________________

________________________________________

4. 梳理创业计划书的结构。各小组根据收集的资料，梳理创业计划书的结构，撰写创业计划书各部分的主要内容。

5. 提交创业计划书。各小组根据整理好的创业计划书内容撰写创业计划书，严格按照创业计划书的内容框架，将创业计划书的电子档文件提交给老师。

## 活动二 创业计划书推介

完成创业计划书的撰写后，创业者还需要向他人演示创业计划书的内容，将创业者的创业想法推介出去，吸引投资者投资。本活动将使用任务一撰写的创业计划书来进行路演，从而锻炼大学生推介创业计划书的能力。

1. 准备。(1) 准备多媒体教室，连接计算机，准备白板、马克笔等工具。(2) 各小组提前将计划书的内容准备好。另外为了辅助发言，也可制作相应的 PPT。(3) 各小组派小组组长抽签，按抽取顺序从低到高依次推介创业计划书。

2. 分享。按抽取顺序，各小组依次到讲台上分享创业计划书（总时间不超过 10 分钟），完成后填写以下信息。

(1) 你在小组中担任的角色：________________________

(2) 你在小组中负责的工作：________________________

________________________________________________

(3) 你在比赛中发言的主要内容：____________________

________________________________________________

________________________________________________

________________________________________________

3. 评价。教师为每一组评定成绩。

点评：__________________________________________

________________________________________________

## 活动三 “电梯演讲”创业比赛

进行“一分钟电梯演讲”训练，要求学生在一分钟之内必须简明扼要地告诉读者商业计划的内容。

(1) 用第一句话概括清楚你要做的事：__________________

________________________________________________

(2) 在第二句话中说明申请资金的数量和用途：__________

________________________________________________

(3) 第三句话说明未来的市场潜力有多大：______________

________________________________________________

第一轮：班级全体同学参赛，每位同学拥有一分钟的“电梯”时间向全班同学陈述自己的创业想法，演讲的同学必须利用短短的一分钟时间抓住观众的注意力，清楚解释产品可以解决的问题。获得 2/3 观众肯定的选手进入第二轮。

第二轮：第二轮入围选手继续对刚才的项目进行阐述和补充（即获得又一次的“电梯演讲”机会），时间仍为一分钟，获得 2/3 观众肯定的选手最终入围公投环节。

公投环节：入围公投环节的选手接受全班同学的投票。在每人一句阐述创业理念之后，观众投票选出最终获胜的选手。

**笔记区**

# 参考文献


［1］史梅，徐俊祥，白冰．大学生创新与创业指导［M］．北京：现代教育出版社，2015.

［2］周欢伟，段丽华．创新创业基础［M］．北京：机械工业出版社，2018.

［3］李伟．创新创业教程［M］．北京：清华大学出版社，2019.

［4］张玉利．创新与创业基础［M］．北京：高等教育出版社，2017.

［5］王振杰，刘彩琴等．大学生创新创业基础［M］．北京：高等教育出版社，2018.

［6］苏杰．人人都是产品经理［M］．北京：电子工业出版社，2010.

［7］余来文等．互联网+：商业模式的颠覆与重塑［M］．北京：经济管理出版社，2016.

［8］孙洪义．创新创业基础［M］．北京：机械工业出版社，2016.

［9］龚焱．精益创业的方法论［M］．北京：机械工业出版社，2015.

［10］纪慧生，陆强，王红卫．商业模式设计方法、过程与分析工具［J］．中央财经大学学报，2010（7）：87－92.

［11］付志勇．商业新秀借商业模式突围致胜［J］．销售与管理，2011（11）.

［12］张少平，陈文知主编．创业企业管理［M］．广州：华南理工大学出版社，2016.02.

［13］杨光．创业管理［M］．武汉：武汉大学出版社，2016.

［14］董海林，龚荒．大学生创业管理［M］．徐州：中国矿业大学出版社，2017.

［15］王丹，隋姗姗．创业管理基础教程［M］．天津：南开大学出版社，2019.

［16］张敏华，马晶．大学生创新创业基础：微课版［M］．北京：人民邮电出版社，2021.

［17］王大将，华雪君，廖海鹏．创新创业基础［M］．北京：北京师范大学出版社，2019.

［18］李肖鸣．大学生创新创业基础［M］．5版．北京：清华大学出版社，2021.

［19］李家华，谢强．创业基础教学手册［M］．北京：北京师范大学出版社，2014.

［20］施永川．大学生创新创业基础［M］．北京：高等教育出版社，2015.